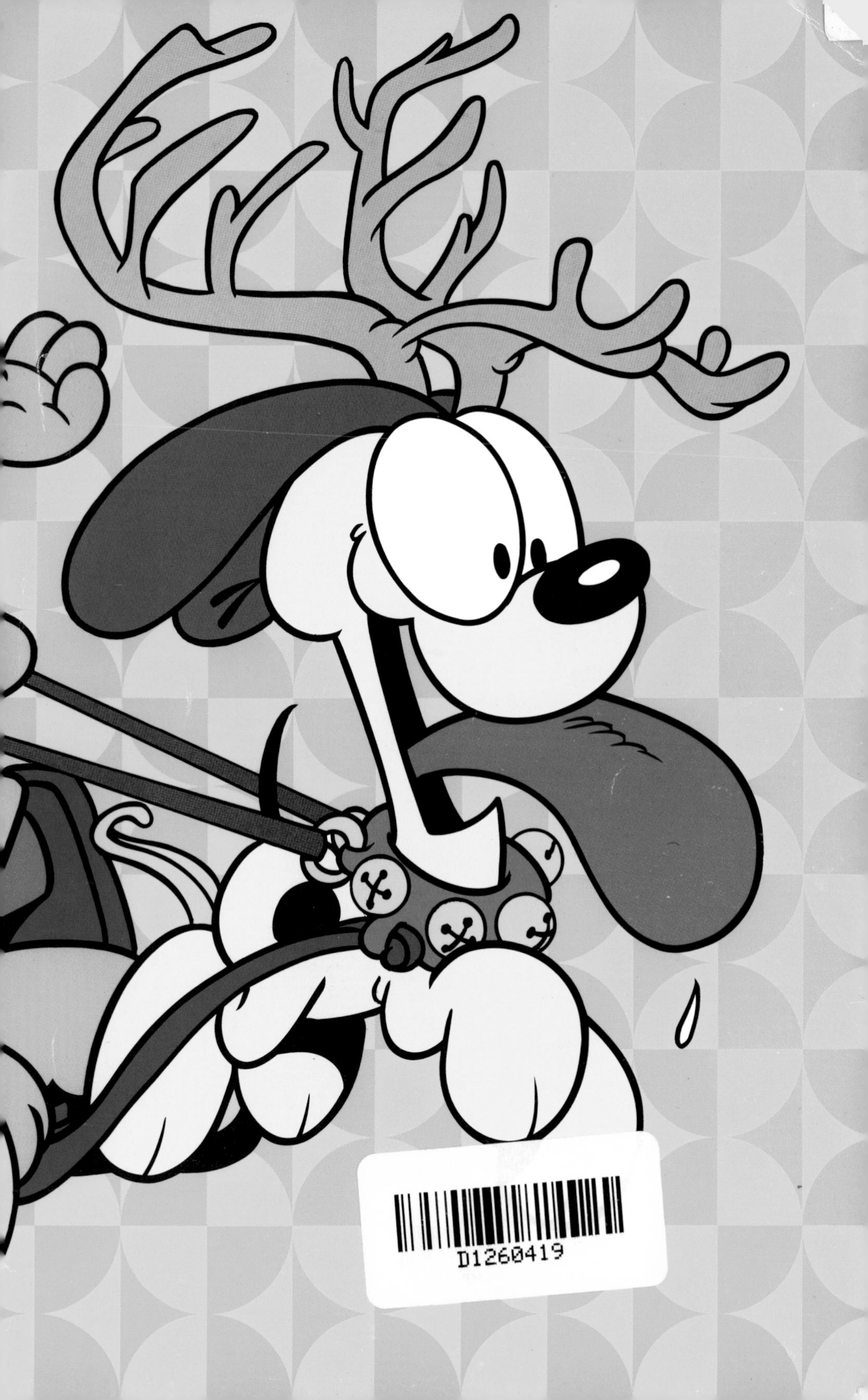

© 2013 Les Publications Modus Vivendi inc. pour l'édition en langue française
© 2013 Paws, Inc. Tous droits réservés.

Garfield et les autres personnages Garfield sont des marques déposées ou non déposées de Paws, Inc.

Presses Aventure, une division de
Les Publications Modus Vivendi inc.
55, rue Jean-Talon Ouest, 2ᵉ étage
Montréal (Québec) H2R 2W8
www.groupemodus.com

Éditeur : Marc Alain

Bandes tirées des livres *Albums Garfield # 32, # 33, # 38, # 43, # 45, # 46, # 51, # 55* et *# 60*
publiés par Presses Aventure en versions françaises et traduits de l'anglais par Jean-Robert Saucyer

Contenu additionnel tiré des livres :
Garfield en profondeur (2005) paru sous le titre original *Garfield's Guide to Everything*
et traduit de l'anglais par Carole Damphousse
La surprise de Noël (2006) paru sous le titre original *Christmas Surprise*
et traduit de l'anglais par Micheline Parent

Dépôt légal : Bibliothèque et Archives nationales du Québec, 2013
Dépôt légal : Bibliothèque et Archives Canada, 2013

ISBN : 978-2-89660-622-1

Nous reconnaissons l'aide financière du gouvernement du Canada par l'entremise du Fonds du livre
du Canada pour nos activités d'édition.

Gouvernement du Québec – Programme de crédit d'impôt pour l'édition de livres – Gestion SODEC.

Imprimé en Chine

GARFIELD
FESTIN DE NOËL

C'EST BIEN CONNU, NOËL EST UN THÈME RÉCURRENT DANS LES BANDES DESSINÉES GARFIELD! LE CÉLÈBRE CHAT ADORE FÊTER NOËL! APRÈS TOUT, CETTE PÉRIODE OFFRE LES TROIS CHOSES QUE GARFIELD AIME LE PLUS : LA NOURRITURE, LES CADEAUX ET ENCORE PLUS DE NOURRITURE.

POUR NE PAS DÉPLAIRE AU PÈRE NOËL ET NE PAS RISQUER DE PASSER SOUS LA TABLE LE SOIR DE LA GRANDE DISTRIBUTION DE CADEAUX, GARFIELD ACCEPTE DE BIEN (OUPS, DE MIEUX) SE COMPORTER LES JOURS AVANT NOËL. CELA DEMANDE EFFORT ET DÉTERMINATION... MAIS AUSSI UNE BONNE PART DE SOURNOISERIE!

DÉCOUVREZ, DANS CETTE BD THÉMATIQUE, LES MEILLEURS TOURS ET BLAGUES DE GARFIELD EN LIEN AVEC NOËL! DÉSOLÉ, AUCUN CADEAU N'ACCOMPAGNE CE LIVRE.

GARFIELD
À PROPOS DE NOËL

LE TEMPS DES FÊTES A SES TRADITIONS SPÉCIALES...
COMME LES DÉSASTRES DE JON LORSQU'IL INSTALLE SES
DÉCORATIONS (IL A PERDU CINQ DES SIX DERNIÈRES
VIEILLES BOULES DE NOËL EN EN SUSPENDANT BEAUCOUP
TROP À LA MÊME BRANCHE) ET NOËL À LA FERME (C'EST
LORSQUE LE PÈRE DE JON PORTE SES SALOPETTES).

ET PUIS, QUI PEUT OUBLIER LES CHARMANTES ÉMISSIONS
DE TÉLÉVISION QUI CÉLÈBRENT NOËL DURANT CETTE
PÉRIODE? DES CLASSIQUES TELS «AZALÉE LA FRISÉE,
L'ARAIGNÉE QUI A SAUVÉ NOËL» ET «DAVID DE NOËL, LE
LUTIN QUI A RETENU SON SOUFFLE LE PLUS LONGTEMPS».

PARFOIS, NOËL DONNE L'IMPRESSION D'ÊTRE DEVENU
COMMERCIAL, MAIS MOI, JE SAIS QUE CETTE PÉRIODE
EST VRAIMENT PLUS IMPORTANTE QUE LA PLUS GROSSE
DES BOÎTES SOUS L'ARBRE. JE L'AI DÉJÀ DIT ET JE LE DIS
ENCORE : NOËL, CE N'EST PAS DONNER OU RECEVOIR DES
CADEAUX, C'EST L'AMOUR.

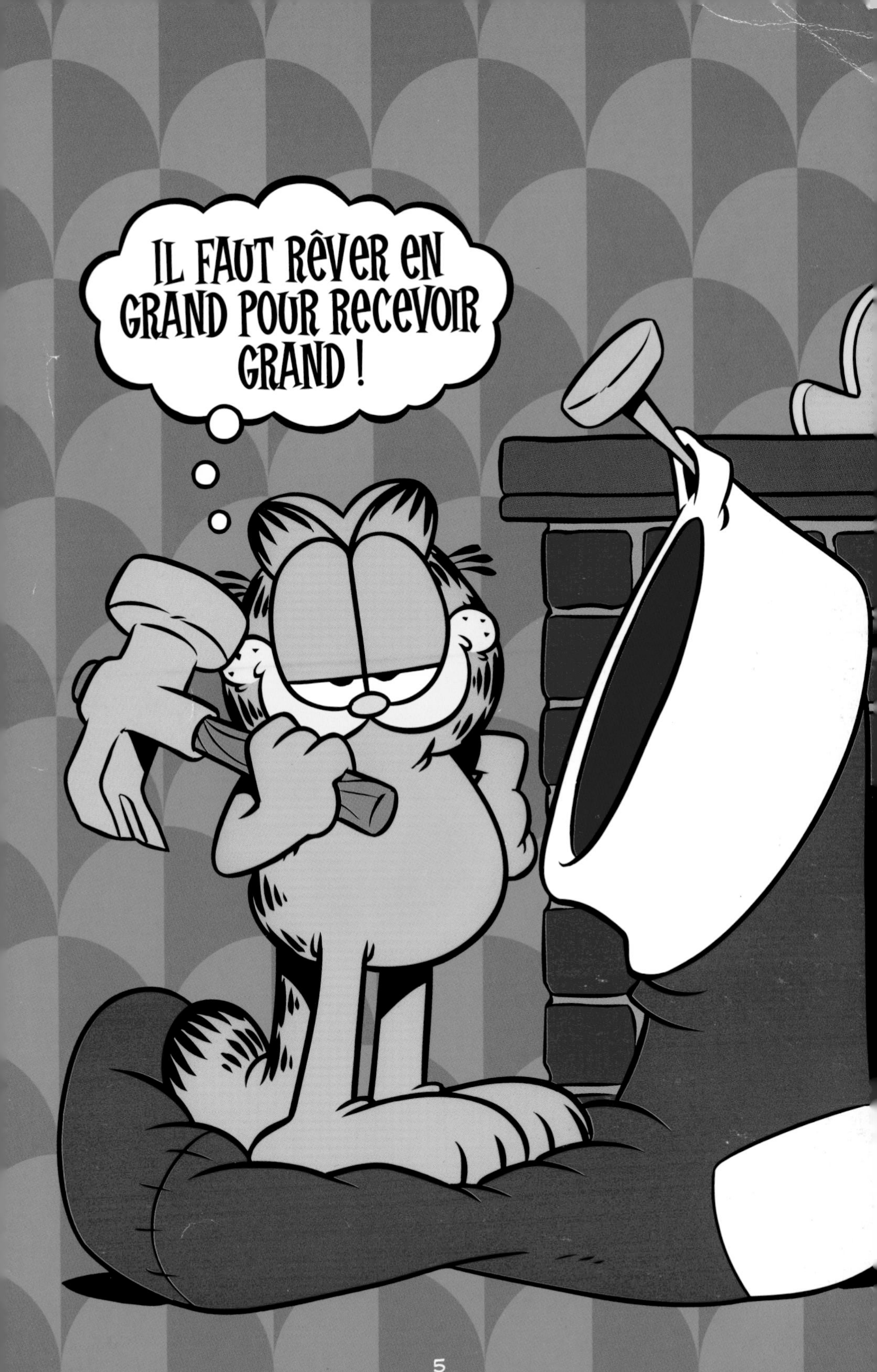
IL FAUT RÊVER EN GRAND POUR RECEVOIR GRAND !

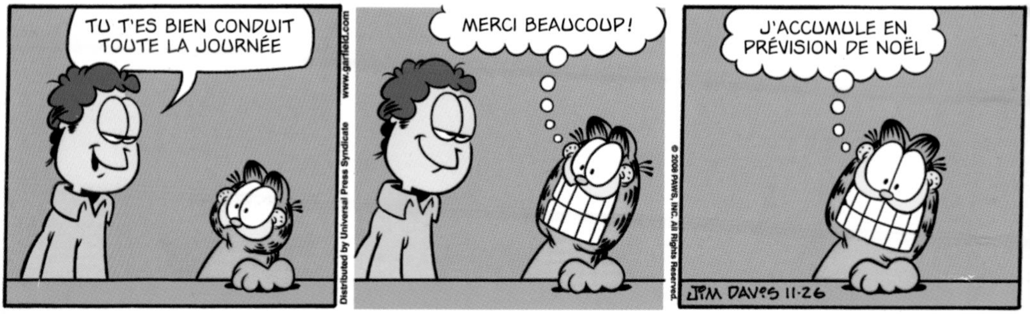
TU T'ES BIEN CONDUIT TOUTE LA JOURNÉE
MERCI BEAUCOUP!
J'ACCUMULE EN PRÉVISION DE NOËL
Distributed by Universal Press Syndicate www.garfield.com
© 2008 PAWS, INC. All Rights Reserved.
JIM DAVIS 11-26

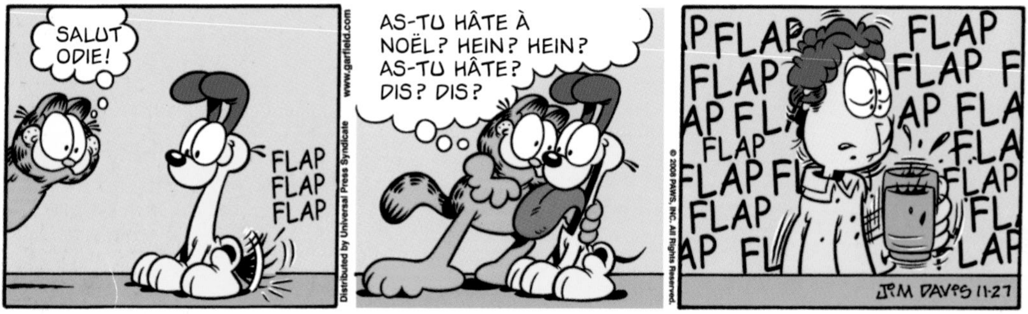
SALUT ODIE!
FLAP FLAP FLAP
AS-TU HÂTE À NOËL? HEIN? HEIN? AS-TU HÂTE? DIS? DIS?
FLAP FLAP FLAP FLAP FLAP FLAP FLAP FLAP
Distributed by Universal Press Syndicate www.garfield.com
© 2008 PAWS, INC. All Rights Reserved.
JIM DAVIS 11-27

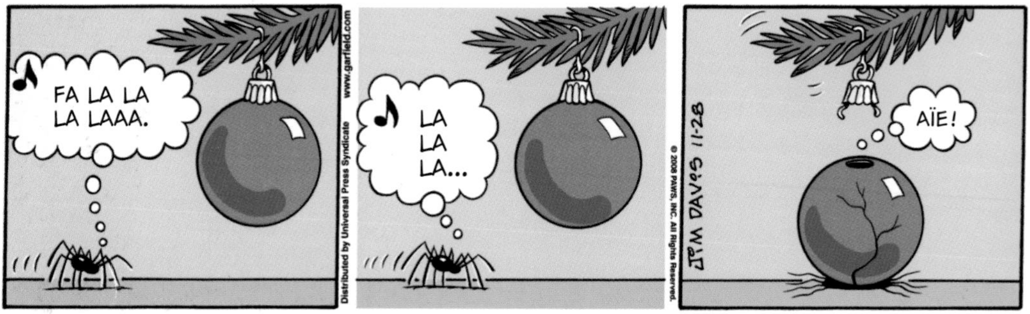
FA LA LA LA LAAA.
LA LA LA...
AÏE!
Distributed by Universal Press Syndicate www.garfield.com
© 2008 PAWS, INC. All Rights Reserved.
JIM DAVIS 11-28

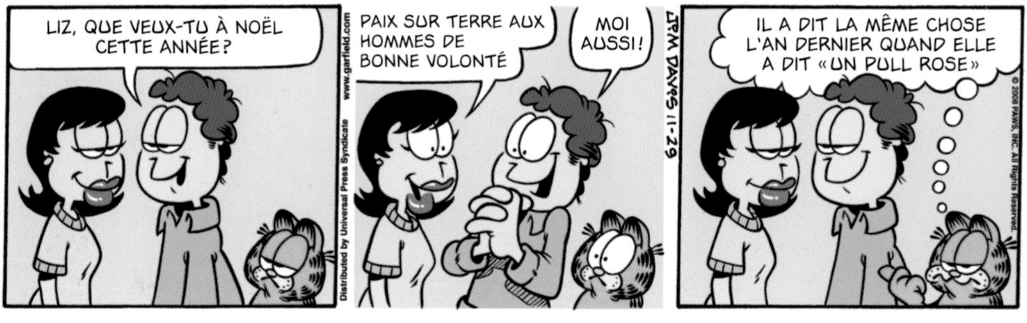
LIZ, QUE VEUX-TU À NOËL CETTE ANNÉE?
PAIX SUR TERRE AUX HOMMES DE BONNE VOLONTÉ
MOI AUSSI!
IL A DIT LA MÊME CHOSE L'AN DERNIER QUAND ELLE A DIT «UN PULL ROSE»
Distributed by Universal Press Syndicate www.garfield.com
© 2008 PAWS, INC. All Rights Reserved.
JIM DAVIS 11-29

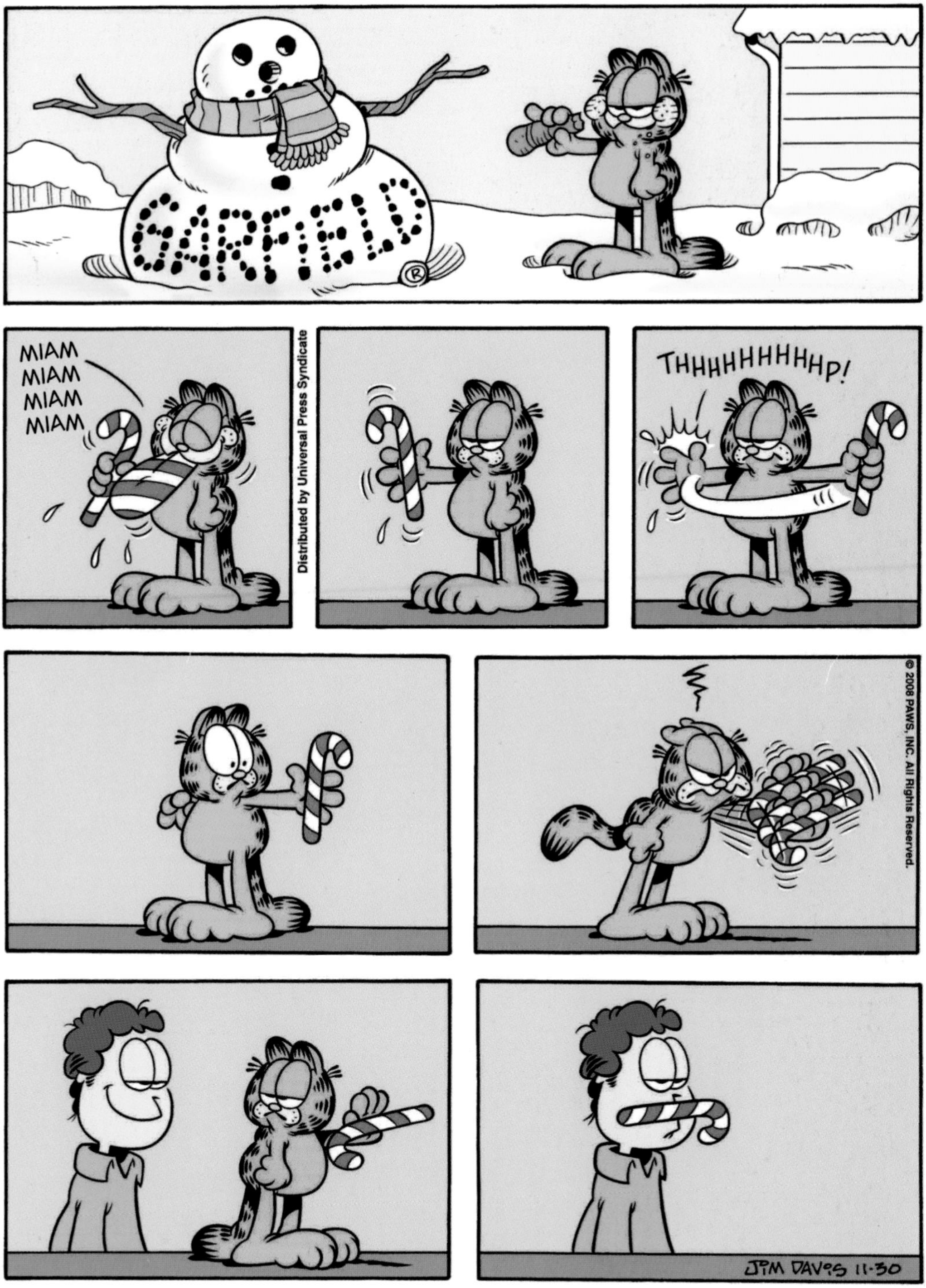
GARFIELD ®
Distributed by Universal Press Syndicate
MIAM
MIAM
MIAM
MIAM
THHHHHHHHHP!
© 2008 PAWS, INC. All Rights Reserved.
JIM DAVIS 11-30

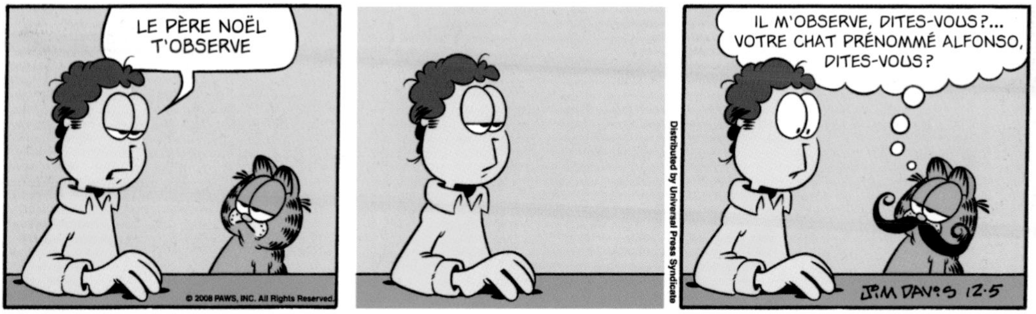
LE PÈRE NOËL T'OBSERVE
© 2008 PAWS, INC. All Rights Reserved.
IL M'OBSERVE, DITES-VOUS?... VOTRE CHAT PRÉNOMMÉ ALFONSO, DITES-VOUS?
Distributed by Universal Press Syndicate
JIM DAVIS 12-5

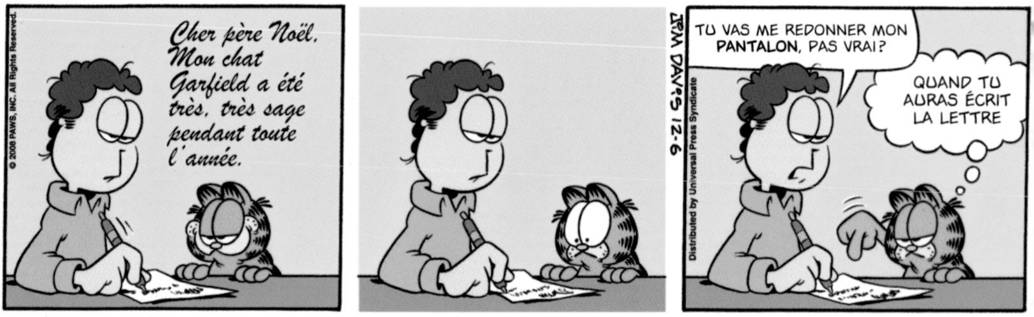
© 2008 PAWS, INC. All Rights Reserved.
Cher père Noël, Mon chat Garfield a été très, très sage pendant toute l'année.
JIM DAVIS 12-6
Distributed by Universal Press Syndicate
TU VAS ME REDONNER MON **PANTALON**, PAS VRAI?
QUAND TU AURAS ÉCRIT LA LETTRE

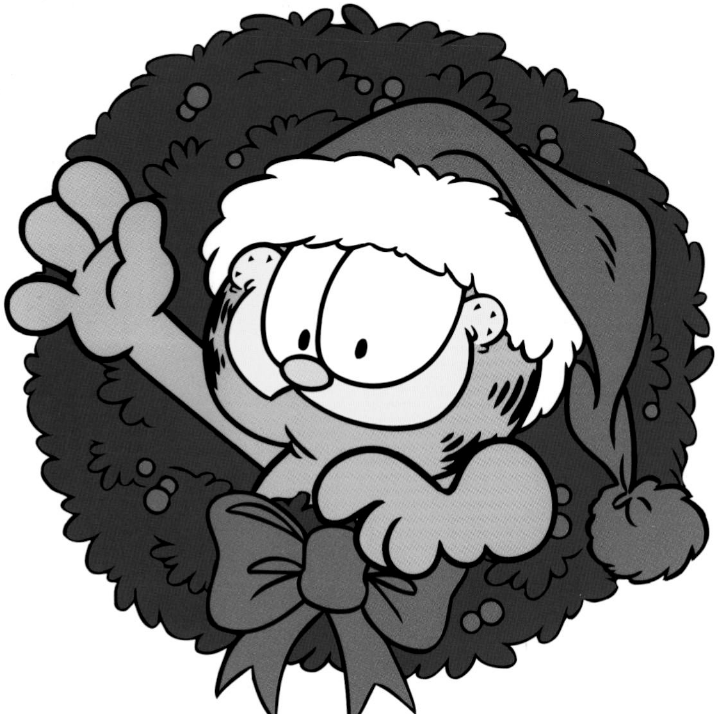

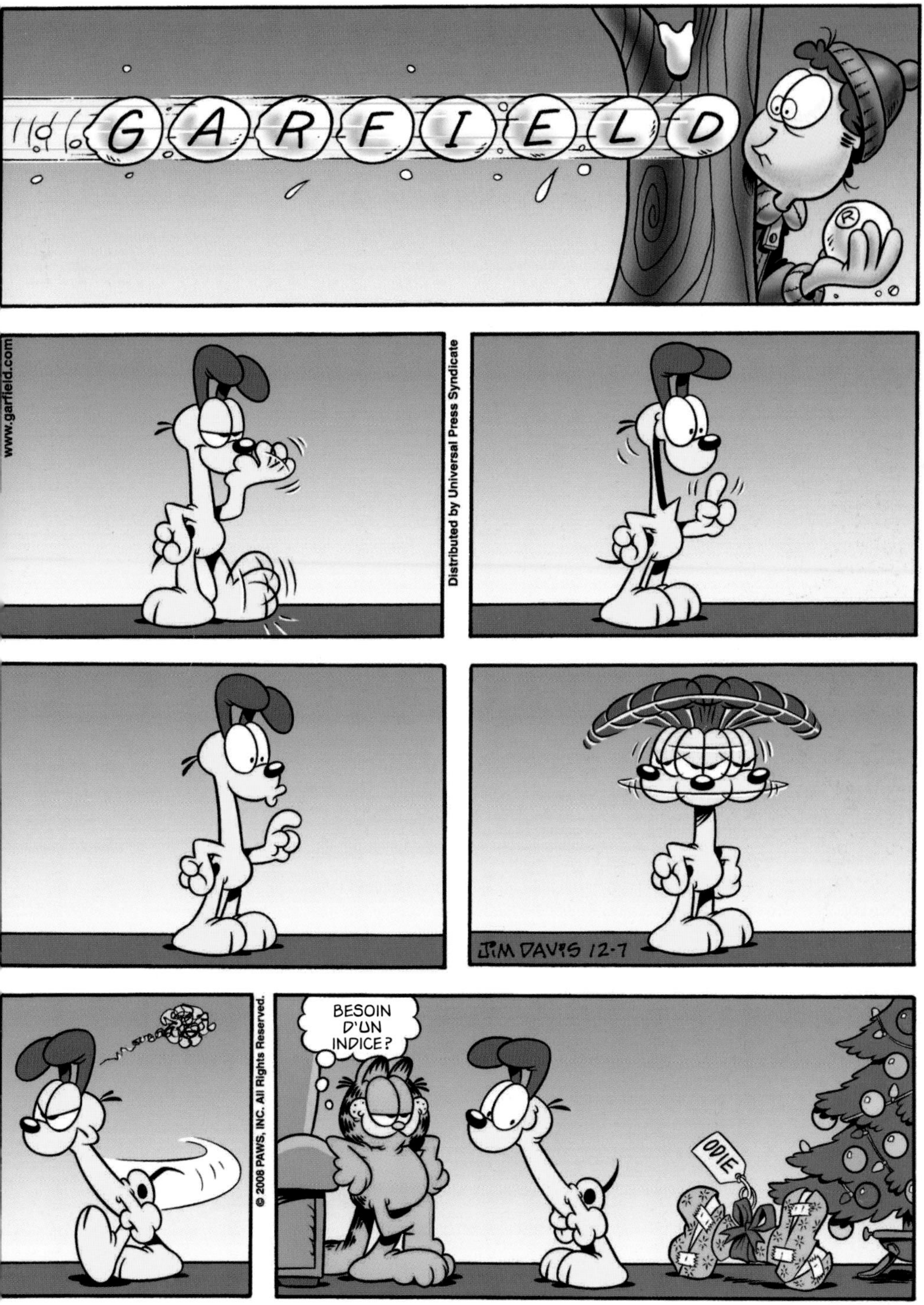
GARFIELD
www.garfield.com
Distributed by Universal Press Syndicate
JIM DAVIS 12-7
© 2008 PAWS, INC. All Rights Reserved.
BESOIN D'UN INDICE?
ODIE

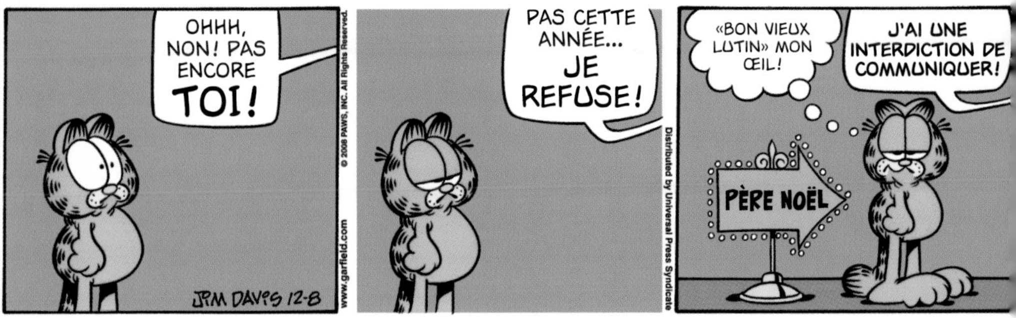
OHHH, NON! PAS ENCORE TOI!
PAS CETTE ANNÉE... JE REFUSE!
«BON VIEUX LUTIN» MON ŒIL!
J'AI UNE INTERDICTION DE COMMUNIQUER!
PÈRE NOËL
© 2008 PAWS, INC. All Rights Reserved.
www.garfield.com
Distributed by Universal Press Syndicate

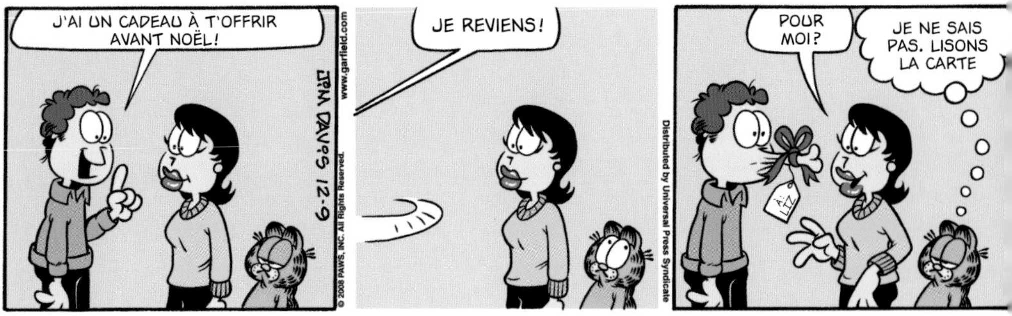
J'AI UN CADEAU À T'OFFRIR AVANT NOËL!
JE REVIENS!
POUR MOI?
JE NE SAIS PAS. LISONS LA CARTE
À: LIZ
© 2008 PAWS, INC. All Rights Reserved.
www.garfield.com
Distributed by Universal Press Syndicate

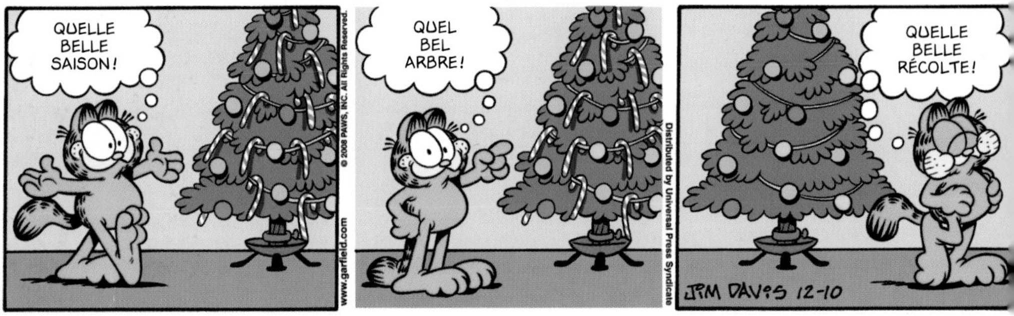
QUELLE BELLE SAISON!
QUEL BEL ARBRE!
QUELLE BELLE RÉCOLTE!
© 2008 PAWS, INC. All Rights Reserved.
www.garfield.com
Distributed by Universal Press Syndicate

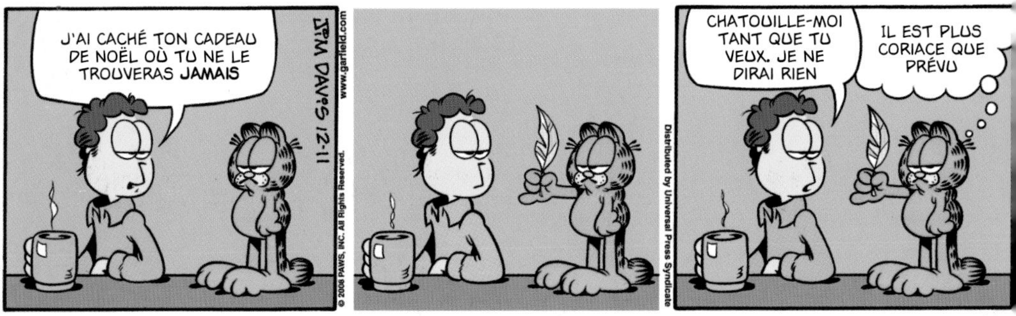
J'AI CACHÉ TON CADEAU DE NOËL OÙ TU NE LE TROUVERAS JAMAIS
CHATOUILLE-MOI TANT QUE TU VEUX. JE NE DIRAI RIEN
IL EST PLUS CORIACE QUE PRÉVU
© 2008 PAWS, INC. All Rights Reserved.
www.garfield.com
Distributed by Universal Press Syndicate

ÊTRE UN LUTIN :

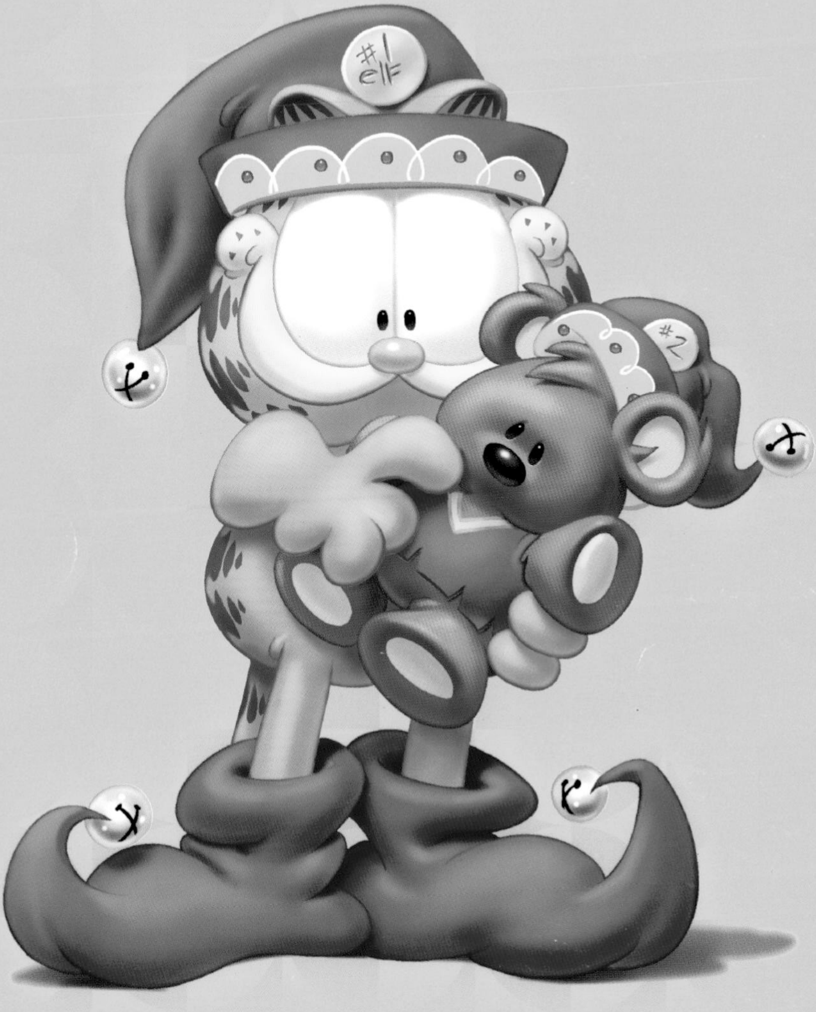

#1 elf
#2

L'ULTIME FAÇON DE SE RAPPROCHER DU PÈRE NOËL.

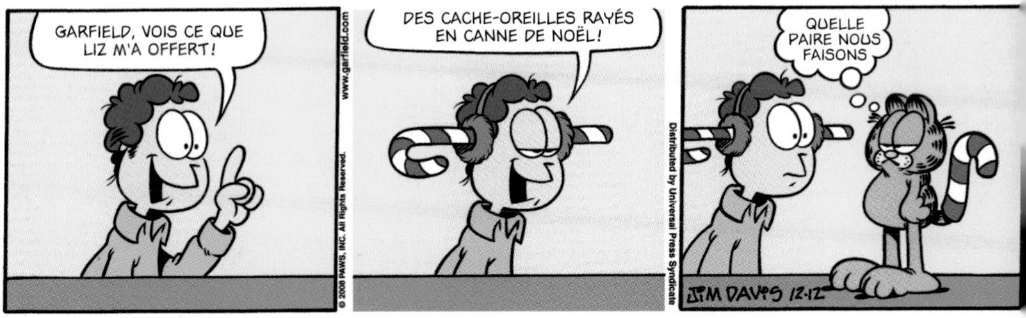
GARFIELD, VOIS CE QUE LIZ M'A OFFERT!
DES CACHE-OREILLES RAYÉS EN CANNE DE NOËL!
QUELLE PAIRE NOUS FAISONS
© 2008 PAWS, INC. All Rights Reserved. www.garfield.com
Distributed by Universal Press Syndicate
JIM DAVIS 12-12

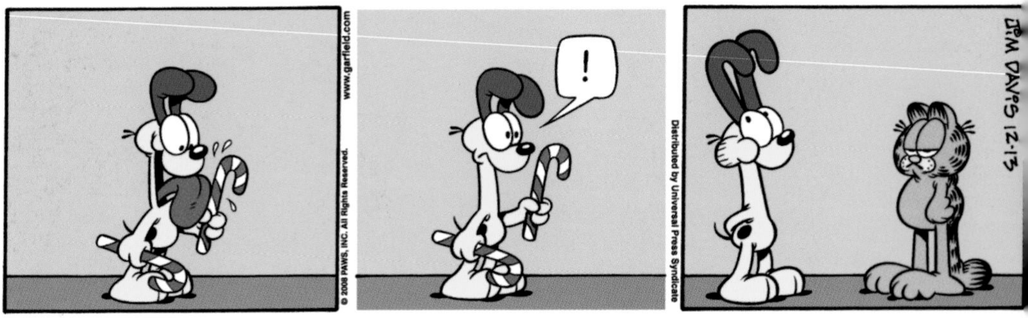
!
© 2008 PAWS, INC. All Rights Reserved. www.garfield.com
Distributed by Universal Press Syndicate
JIM DAVIS 12-13

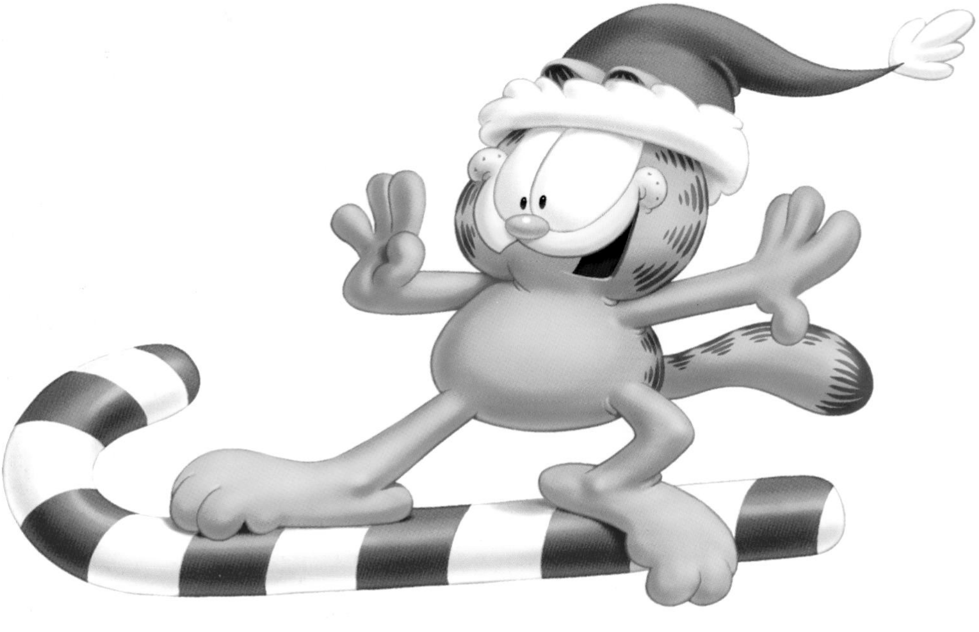

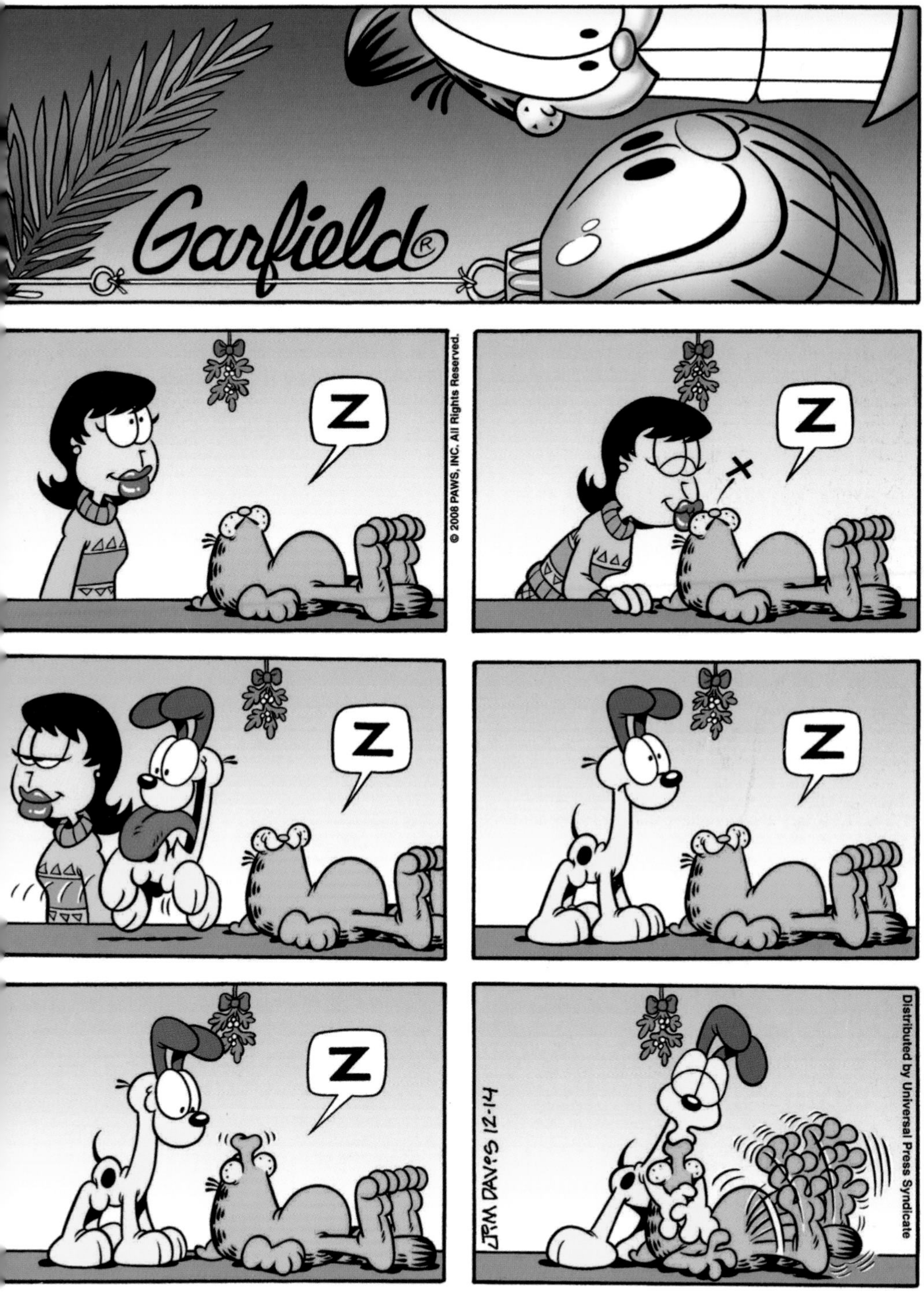
Garfield®
© 2008 PAWS, INC. All Rights Reserved.
Z
Z
Z
Z
Z
JPM DAVIS 12-14
Distributed by Universal Press Syndicate

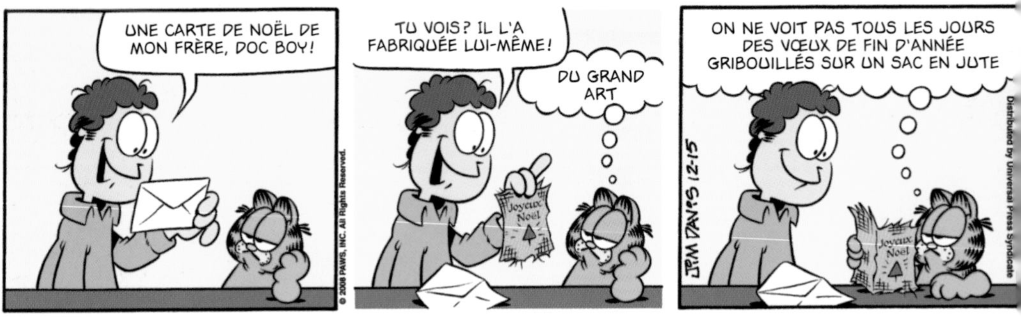
UNE CARTE DE NOËL DE MON FRÈRE, DOC BOY!
© 2008 PAWS, INC. All Rights Reserved.
TU VOIS? IL L'A FABRIQUÉE LUI-MÊME!
DU GRAND ART
Joyeux Noël
ON NE VOIT PAS TOUS LES JOURS DES VŒUX DE FIN D'ANNÉE GRIBOUILLÉS SUR UN SAC EN JUTE
JIM DAVIS 12-15
Distributed by Universal Press Syndicate

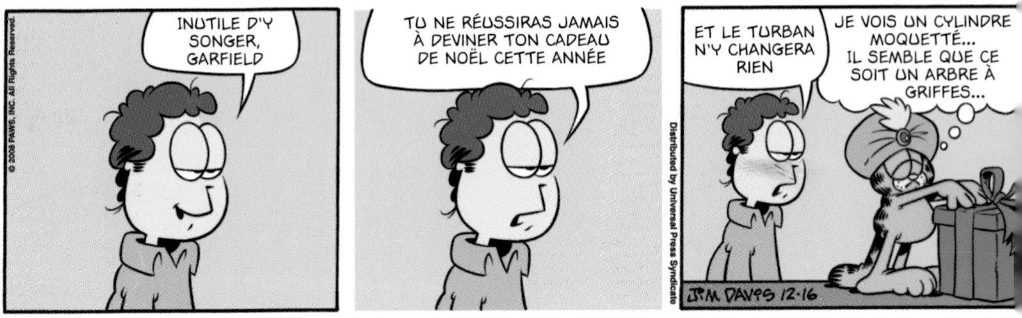
© 2008 PAWS, INC. All Rights Reserved.
INUTILE D'Y SONGER, GARFIELD
TU NE RÉUSSIRAS JAMAIS À DEVINER TON CADEAU DE NOËL CETTE ANNÉE
Distributed by Universal Press Syndicate
ET LE TURBAN N'Y CHANGERA RIEN
JE VOIS UN CYLINDRE MOQUETTÉ... IL SEMBLE QUE CE SOIT UN ARBRE À GRIFFES...
JIM DAVIS 12-16

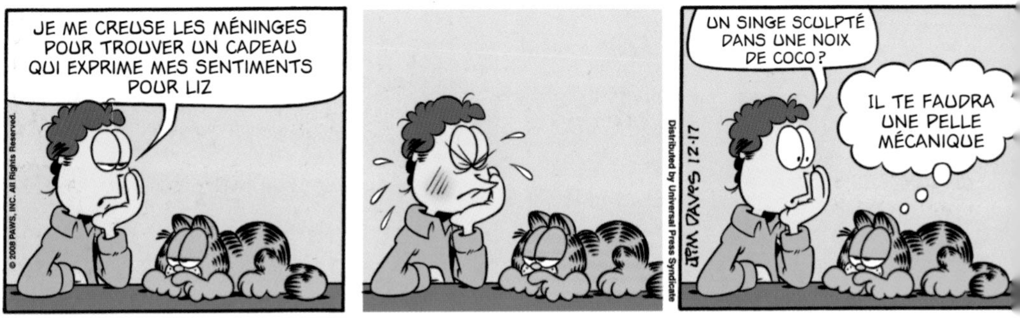
JE ME CREUSE LES MÉNINGES POUR TROUVER UN CADEAU QUI EXPRIME MES SENTIMENTS POUR LIZ
© 2008 PAWS, INC. All Rights Reserved.
Distributed by Universal Press Syndicate
UN SINGE SCULPTÉ DANS UNE NOIX DE COCO?
IL TE FAUDRA UNE PELLE MÉCANIQUE
JIM DAVIS 12-17

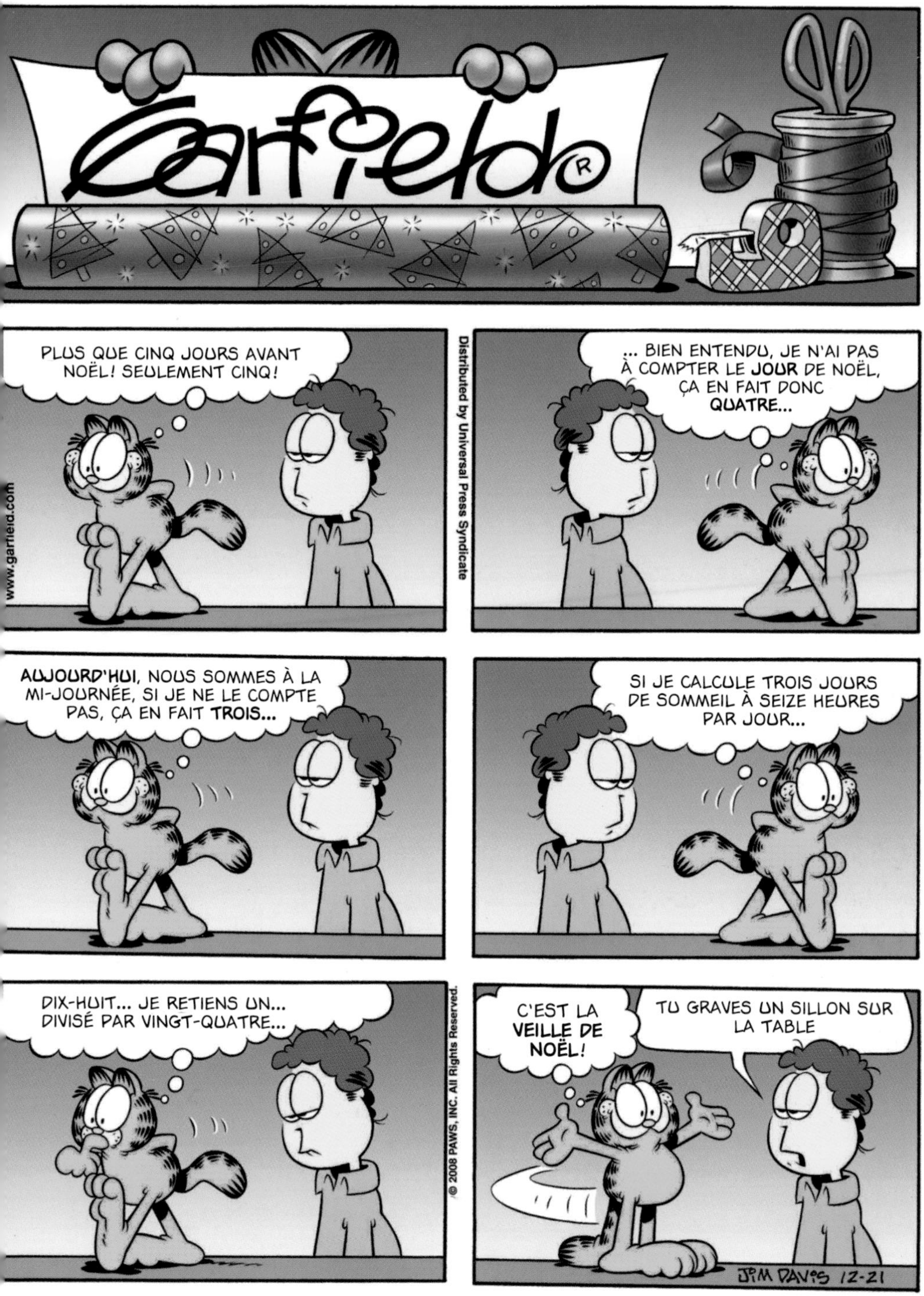
GARFIELD®
PLUS QUE CINQ JOURS AVANT NOËL! SEULEMENT CINQ!
... BIEN ENTENDU, JE N'AI PAS À COMPTER LE **JOUR** DE NOËL, ÇA EN FAIT DONC **QUATRE...**
AUJOURD'HUI, NOUS SOMMES À LA MI-JOURNÉE, SI JE NE LE COMPTE PAS, ÇA EN FAIT **TROIS...**
SI JE CALCULE TROIS JOURS DE SOMMEIL À SEIZE HEURES PAR JOUR...
DIX-HUIT... JE RETIENS UN... DIVISÉ PAR VINGT-QUATRE...
C'EST LA **VEILLE DE NOËL**!
TU GRAVES UN SILLON SUR LA TABLE
JIM DAVIS 12-21
www.garfield.com
Distributed by Universal Press Syndicate
© 2008 PAWS, INC. All Rights Reserved.

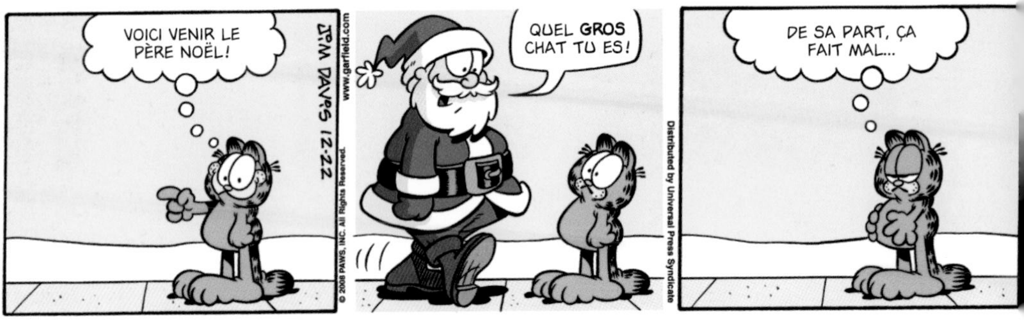
VOICI VENIR LE PÈRE NOËL!
JIM DAVIS 12-22
© 2008 PAWS, INC. All Rights Reserved. www.garfield.com
QUEL GROS CHAT TU ES!
Distributed by Universal Press Syndicate
DE SA PART, ÇA FAIT MAL...

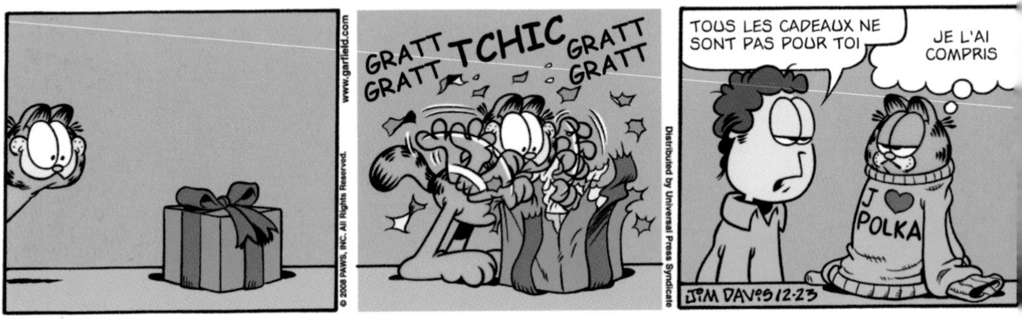
© 2008 PAWS, INC. All Rights Reserved. www.garfield.com
GRATT GRATT TCHIC GRATT GRATT
Distributed by Universal Press Syndicate
TOUS LES CADEAUX NE SONT PAS POUR TOI
JE L'AI COMPRIS
J ♥ POLKA
JIM DAVIS 12-23

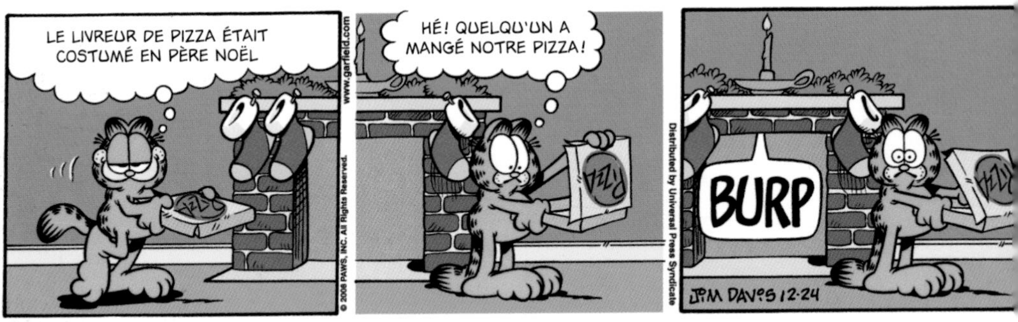
LE LIVREUR DE PIZZA ÉTAIT COSTUMÉ EN PÈRE NOËL
© 2008 PAWS, INC. All Rights Reserved. www.garfield.com
HÉ! QUELQU'UN A MANGÉ NOTRE PIZZA!
PIZZA
Distributed by Universal Press Syndicate
BURP
JIM DAVIS 12-24

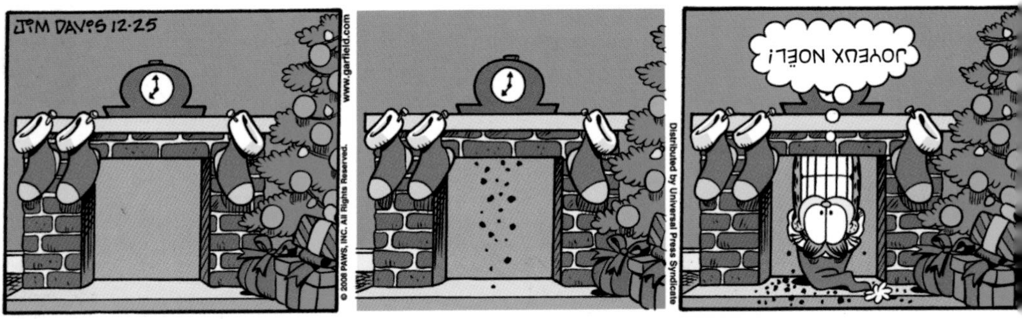
JIM DAVIS 12-25
© 2008 PAWS, INC. All Rights Reserved. www.garfield.com
Distributed by Universal Press Syndicate
JOYEUX NOËL!

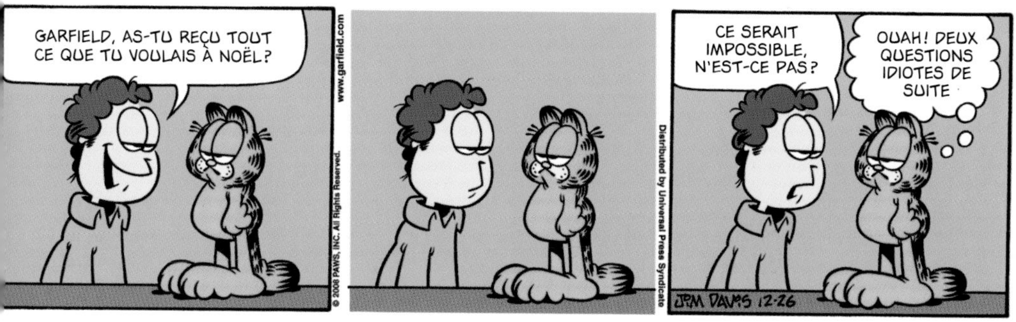
GARFIELD, AS-TU REÇU TOUT CE QUE TU VOULAIS À NOËL?
© 2008 PAWS, INC. All Rights Reserved. www.garfield.com
Distributed by Universal Press Syndicate
CE SERAIT IMPOSSIBLE, N'EST-CE PAS?
OUAH! DEUX QUESTIONS IDIOTES DE SUITE
JIM DAVIS 12-26

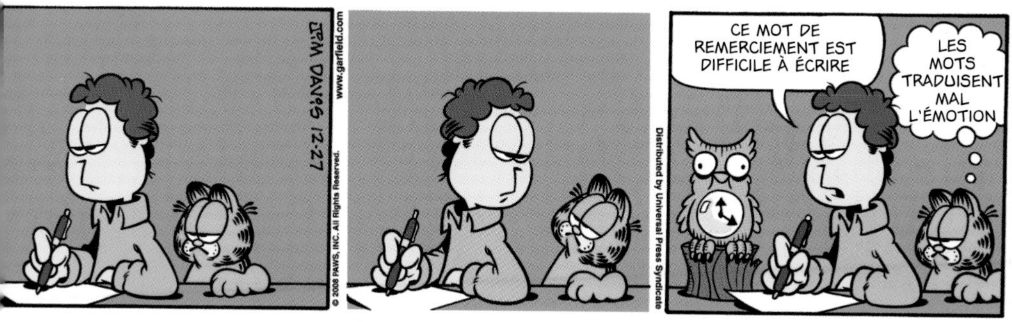
JIM DAVIS 12-27
© 2008 PAWS, INC. All Rights Reserved. www.garfield.com
Distributed by Universal Press Syndicate
CE MOT DE REMERCIEMENT EST DIFFICILE À ÉCRIRE
LES MOTS TRADUISENT MAL L'ÉMOTION

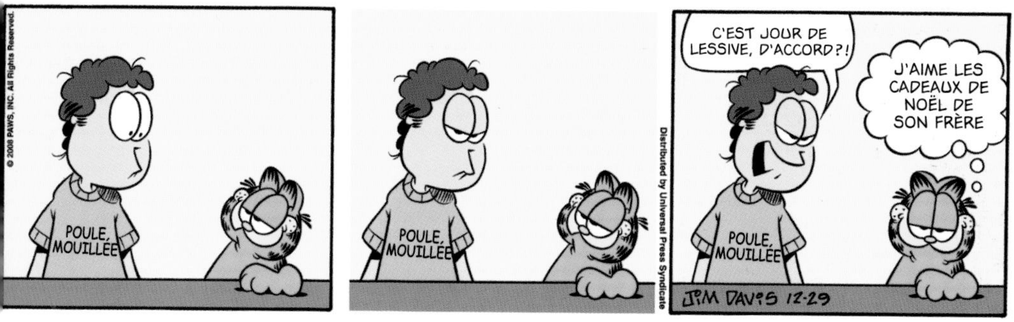
© 2008 PAWS, INC. All Rights Reserved.
POULE MOUILLÉE
POULE MOUILLÉE
Distributed by Universal Press Syndicate
C'EST JOUR DE LESSIVE, D'ACCORD?!
J'AIME LES CADEAUX DE NOËL DE SON FRÈRE
POULE MOUILLÉE
JIM DAVIS 12-29

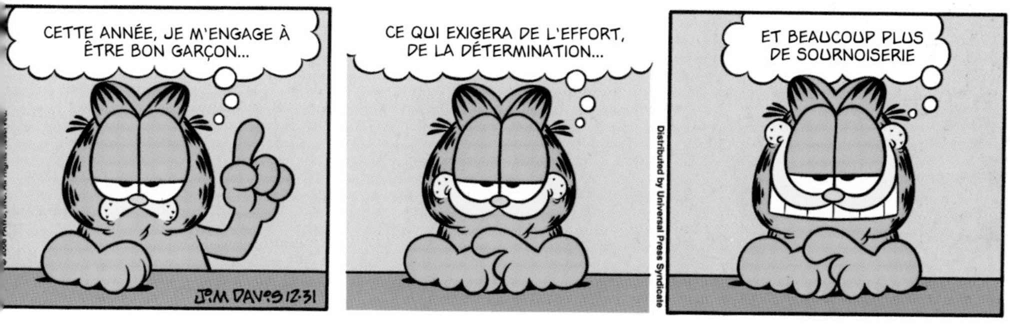
CETTE ANNÉE, JE M'ENGAGE À ÊTRE BON GARÇON...
JIM DAVIS 12-31
CE QUI EXIGERA DE L'EFFORT, DE LA DÉTERMINATION...
Distributed by Universal Press Syndicate
ET BEAUCOUP PLUS DE SOURNOISERIE

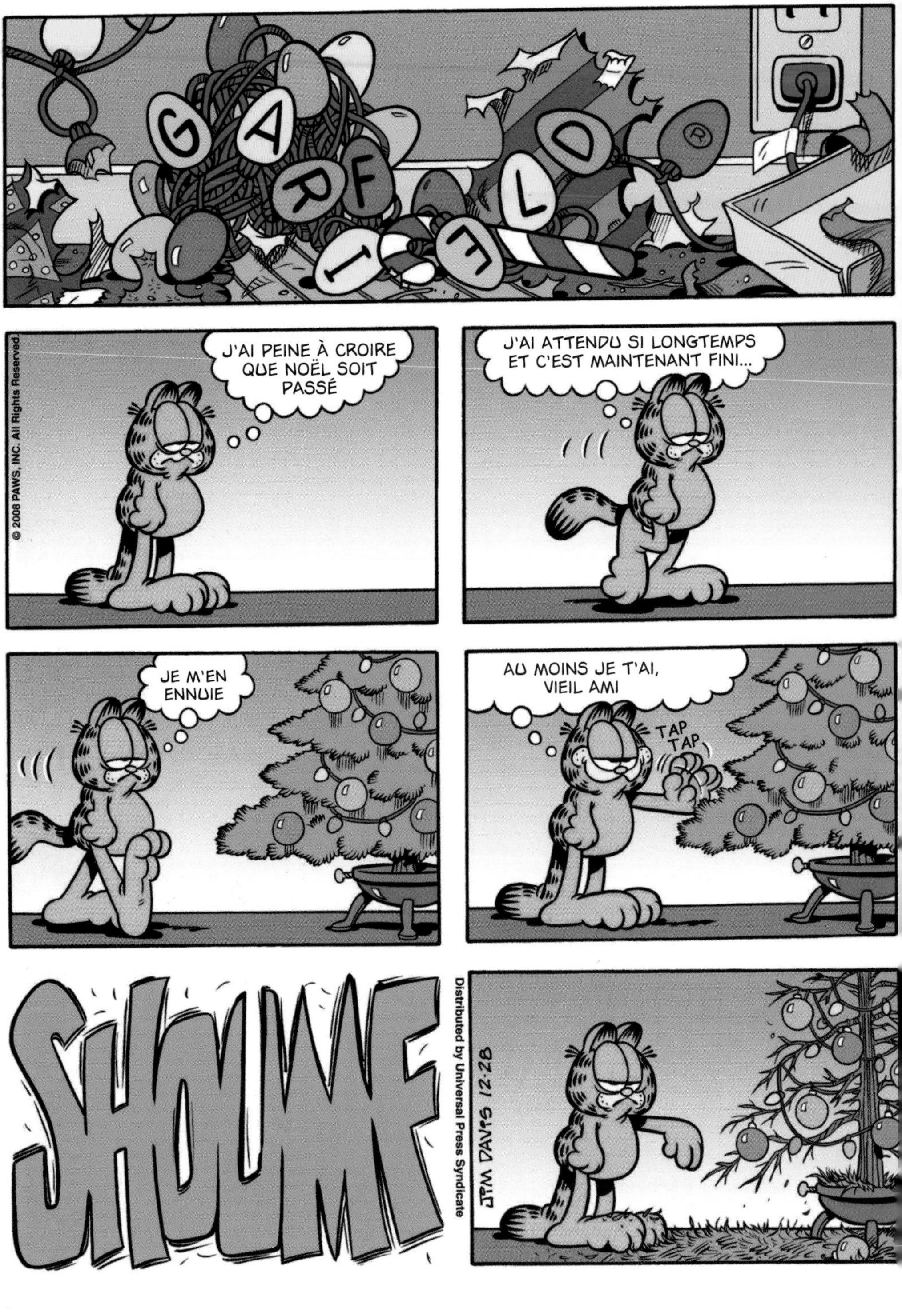
GARFIELD®
© 2008 PAWS, INC. All Rights Reserved.
J'AI PEINE À CROIRE QUE NOËL SOIT PASSÉ
J'AI ATTENDU SI LONGTEMPS ET C'EST MAINTENANT FINI...
JE M'EN ENNUIE
AU MOINS JE T'AI, VIEIL AMI
TAP TAP
SHOUMF
Distributed by Universal Press Syndicate
JIM DAVIS 12-28

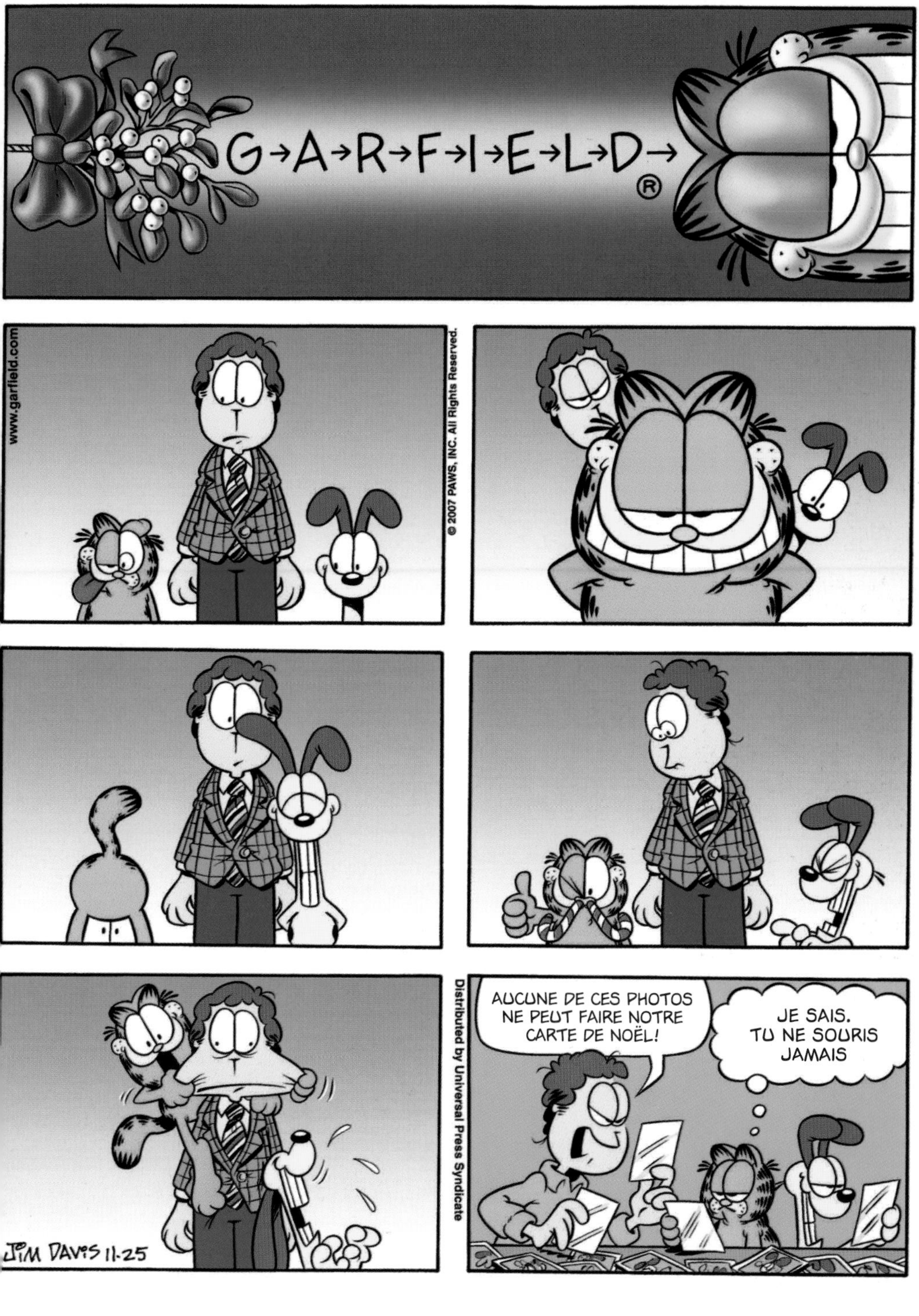
G-A-R-F-I-E-L-D ®
www.garfield.com
© 2007 PAWS, INC. All Rights Reserved.
JIM DAVIS 11-25
Distributed by Universal Press Syndicate
AUCUNE DE CES PHOTOS NE PEUT FAIRE NOTRE CARTE DE NOËL!
JE SAIS. TU NE SOURIS JAMAIS

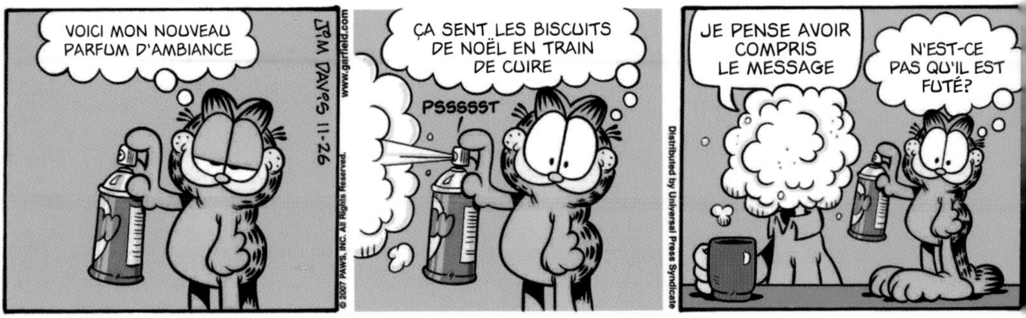
VOICI MON NOUVEAU PARFUM D'AMBIANCE
JIM DAVIS 11-26
www.garfield.com
© 2007 PAWS, INC. All Rights Reserved.
ÇA SENT LES BISCUITS DE NOËL EN TRAIN DE CUIRE
PSSSSST
Distributed by Universal Press Syndicate
JE PENSE AVOIR COMPRIS LE MESSAGE
N'EST-CE PAS QU'IL EST FUTÉ?

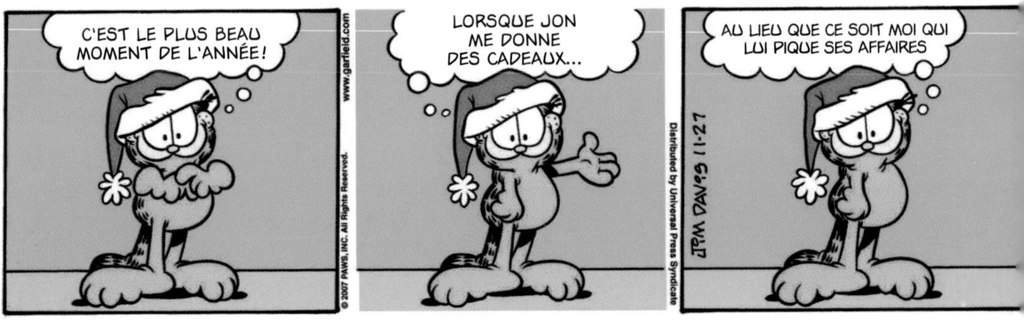
C'EST LE PLUS BEAU MOMENT DE L'ANNÉE!
www.garfield.com
© 2007 PAWS, INC. All Rights Reserved.
LORSQUE JON ME DONNE DES CADEAUX...
Distributed by Universal Press Syndicate
JIM DAVIS 11-27
AU LIEU QUE CE SOIT MOI QUI LUI PIQUE SES AFFAIRES

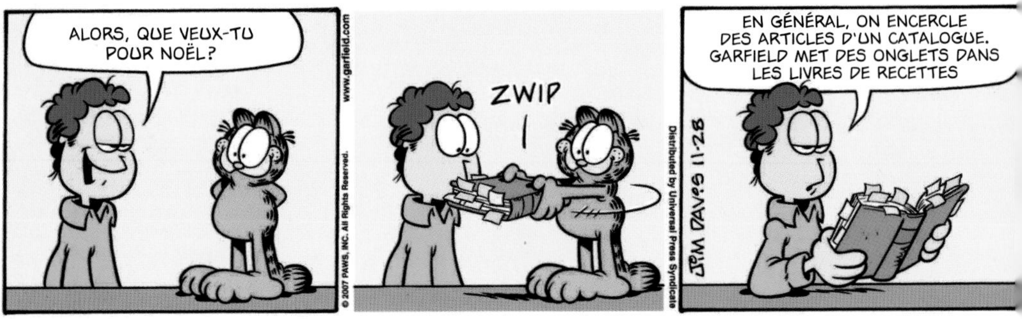
ALORS, QUE VEUX-TU POUR NOËL?
www.garfield.com
© 2007 PAWS, INC. All Rights Reserved.
ZWIP
Distributed by Universal Press Syndicate
JIM DAVIS 11-28
EN GÉNÉRAL, ON ENCERCLE DES ARTICLES D'UN CATALOGUE. GARFIELD MET DES ONGLETS DANS LES LIVRES DE RECETTES

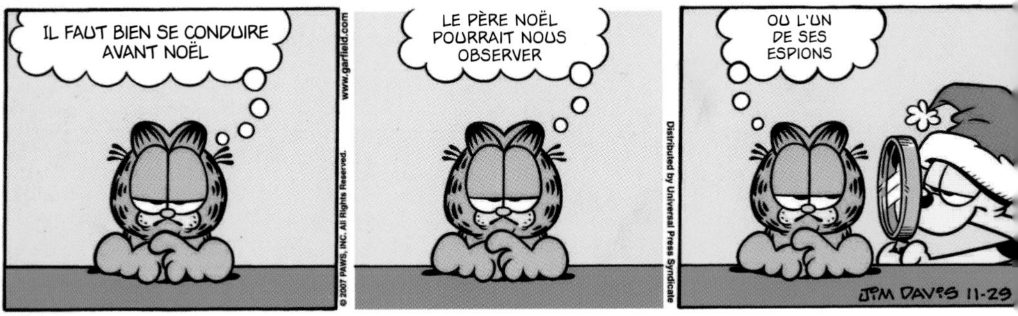
IL FAUT BIEN SE CONDUIRE AVANT NOËL
www.garfield.com
© 2007 PAWS, INC. All Rights Reserved.
LE PÈRE NOËL POURRAIT NOUS OBSERVER
Distributed by Universal Press Syndicate
OU L'UN DE SES ESPIONS
JIM DAVIS 11-29

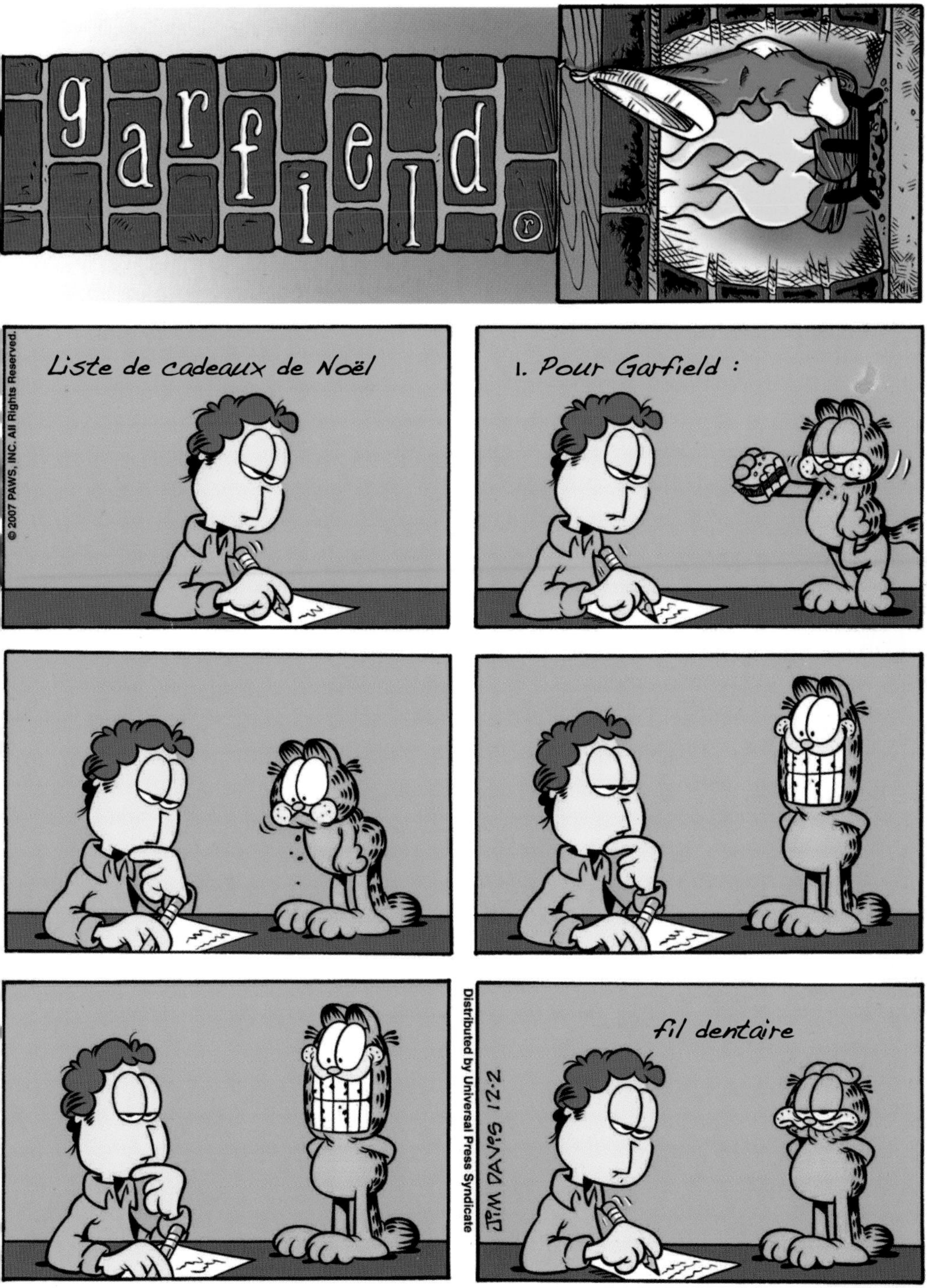
garfield®
© 2007 PAWS, INC. All Rights Reserved.
Liste de cadeaux de Noël
1. Pour Garfield :
Distributed by Universal Press Syndicate
JIM DAVIS 12·2
fil dentaire

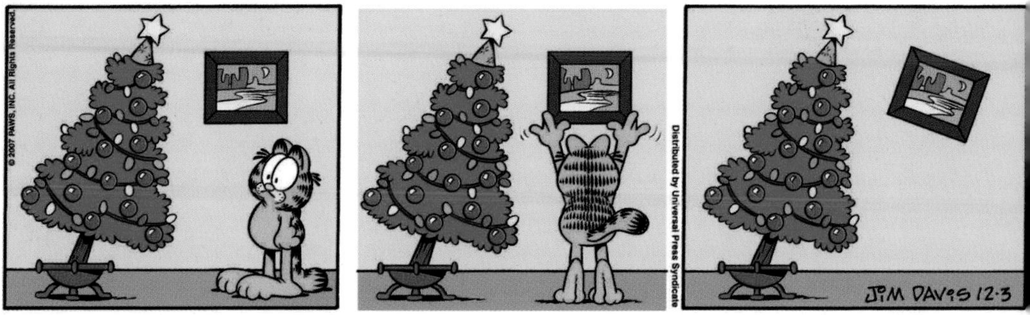

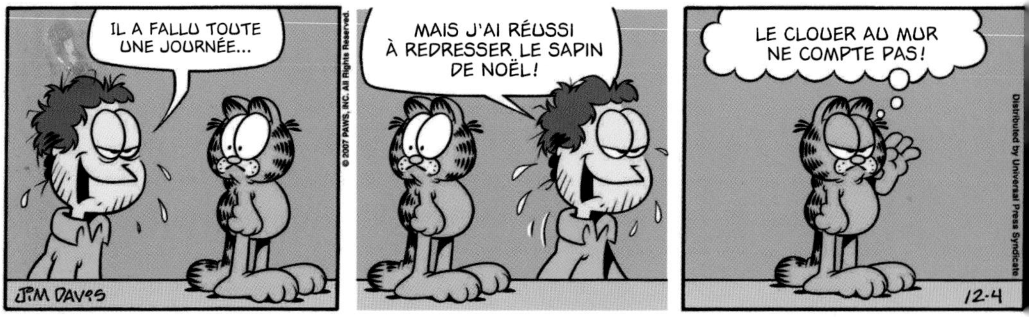
IL A FALLU TOUTE UNE JOURNÉE...
MAIS J'AI RÉUSSI À REDRESSER LE SAPIN DE NOËL!
LE CLOUER AU MUR NE COMPTE PAS!

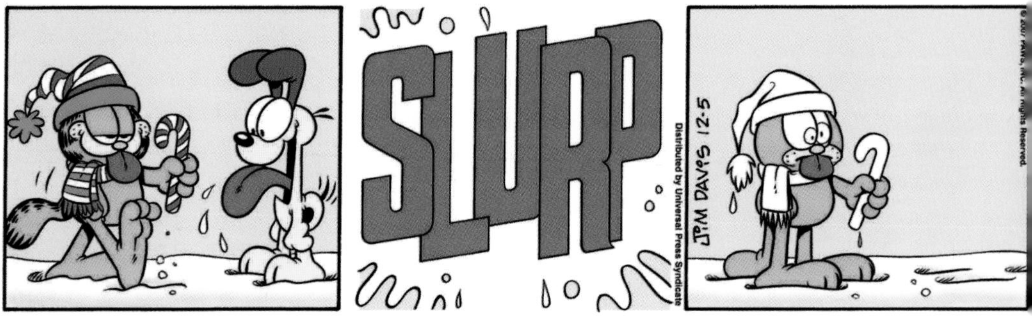
SLURP

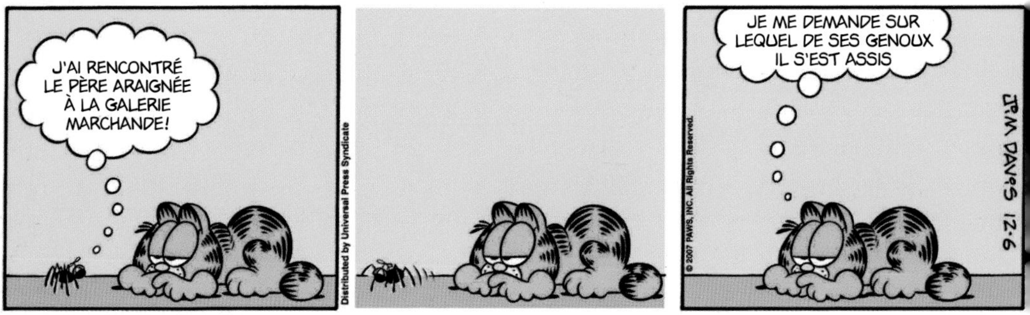
J'AI RENCONTRÉ LE PÈRE ARAIGNÉE À LA GALERIE MARCHANDE!
JE ME DEMANDE SUR LEQUEL DE SES GENOUX IL S'EST ASSIS

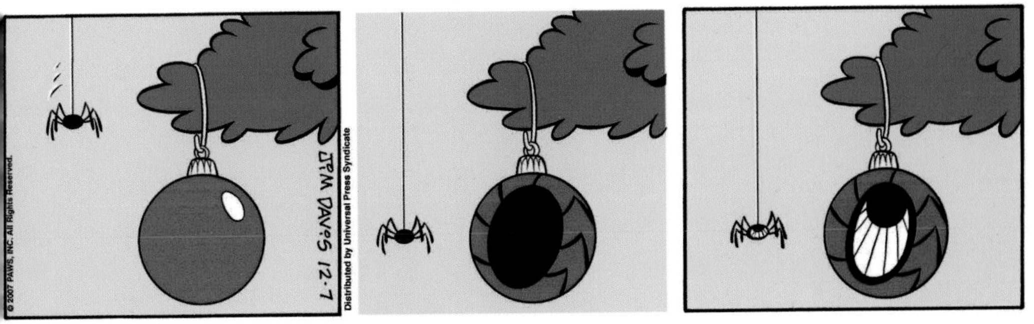
© 2007 PAWS, INC. All Rights Reserved.
JPM DAVPS 12-7
Distributed by Universal Press Syndicate

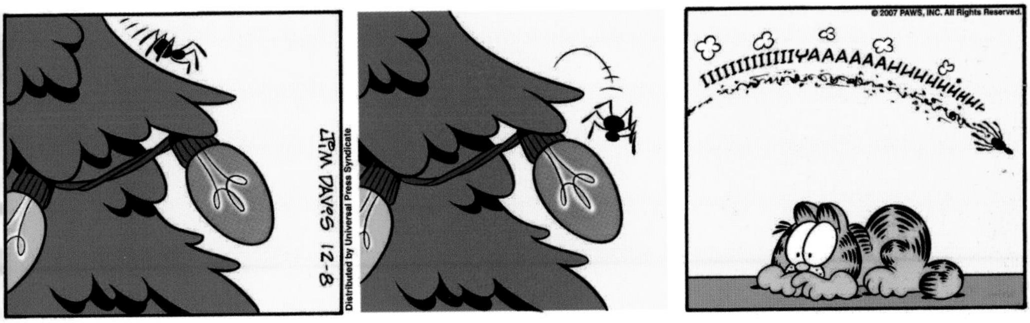
JPM DAVPS 12-8
Distributed by Universal Press Syndicate
© 2007 PAWS, INC. All Rights Reserved.
IIIIIIIIIIIIIIYAAAAAAHHHHHHHH

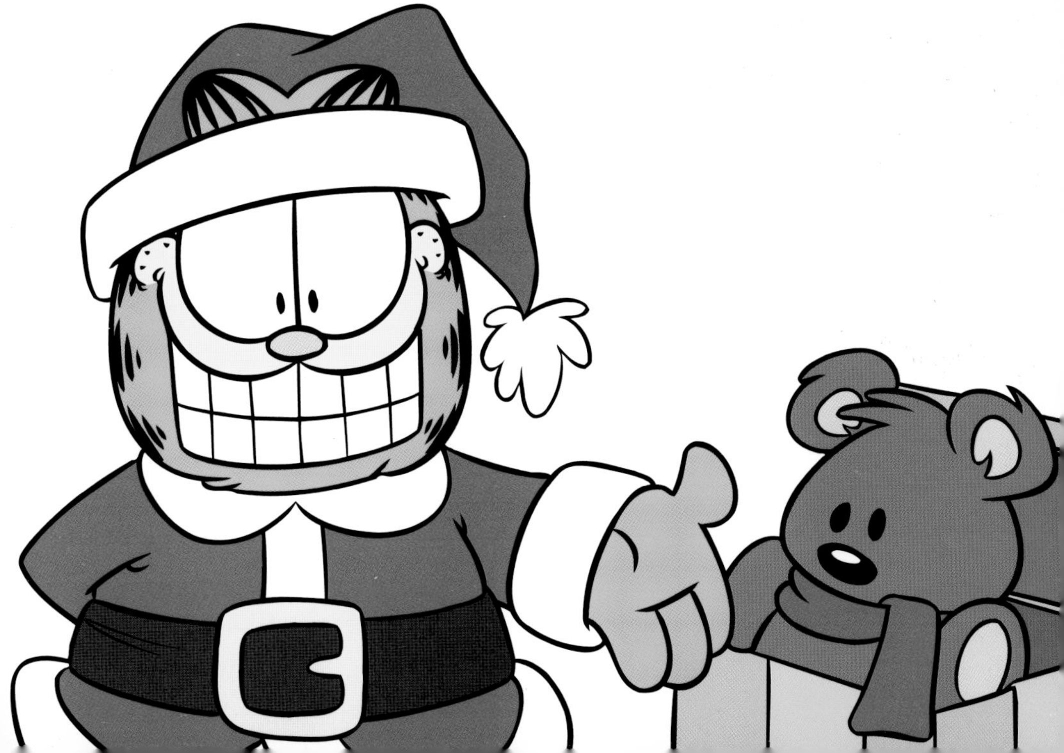

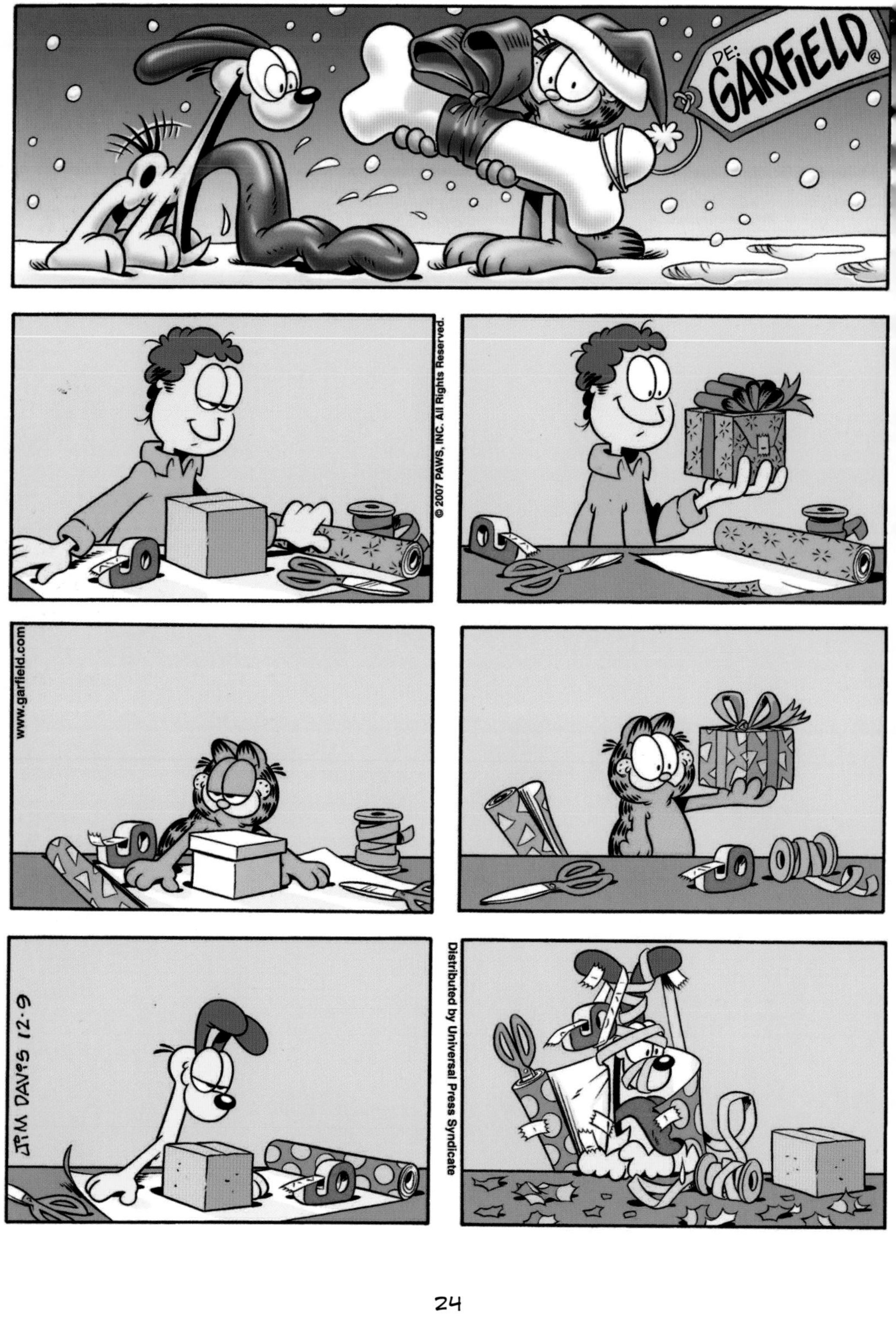
DE:
GARFIELD®
© 2007 PAWS, INC. All Rights Reserved.
www.garfield.com
JIM DAVIS 12·9
Distributed by Universal Press Syndicate

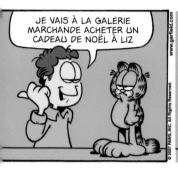

JE VAIS À LA GALERIE MARCHANDE ACHETER UN CADEAU DE NOËL À LIZ
TU VEUX VENIR?
D'ACCORD
SOUVIENS-TOI : PAS DE RACLÉE AUX LUTINS
QUAND ON PORTE DES COLLANTS VERTS, ON S'ATTIRE LES COUPS!
JIM DAVIS 12-10
© 2007 PAWS, INC. All Rights Reserved. www.garfield.com
Distributed by Universal Press Syndicate

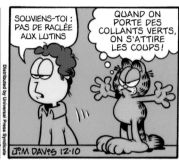

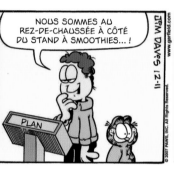

NOUS SOMMES AU REZ-DE-CHAUSSÉE À CÔTÉ DU STAND À SMOOTHIES... !
PLAN
JIM DAVIS 12-11
© 2007 PAWS, INC. All Rights Reserved. www.garfield.com
PUIS IL Y A LA BIJOUTERIE AU PREMIER...
PLAN
ET L'ESCALIER MÉCANIQUE SE TROUVE PAR LÀ
JE TE RENDS TON PORTE-FEUILLE
PLAN
Distributed by Universal Press Syndicate

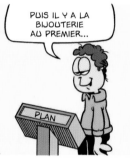

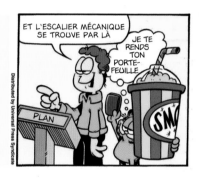

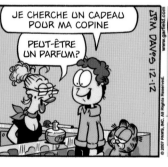

JE CHERCHE UN CADEAU POUR MA COPINE
PEUT-ÊTRE UN PARFUM?
JIM DAVIS 12-12
© 2007 PAWS, INC. All Rights Reserved. www.garfield.com
JE PENSE QUE CELUI-CI LUI PLAIRAIT
ÇA SENT LE TROUPEAU DE CHIENS MOUILLÉS
JE LE PORTE EN CE MOMENT
J'ADORE L'ODEUR DE CHIEN MOUILLÉ
REPLIONS-NOUS ALORS QUE NOUS LE POUVONS
Distributed by Universal Press Syndicate

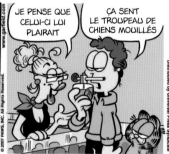

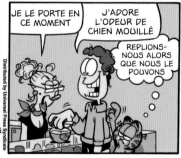

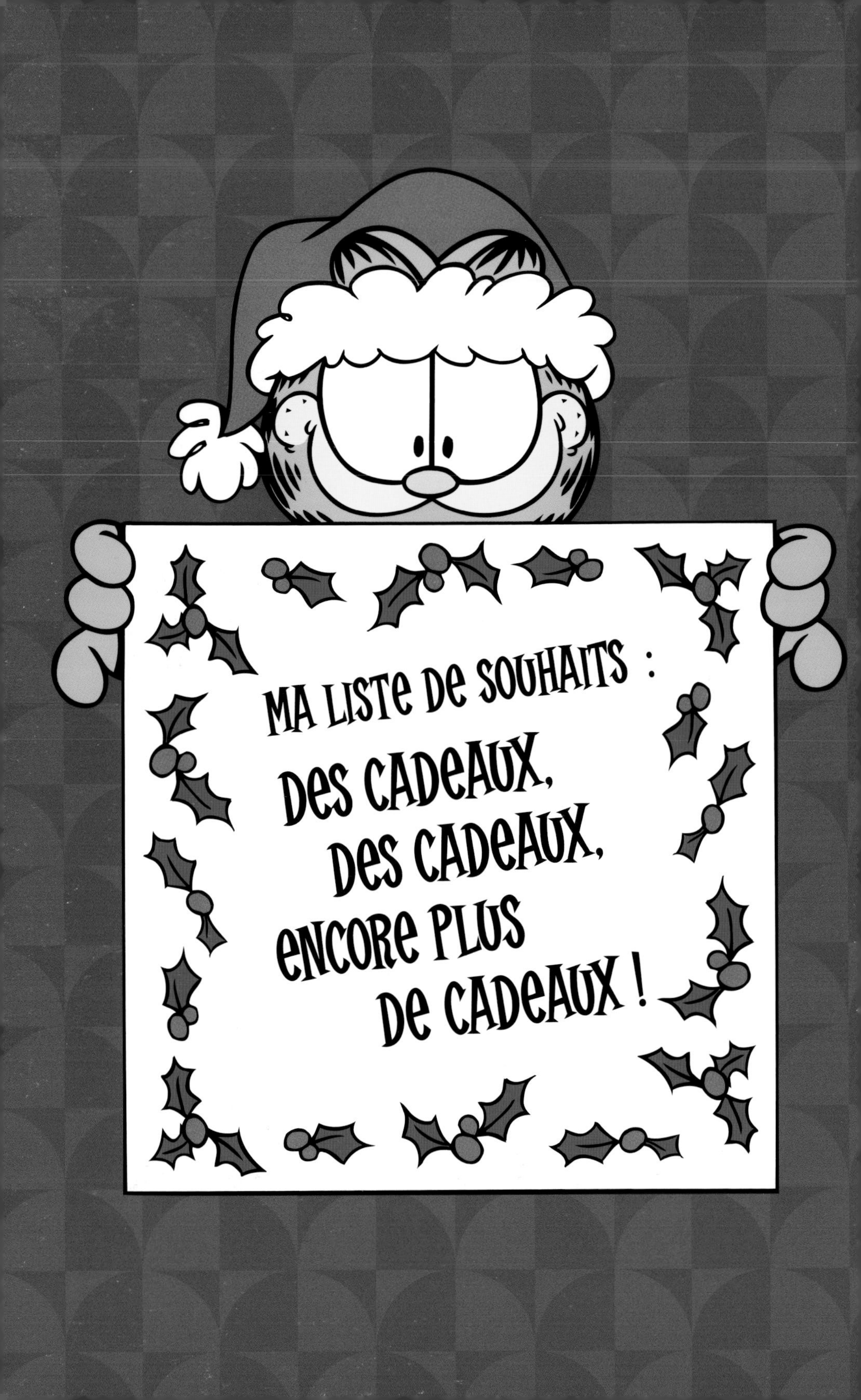
MA LISTE DE SOUHAITS :
DES CADEAUX,
DES CADEAUX,
ENCORE PLUS
DE CADEAUX !

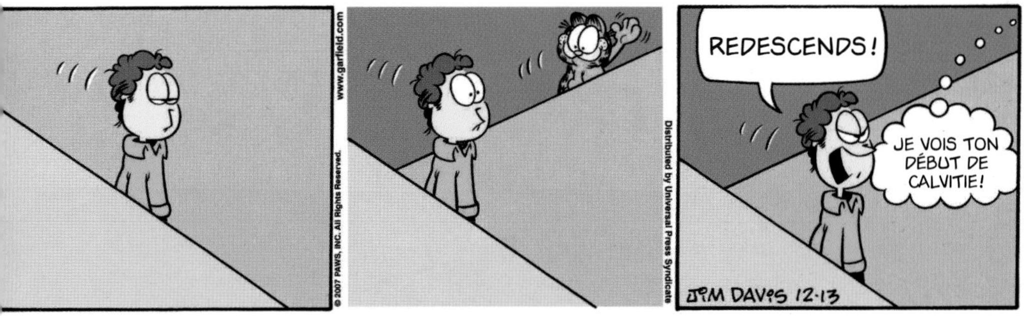
www.garfield.com
© 2007 PAWS, INC. All Rights Reserved.
Distributed by Universal Press Syndicate
REDESCENDS !
JE VOIS TON DÉBUT DE CALVITIE!
JIM DAVIS 12-13

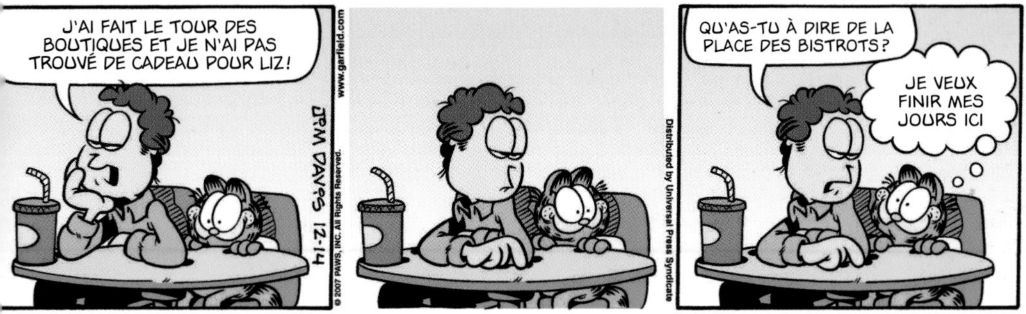
J'AI FAIT LE TOUR DES BOUTIQUES ET JE N'AI PAS TROUVÉ DE CADEAU POUR LIZ!
JIM DAVIS 12-14
www.garfield.com
© 2007 PAWS, INC. All Rights Reserved.
Distributed by Universal Press Syndicate
QU'AS-TU À DIRE DE LA PLACE DES BISTROTS?
JE VEUX FINIR MES JOURS ICI

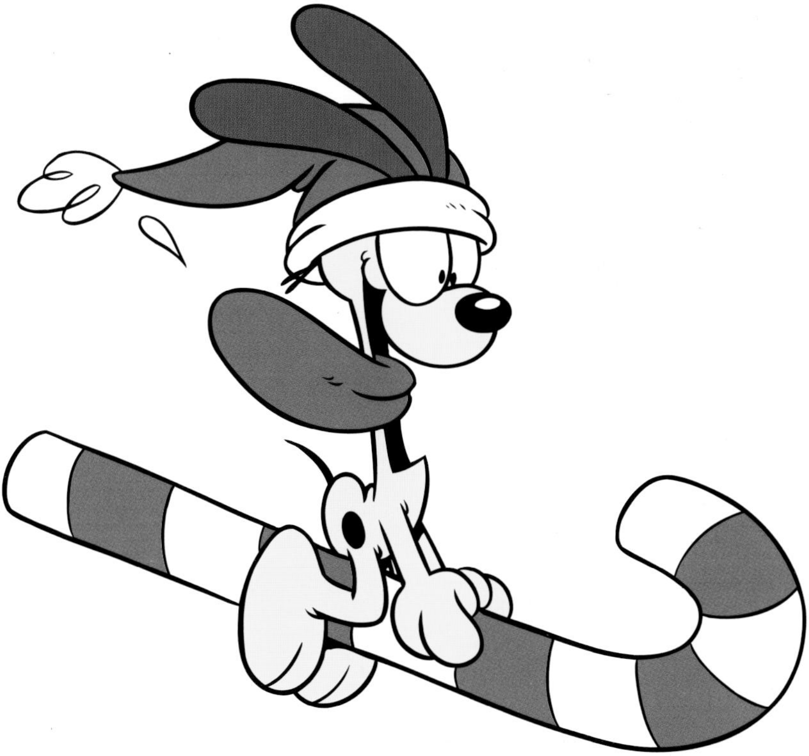

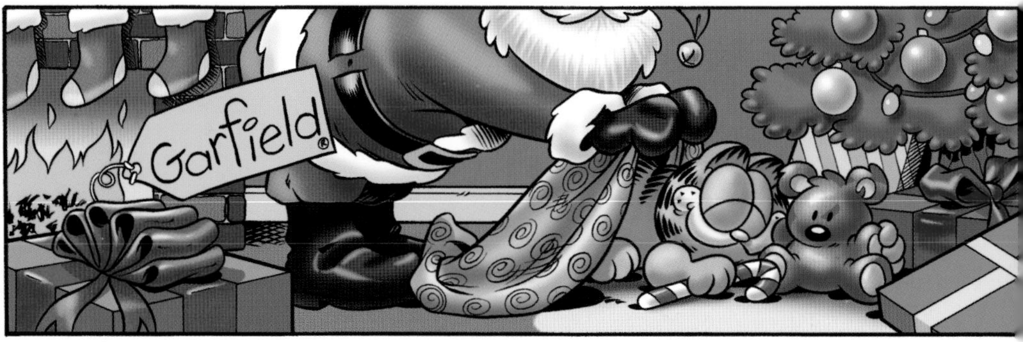
Garfield®

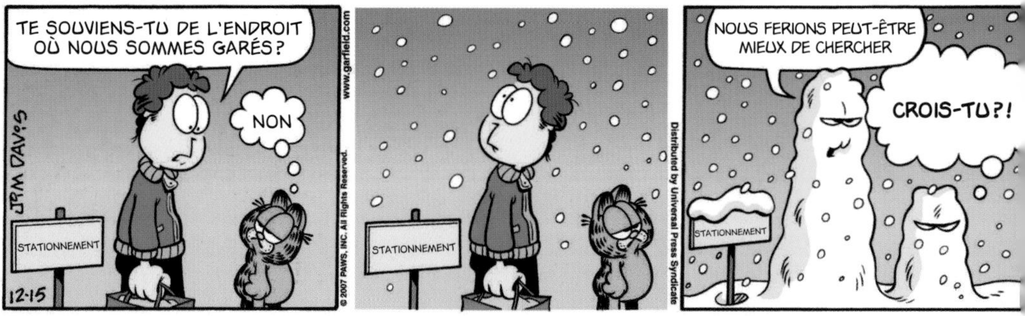
JIM DAVIS
12-15
TE SOUVIENS-TU DE L'ENDROIT OÙ NOUS SOMMES GARÉS?
NON
STATIONNEMENT
www.garfield.com
© 2007 PAWS, INC. All Rights Reserved.
STATIONNEMENT
Distributed by Universal Press Syndicate
NOUS FERIONS PEUT-ÊTRE MIEUX DE CHERCHER
CROIS-TU?!
STATIONNEMENT

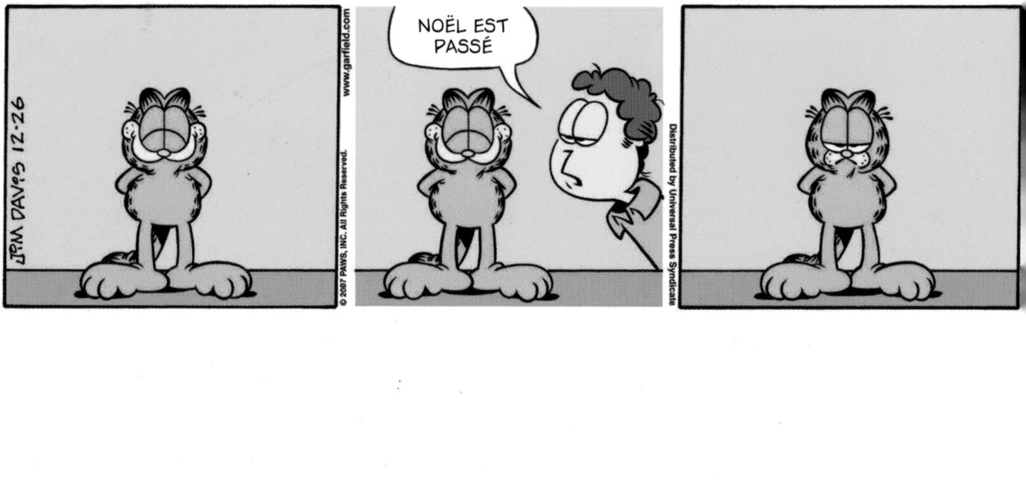
JIM DAVIS 12-26
www.garfield.com
© 2007 PAWS, INC. All Rights Reserved.
NOËL EST PASSÉ
Distributed by Universal Press Syndicate

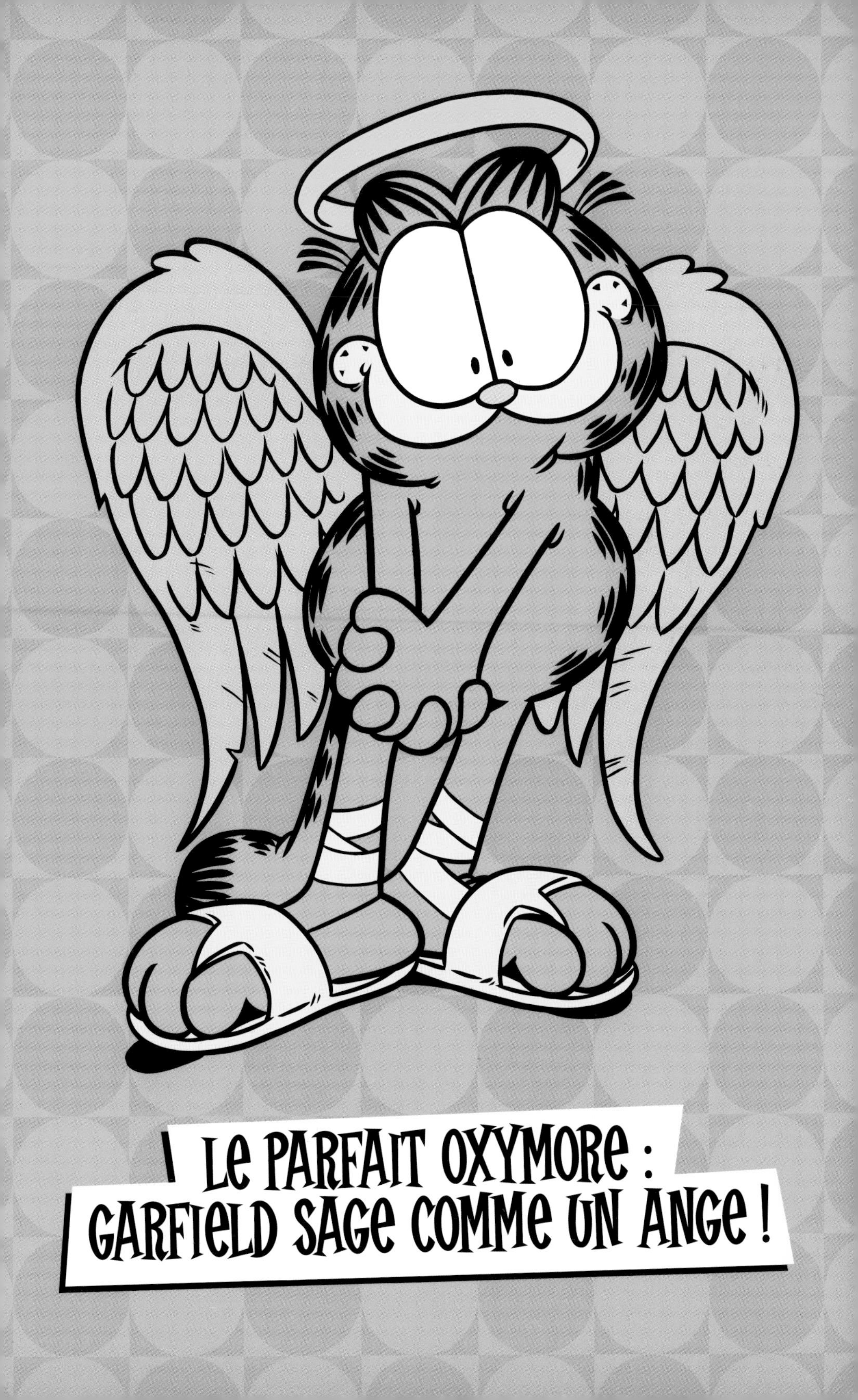

LE PARFAIT OXYMORE :
GARFIELD SAGE COMME UN ANGE !

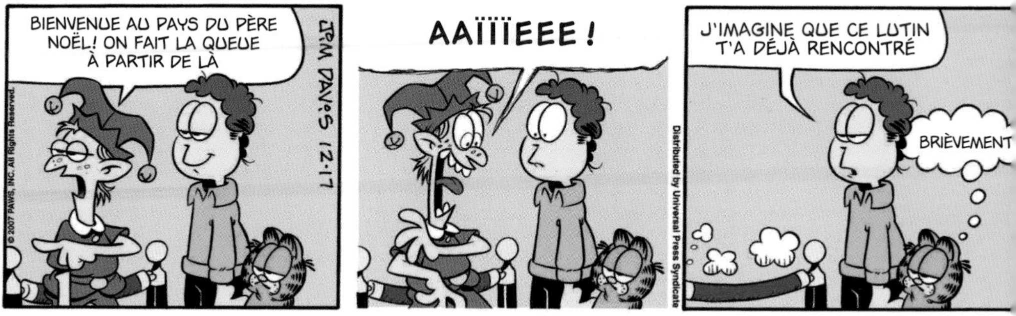
BIENVENUE AU PAYS DU PÈRE NOËL! ON FAIT LA QUEUE À PARTIR DE LÀ
AAÏÏÏEEE !
J'IMAGINE QUE CE LUTIN T'A DÉJÀ RENCONTRÉ
BRIÈVEMENT
JPM DAVPS 12-17
© 2007 PAWS, INC. All Rights Reserved.
Distributed by Universal Press Syndicate

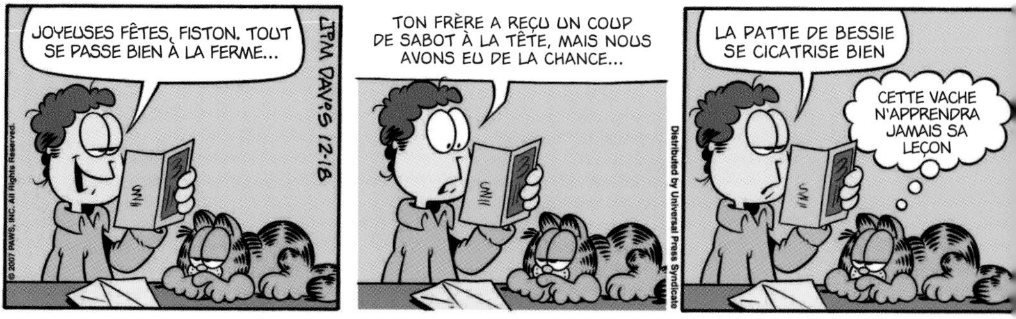
JOYEUSES FÊTES, FISTON. TOUT SE PASSE BIEN À LA FERME...
TON FRÈRE A REÇU UN COUP DE SABOT À LA TÊTE, MAIS NOUS AVONS EU DE LA CHANCE...
LA PATTE DE BESSIE SE CICATRISE BIEN
CETTE VACHE N'APPRENDRA JAMAIS SA LEÇON
JPM DAVPS 12-18
© 2007 PAWS, INC. All Rights Reserved.
Distributed by Universal Press Syndicate

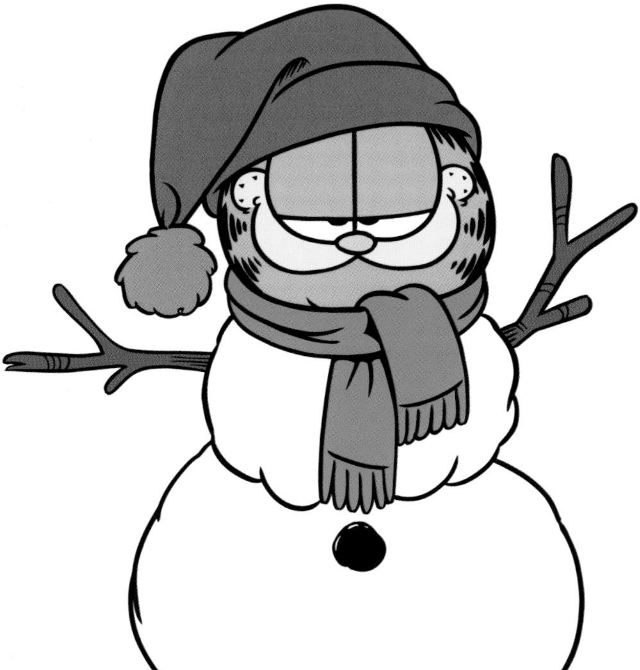

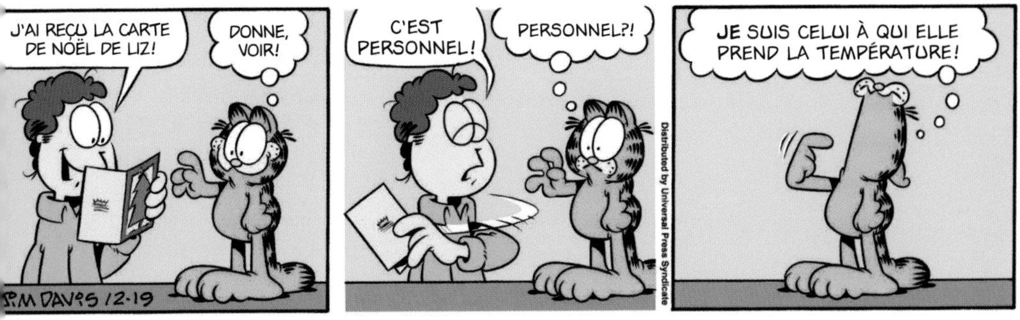
J'AI REÇU LA CARTE DE NOËL DE LIZ!
DONNE, VOIR!
C'EST PERSONNEL!
PERSONNEL?!
JE SUIS CELUI À QUI ELLE PREND LA TEMPÉRATURE!
JIM DAVIS 12-19
Distributed by Universal Press Syndicate

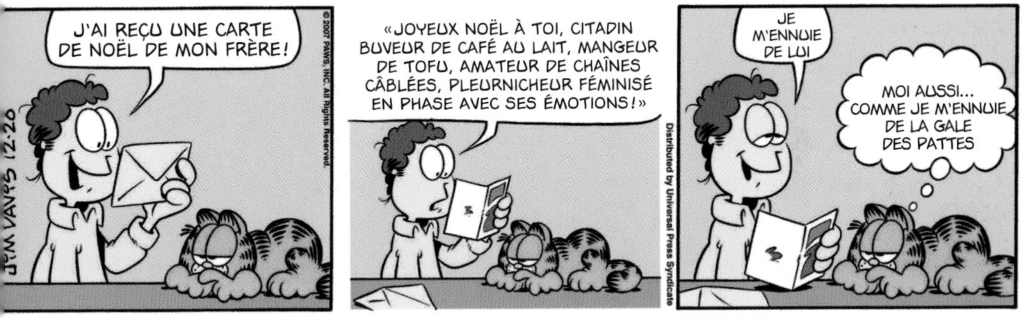
J'AI REÇU UNE CARTE DE NOËL DE MON FRÈRE!
© 2007 PAWS, INC. All Rights Reserved.
JIM DAVIS 12-20
«JOYEUX NOËL À TOI, CITADIN BUVEUR DE CAFÉ AU LAIT, MANGEUR DE TOFU, AMATEUR DE CHAÎNES CÂBLÉES, PLEURNICHEUR FÉMINISÉ EN PHASE AVEC SES ÉMOTIONS!»
Distributed by Universal Press Syndicate
JE M'ENNUIE DE LUI
MOI AUSSI... COMME JE M'ENNUIE DE LA GALE DES PATTES

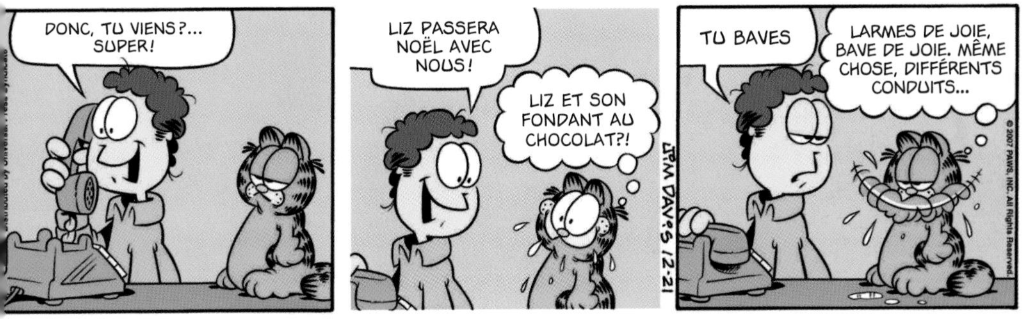
DONC, TU VIENS?... SUPER!
LIZ PASSERA NOËL AVEC NOUS!
LIZ ET SON FONDANT AU CHOCOLAT?!
JIM DAVIS 12-21
TU BAVES
LARMES DE JOIE, BAVE DE JOIE. MÊME CHOSE, DIFFÉRENTS CONDUITS...
© 2007 PAWS, INC. All Rights Reserved.

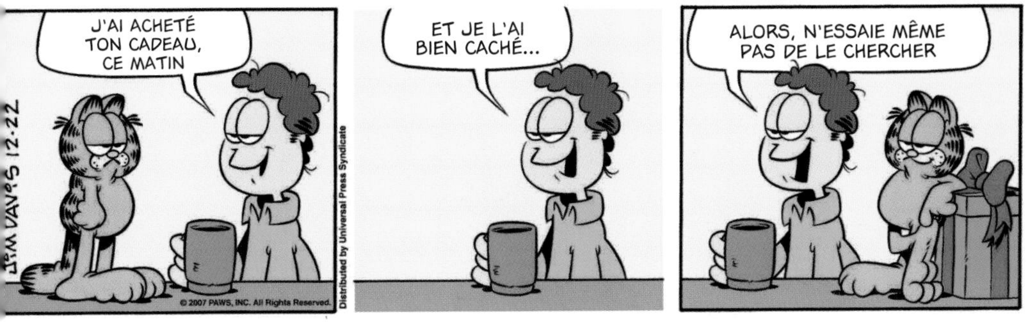
J'AI ACHETÉ TON CADEAU, CE MATIN
JIM DAVIS 12-22
© 2007 PAWS, INC. All Rights Reserved.
Distributed by Universal Press Syndicate
ET JE L'AI BIEN CACHÉ...
ALORS, N'ESSAIE MÊME PAS DE LE CHERCHER

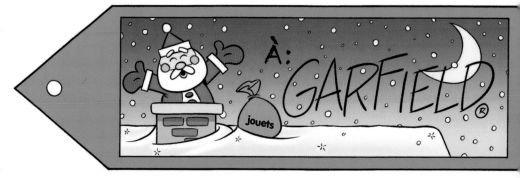

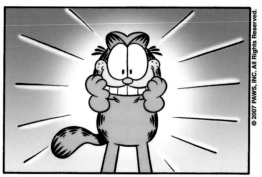

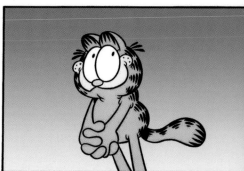

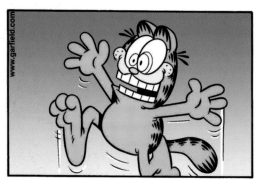

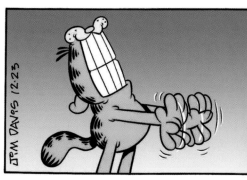

À:
GARFIELD®
jouets
© 2007 PAWS, INC. All Rights Reserved.
www.garfield.com
JIM DAVIS 12-23
GARFIELD, QU'EST-CE QUE TU FAIS?
JE RÉPÈTE L'EXPRESSION FACIALE QUI FEINT LA SURPRISE DEVANT TON CADEAU
Distributed by Universal Press Syndicate

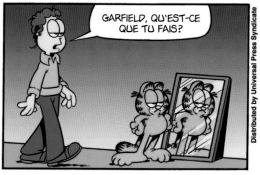

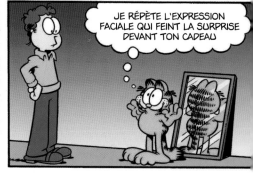

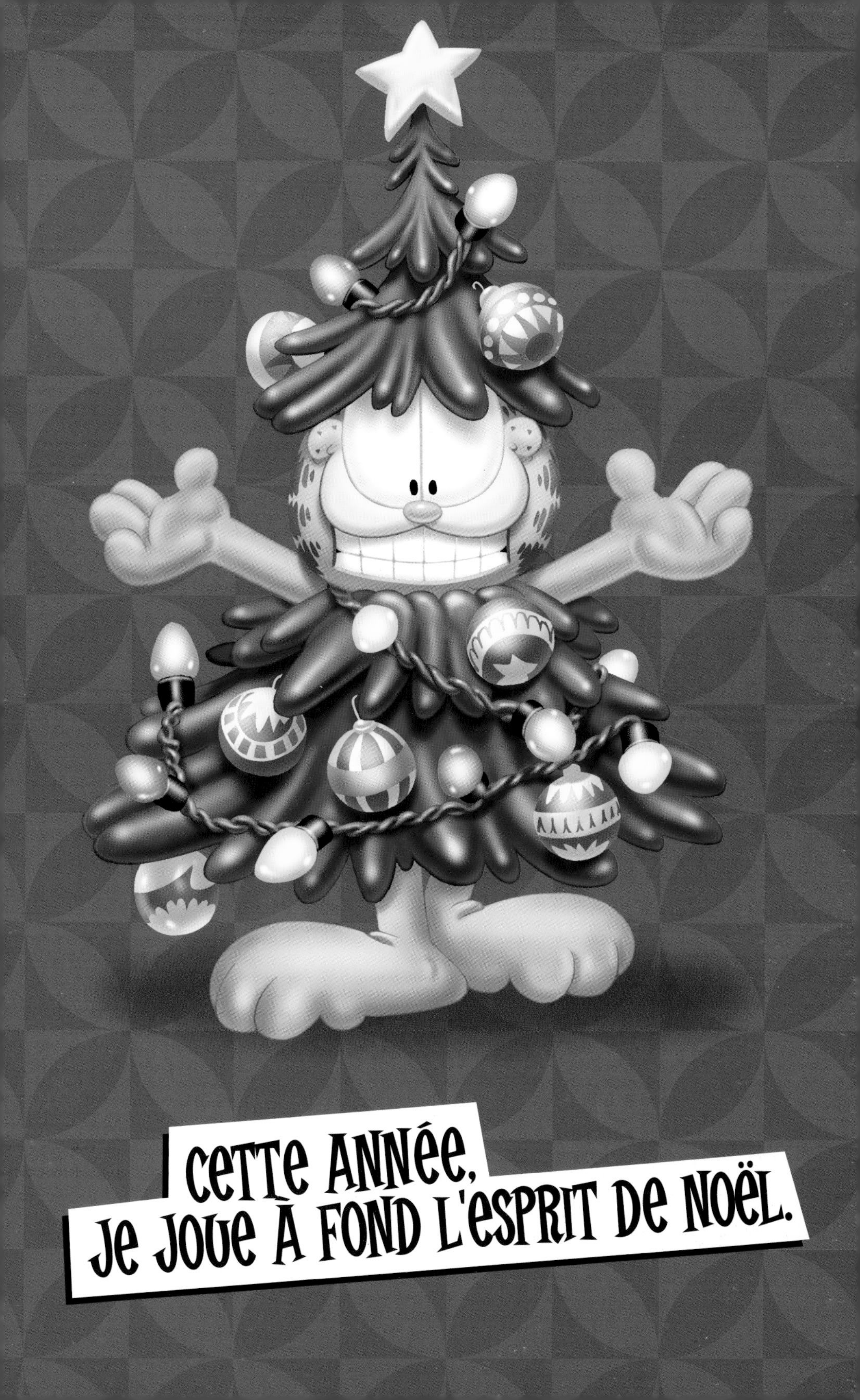
CETTE ANNÉE,
JE JOUE À FOND L'ESPRIT DE NOËL.

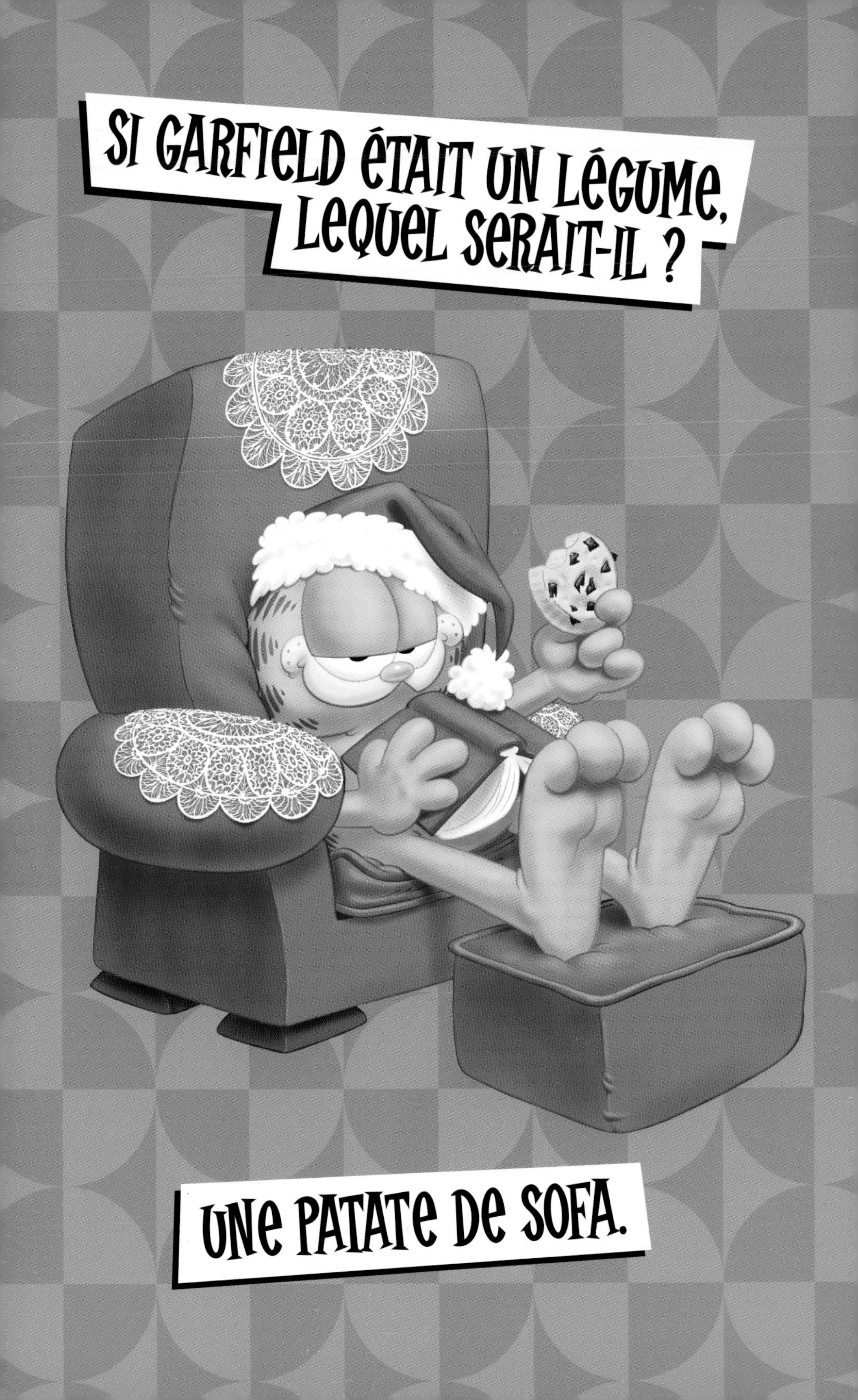
SI GARFIELD ÉTAIT UN LÉGUME, LEQUEL SERAIT-IL ?
UNE PATATE DE SOFA.

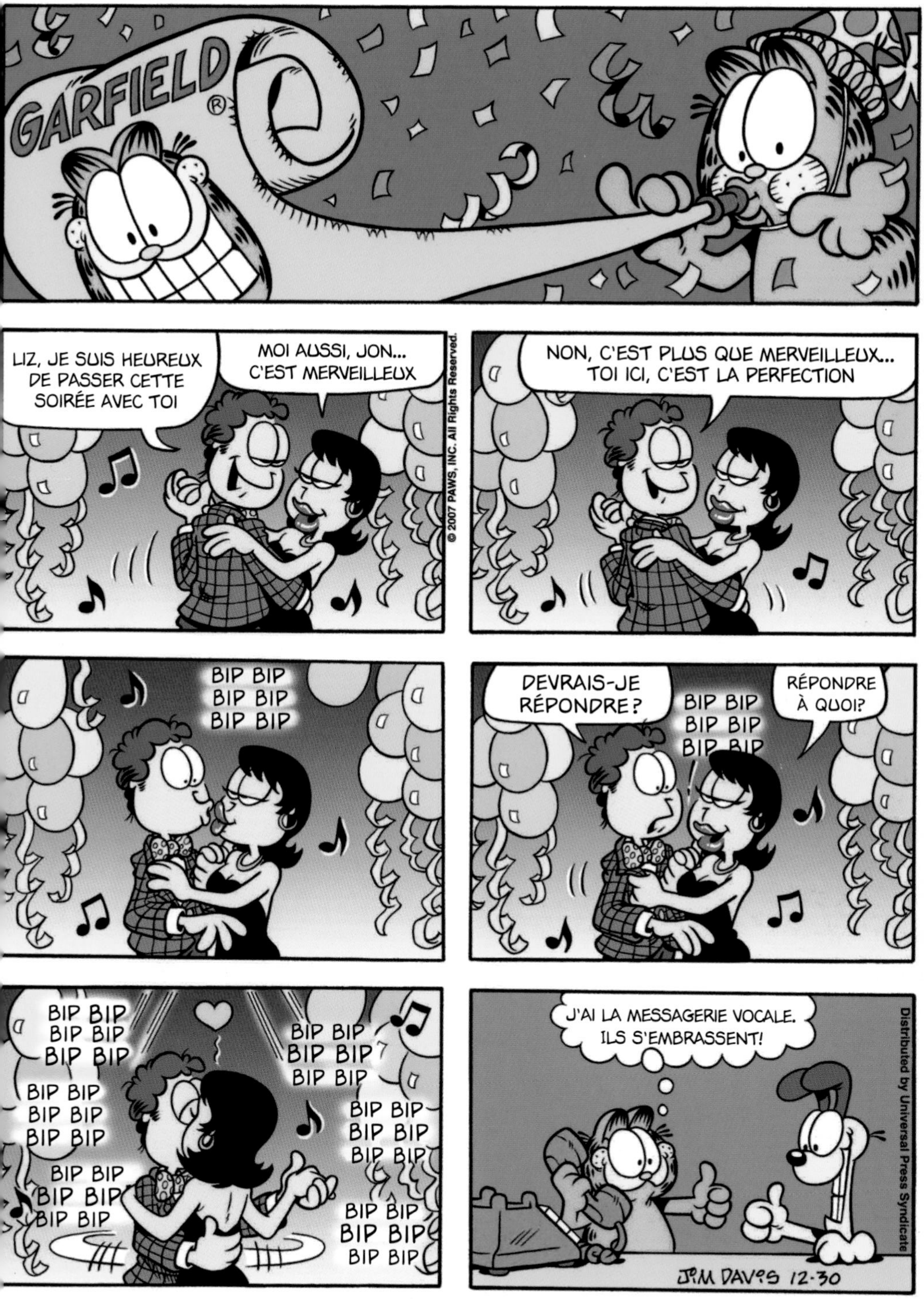
GARFIELD®
LIZ, JE SUIS HEUREUX DE PASSER CETTE SOIRÉE AVEC TOI
MOI AUSSI, JON... C'EST MERVEILLEUX
© 2007 PAWS, INC. All Rights Reserved.
NON, C'EST PLUS QUE MERVEILLEUX... TOI ICI, C'EST LA PERFECTION
BIP BIP BIP BIP BIP BIP
DEVRAIS-JE RÉPONDRE ?
BIP BIP BIP BIP BIP BIP
RÉPONDRE À QUOI?
BIP BIP BIP BIP BIP BIP
BIP BIP BIP BIP BIP BIP
BIP BIP BIP BIP BIP BIP
BIP BIP BIP BIP BIP BIP
BIP BIP BIP BIP BIP BIP
BIP BIP BIP BIP BIP BIP
J'AI LA MESSAGERIE VOCALE. ILS S'EMBRASSENT!
Distributed by Universal Press Syndicate
JIM DAVIS 12-30

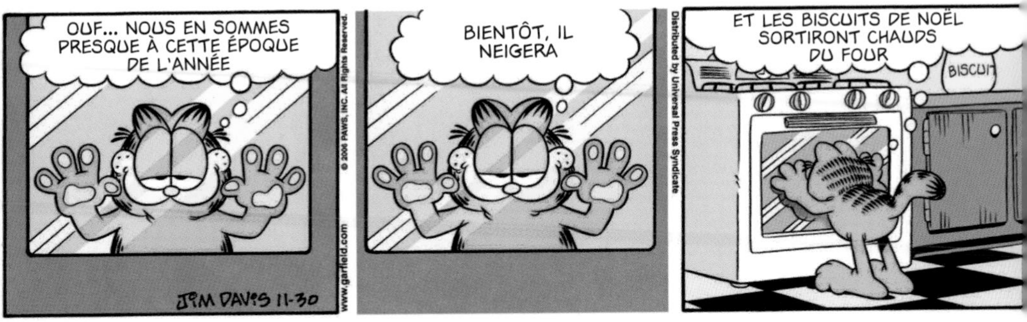
OUF... NOUS EN SOMMES PRESQUE À CETTE ÉPOQUE DE L'ANNÉE
BIENTÔT, IL NEIGERA
ET LES BISCUITS DE NOËL SORTIRONT CHAUDS DU FOUR

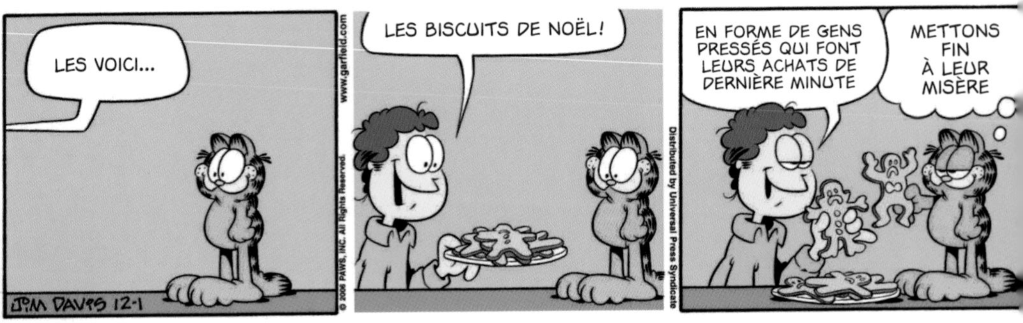
LES VOICI...
LES BISCUITS DE NOËL!
EN FORME DE GENS PRESSÉS QUI FONT LEURS ACHATS DE DERNIÈRE MINUTE
METTONS FIN À LEUR MISÈRE

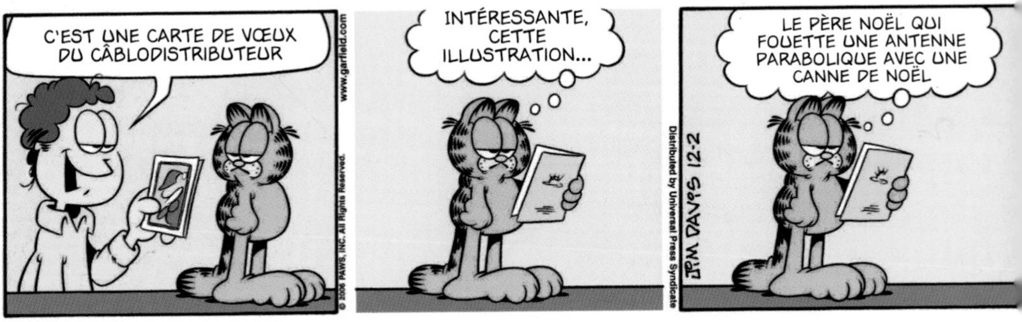
C'EST UNE CARTE DE VŒUX DU CÂBLODISTRIBUTEUR
INTÉRESSANTE, CETTE ILLUSTRATION...
LE PÈRE NOËL QUI FOUETTE UNE ANTENNE PARABOLIQUE AVEC UNE CANNE DE NOËL

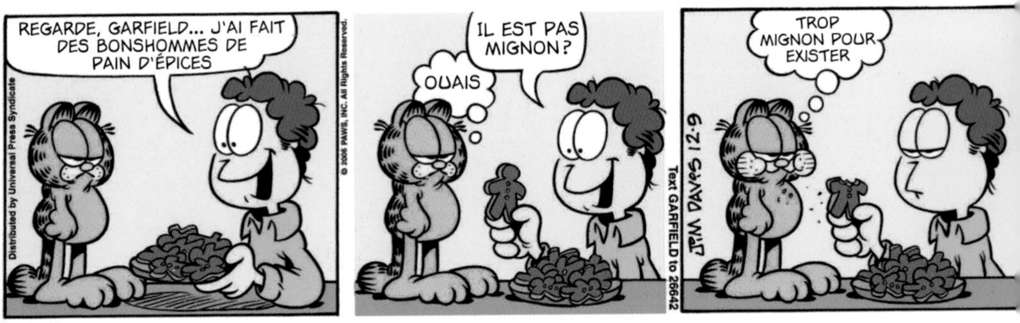
REGARDE, GARFIELD... J'AI FAIT DES BONSHOMMES DE PAIN D'ÉPICES
IL EST PAS MIGNON?
OUAIS
TROP MIGNON POUR EXISTER

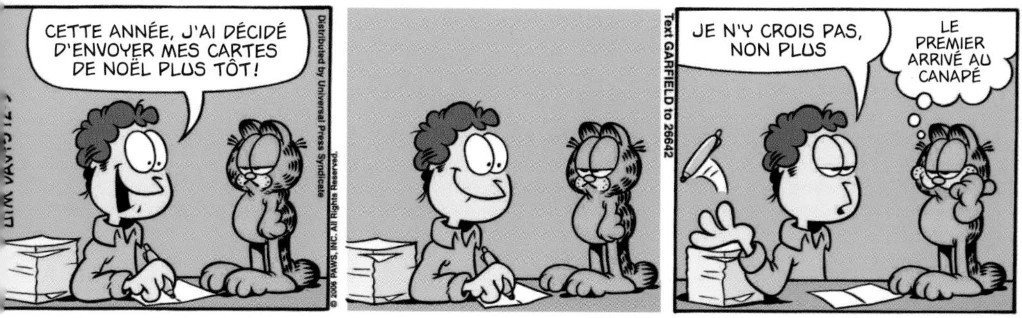
CETTE ANNÉE, J'AI DÉCIDÉ D'ENVOYER MES CARTES DE NOËL PLUS TÔT!
Distributed by Universal Press Syndicate
© 2006 PAWS, INC. All Rights Reserved.
Text GARFIELD to 26642
JE N'Y CROIS PAS, NON PLUS
LE PREMIER ARRIVÉ AU CANAPÉ

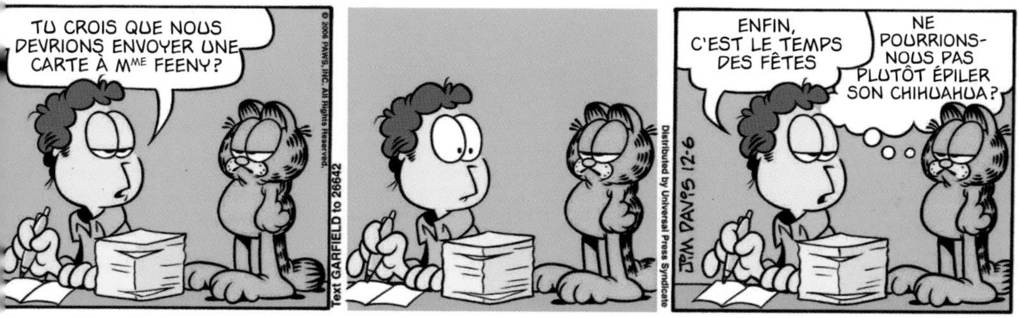
TU CROIS QUE NOUS DEVRIONS ENVOYER UNE CARTE À MME FEENY?
© 2006 PAWS, INC. All Rights Reserved.
Text GARFIELD to 26642
Distributed by Universal Press Syndicate
JIM DAVIS 12-6
ENFIN, C'EST LE TEMPS DES FÊTES
NE POURRIONS-NOUS PAS PLUTÔT ÉPILER SON CHIHUAHUA?

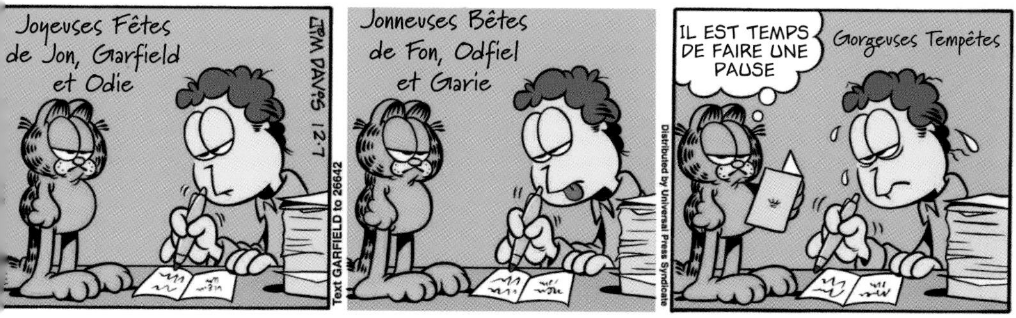
Joyeuses Fêtes de Jon, Garfield et Odie
JIM DAVIS 12-7
Text GARFIELD to 26642
Jonneuses Bêtes de Fon, Odfiel et Garie
Distributed by Universal Press Syndicate
IL EST TEMPS DE FAIRE UNE PAUSE
Gorgeuses Tempêtes

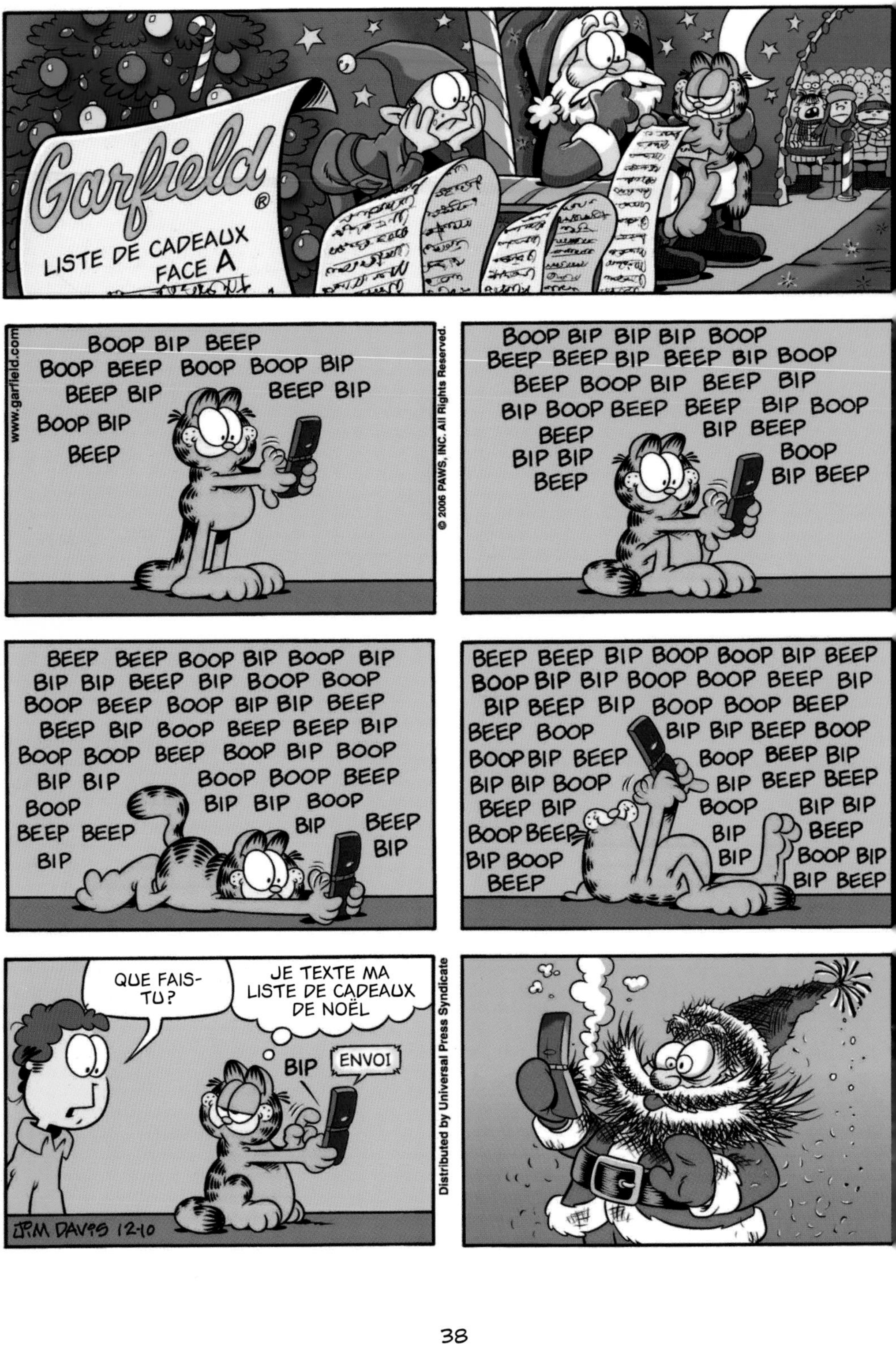
Garfield®
LISTE DE CADEAUX
FACE A
www.garfield.com
© 2006 PAWS, INC. All Rights Reserved.
BOOP BIP BEEP
BOOP BEEP BOOP BOOP BIP
BEEP BIP BEEP BIP
BOOP BIP
BEEP
BOOP BIP BIP BIP BOOP
BEEP BEEP BIP BEEP BIP BOOP
BEEP BOOP BIP BEEP BIP
BIP BOOP BEEP BEEP BIP BOOP
BEEP BIP BEEP
BIP BIP BOOP
BEEP BIP BEEP
BEEP BEEP BOOP BIP BOOP BIP
BIP BIP BEEP BIP BOOP BOOP
BOOP BEEP BOOP BIP BIP BEEP
BEEP BIP BOOP BEEP BEEP BIP
BOOP BOOP BEEP BOOP BIP BOOP
BIP BIP BOOP BOOP BEEP
BOOP BIP BIP BOOP
BEEP BEEP BIP BEEP
BIP BIP
BEEP BEEP BIP BOOP BOOP BIP BEEP
BOOP BIP BIP BOOP BOOP BEEP BIP
BIP BEEP BIP BOOP BOOP BEEP
BEEP BOOP BIP BIP BEEP BOOP
BOOP BIP BEEP BOOP BEEP BIP
BIP BIP BOOP BIP BEEP BEEP
BEEP BIP BOOP BIP BIP
BOOP BEEP BIP BEEP
BIP BOOP BIP BOOP BIP
BEEP BIP BEEP
QUE FAIS-TU?
JE TEXTE MA LISTE DE CADEAUX DE NOËL
BIP
ENVOI
JPM DAVIS 12-10
Distributed by Universal Press Syndicate

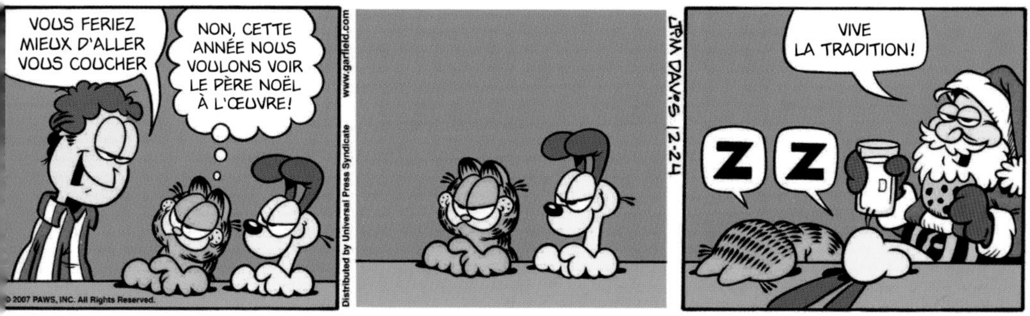
VOUS FERIEZ MIEUX D'ALLER VOUS COUCHER
NON, CETTE ANNÉE NOUS VOULONS VOIR LE PÈRE NOËL À L'ŒUVRE!
Z Z
VIVE LA TRADITION!
© 2007 PAWS, INC. All Rights Reserved.
Distributed by Universal Press Syndicate
www.garfield.com

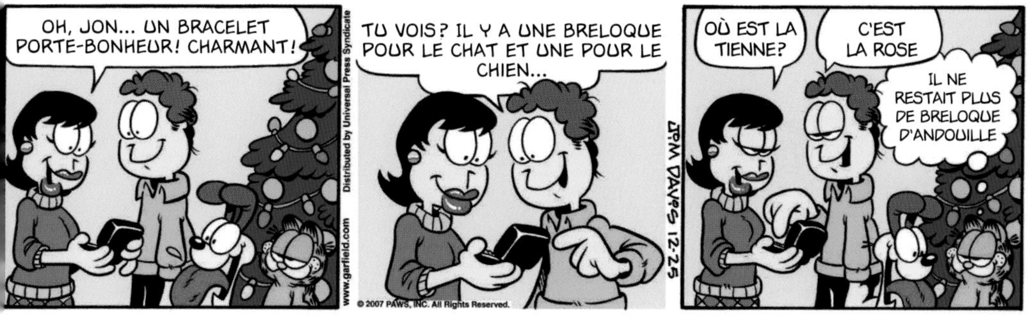
OH, JON... UN BRACELET PORTE-BONHEUR! CHARMANT!
TU VOIS? IL Y A UNE BRELOQUE POUR LE CHAT ET UNE POUR LE CHIEN...
OÙ EST LA TIENNE?
C'EST LA ROSE
IL NE RESTAIT PLUS DE BRELOQUE D'ANDOUILLE
© 2007 PAWS, INC. All Rights Reserved.
Distributed by Universal Press Syndicate
www.garfield.com

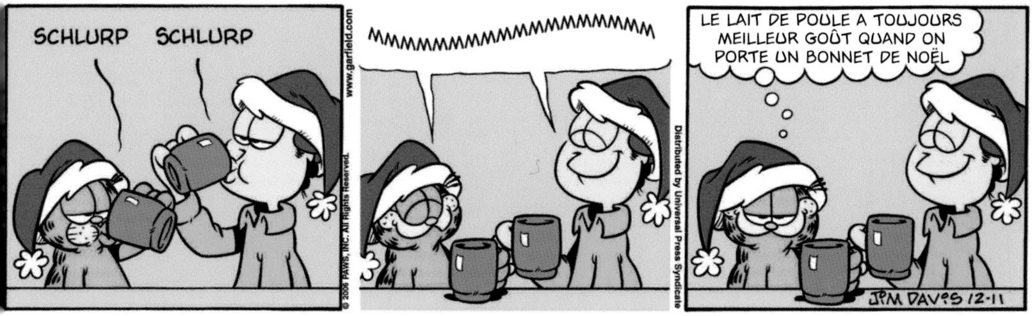
SCHLURP SCHLURP
MMMMMMMMMMMMMMMMMMMMMMMM
LE LAIT DE POULE A TOUJOURS MEILLEUR GOÛT QUAND ON PORTE UN BONNET DE NOËL
© 2006 PAWS, INC. All Rights Reserved.
Distributed by Universal Press Syndicate
www.garfield.com

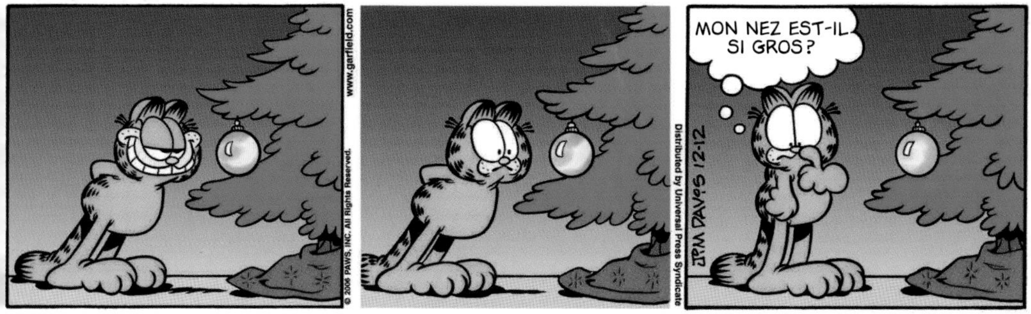
MON NEZ EST-IL SI GROS?
© 2006 PAWS, INC. All Rights Reserved.
Distributed by Universal Press Syndicate
www.garfield.com

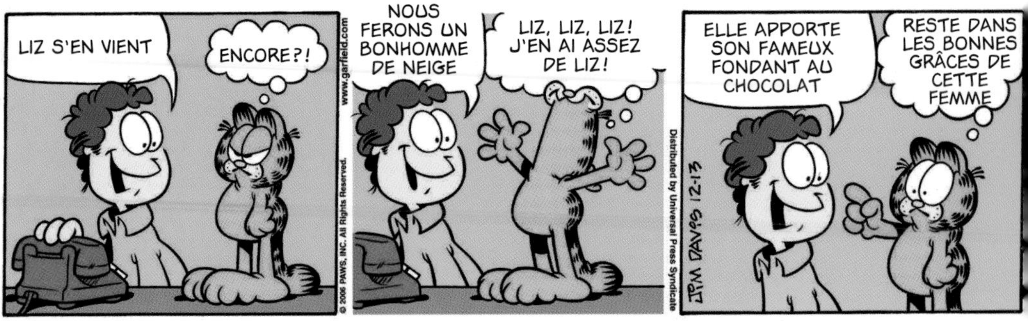
LIZ S'EN VIENT
ENCORE?!
NOUS FERONS UN BONHOMME DE NEIGE
LIZ, LIZ, LIZ! J'EN AI ASSEZ DE LIZ!
ELLE APPORTE SON FAMEUX FONDANT AU CHOCOLAT
RESTE DANS LES BONNES GRÂCES DE CETTE FEMME

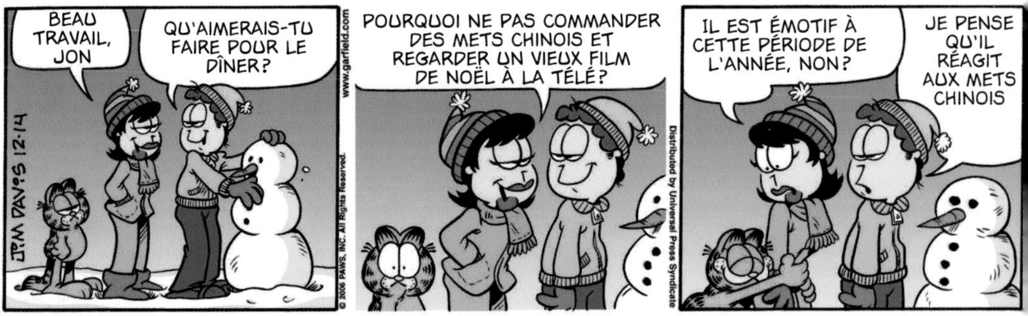
BEAU TRAVAIL, JON
QU'AIMERAIS-TU FAIRE POUR LE DÎNER?
POURQUOI NE PAS COMMANDER DES METS CHINOIS ET REGARDER UN VIEUX FILM DE NOËL À LA TÉLÉ?
IL EST ÉMOTIF À CETTE PÉRIODE DE L'ANNÉE, NON?
JE PENSE QU'IL RÉAGIT AUX METS CHINOIS

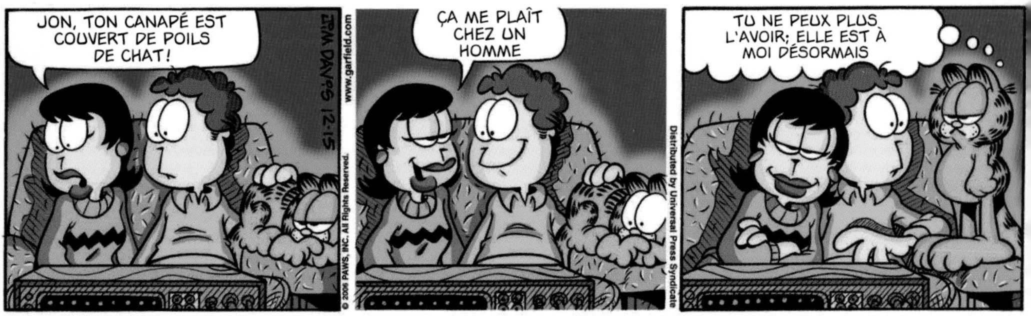
JON, TON CANAPÉ EST COUVERT DE POILS DE CHAT!
ÇA ME PLAÎT CHEZ UN HOMME
TU NE PEUX PLUS L'AVOIR; ELLE EST À MOI DÉSORMAIS

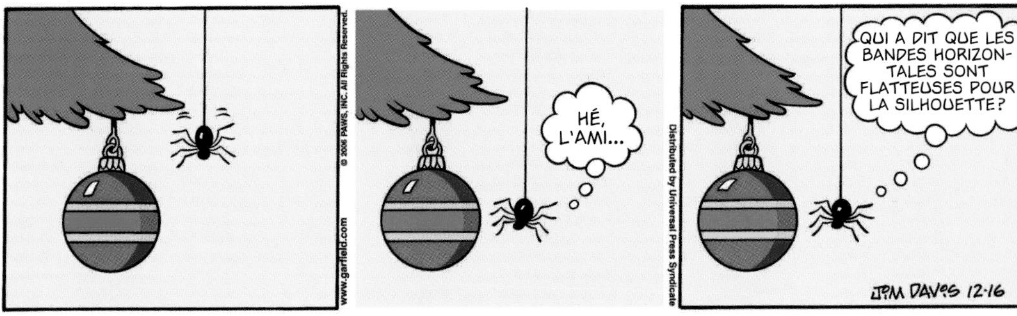
HÉ, L'AMI...
QUI A DIT QUE LES BANDES HORIZONTALES SONT FLATTEUSES POUR LA SILHOUETTE?

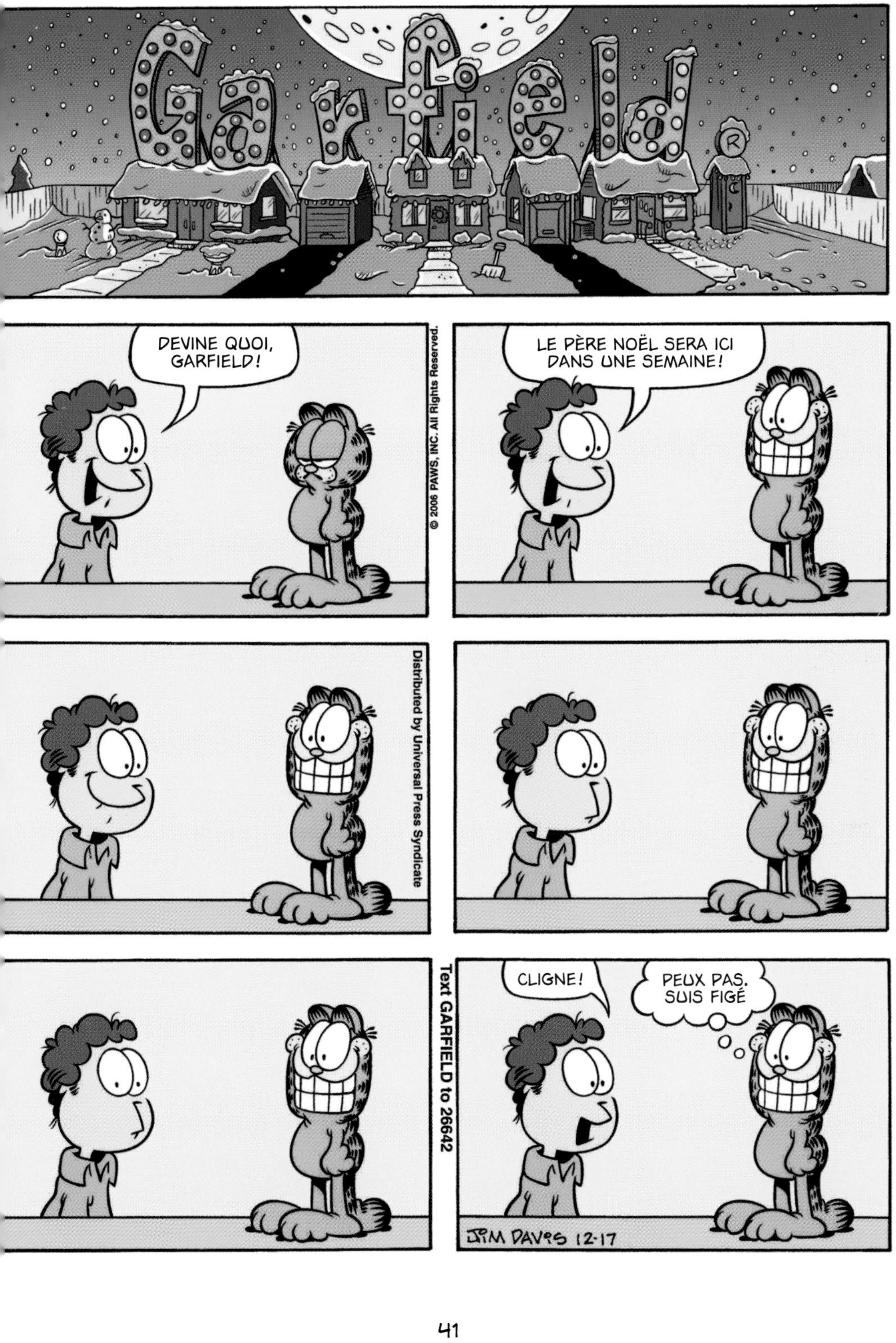
Garfield
DEVINE QUOI, GARFIELD!
© 2006 PAWS, INC. All Rights Reserved.
LE PÈRE NOËL SERA ICI DANS UNE SEMAINE!
Distributed by Universal Press Syndicate
Text GARFIELD to 26642
CLIGNE!
PEUX PAS. SUIS FIGÉ
JIM DAVIS 12-17

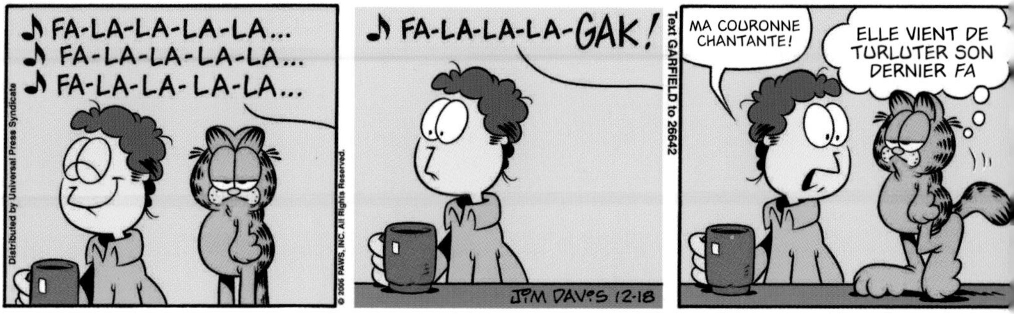
♪ FA-LA-LA-LA-LA...
♪ FA-LA-LA-LA-LA...
♪ FA-LA-LA-LA-LA...
♪ FA-LA-LA-LA-GAK!
MA COURONNE CHANTANTE!
ELLE VIENT DE TURLUTER SON DERNIER FA
JIM DAVIS 12-18

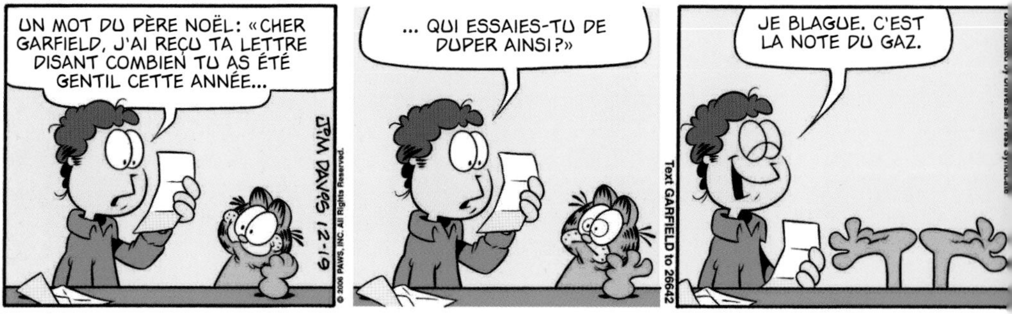
UN MOT DU PÈRE NOËL: «CHER GARFIELD, J'AI REÇU TA LETTRE DISANT COMBIEN TU AS ÉTÉ GENTIL CETTE ANNÉE...
... QUI ESSAIES-TU DE DUPER AINSI?»
JE BLAGUE. C'EST LA NOTE DU GAZ.
JIM DAVIS 12-19

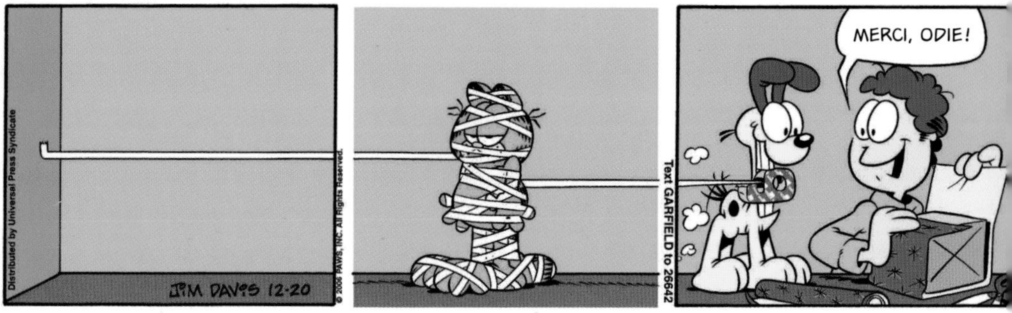
MERCI, ODIE!
JIM DAVIS 12-20

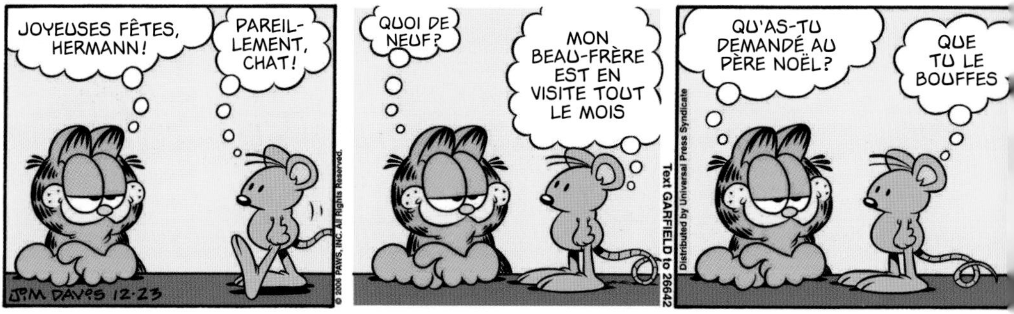
JOYEUSES FÊTES, HERMANN!
PAREIL-LEMENT, CHAT!
QUOI DE NEUF?
MON BEAU-FRÈRE EST EN VISITE TOUT LE MOIS
QU'AS-TU DEMANDÉ AU PÈRE NOËL?
QUE TU LE BOUFFES
JIM DAVIS 12-23

CETTE FOIS, JE PENSE QUE J'AI TOUT !

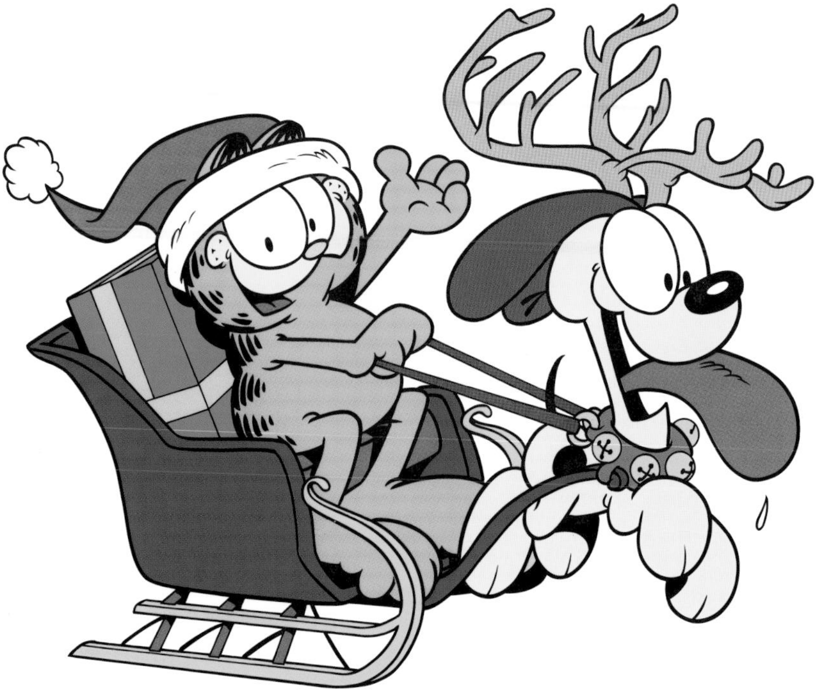

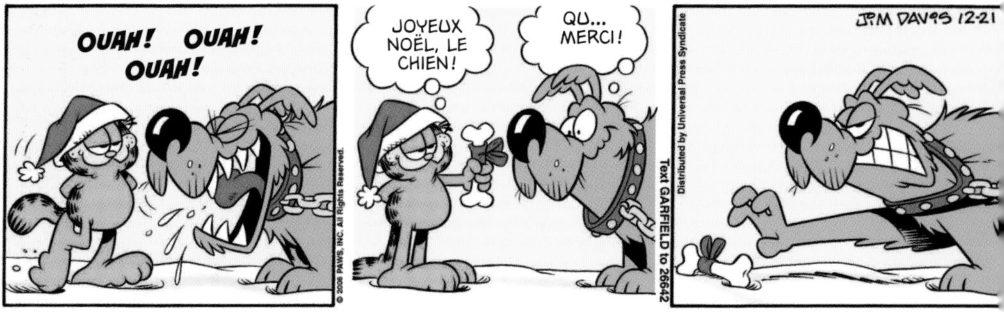

OUAH! OUAH! OUAH!
© 2006 PAWS, INC. All Rights Reserved.
JOYEUX NOËL, LE CHIEN!
QU... MERCI!
Text GARFIELD to 26642
Distributed by Universal Press Syndicate

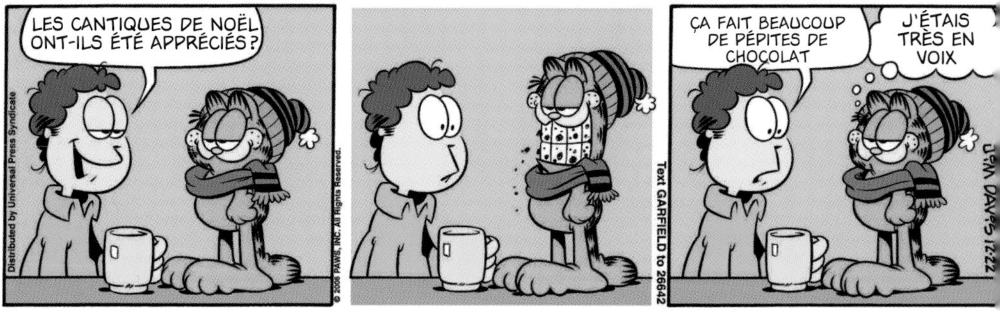

Distributed by Universal Press Syndicate
LES CANTIQUES DE NOËL ONT-ILS ÉTÉ APPRÉCIÉS?
© 2006 PAWS, INC. All Rights Reserved.
Text GARFIELD to 26642
ÇA FAIT BEAUCOUP DE PÉPITES DE CHOCOLAT
J'ÉTAIS TRÈS EN VOIX

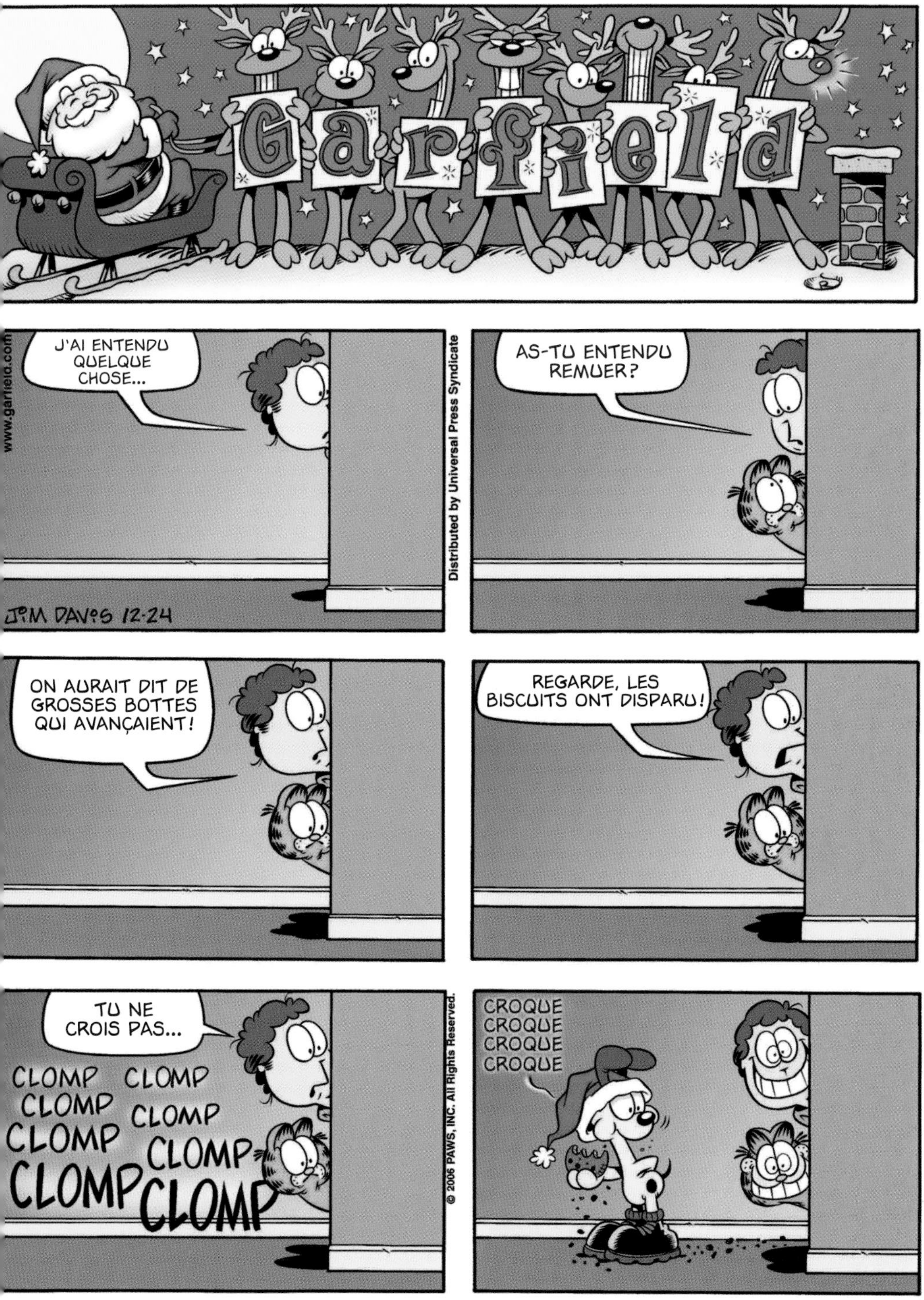
Garfield
www.garfield.com
JIM DAVIS 12-24
J'AI ENTENDU QUELQUE CHOSE...
Distributed by Universal Press Syndicate
AS-TU ENTENDU REMUER?
ON AURAIT DIT DE GROSSES BOTTES QUI AVANÇAIENT!
REGARDE, LES BISCUITS ONT DISPARU!
TU NE CROIS PAS...
CLOMP CLOMP
CLOMP CLOMP
CLOMP CLOMP
CLOMP CLOMP
© 2006 PAWS, INC. All Rights Reserved.
CROQUE
CROQUE
CROQUE
CROQUE

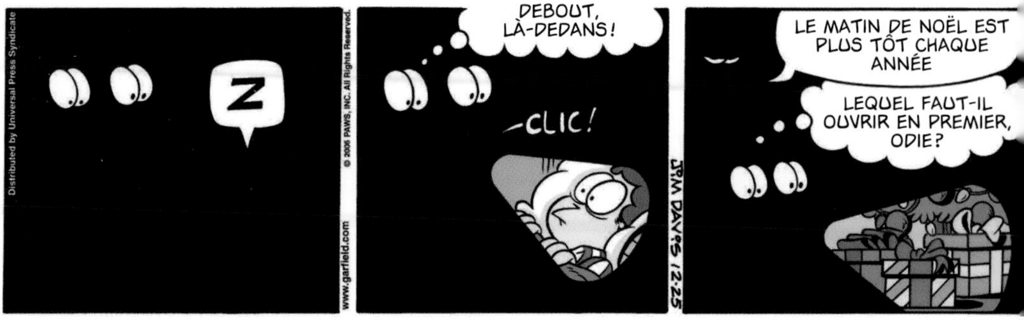
Distributed by Universal Press Syndicate
Z
DEBOUT, LÀ-DEDANS!
-CLIC!
© 2006 PAWS, INC. All Rights Reserved.
www.garfield.com
JIM DAVIS 12-25
LE MATIN DE NOËL EST PLUS TÔT CHAQUE ANNÉE
LEQUEL FAUT-IL OUVRIR EN PREMIER, ODIE?

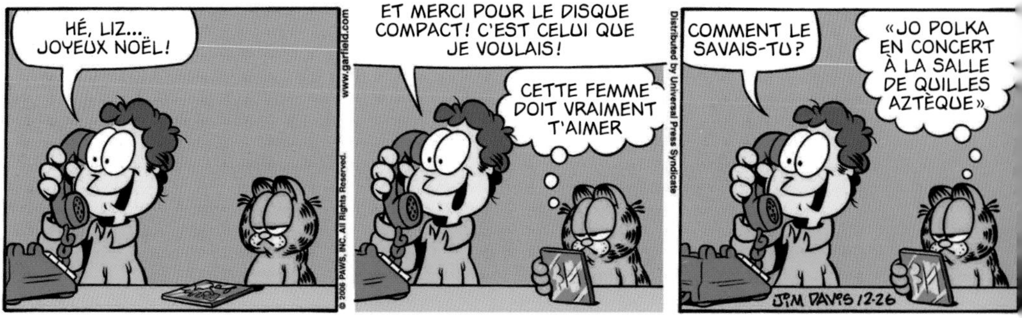
HÉ, LIZ... JOYEUX NOËL!
www.garfield.com
© 2006 PAWS, INC. All Rights Reserved.
ET MERCI POUR LE DISQUE COMPACT! C'EST CELUI QUE JE VOULAIS!
CETTE FEMME DOIT VRAIMENT T'AIMER
Distributed by Universal Press Syndicate
COMMENT LE SAVAIS-TU?
«JO POLKA EN CONCERT À LA SALLE DE QUILLES AZTÈQUE»
JIM DAVIS 12-26

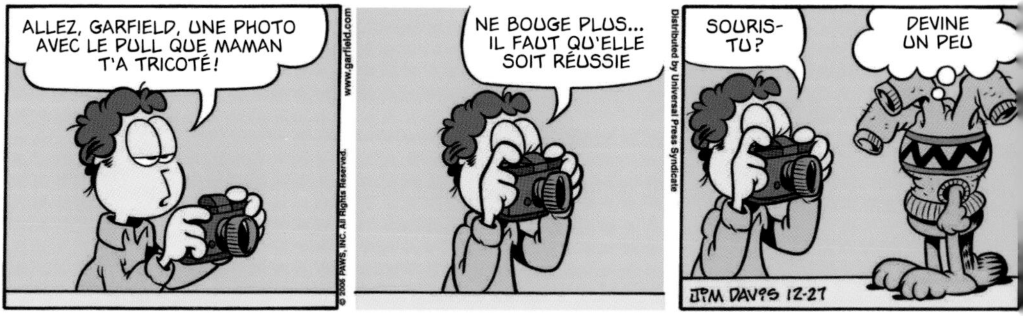
ALLEZ, GARFIELD, UNE PHOTO AVEC LE PULL QUE MAMAN T'A TRICOTÉ!
www.garfield.com
© 2006 PAWS, INC. All Rights Reserved.
NE BOUGE PLUS... IL FAUT QU'ELLE SOIT RÉUSSIE
Distributed by Universal Press Syndicate
SOURIS-TU?
DEVINE UN PEU
JIM DAVIS 12-27

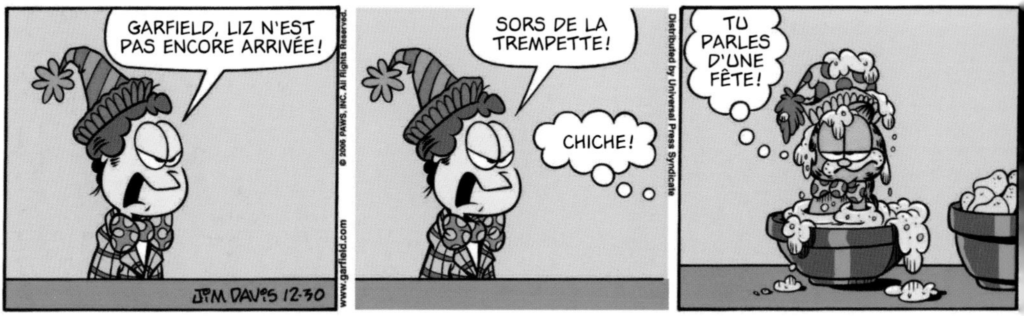
GARFIELD, LIZ N'EST PAS ENCORE ARRIVÉE!
JIM DAVIS 12-30
© 2006 PAWS, INC. All Rights Reserved.
www.garfield.com
SORS DE LA TREMPETTE!
CHICHE!
Distributed by Universal Press Syndicate
TU PARLES D'UNE FÊTE!

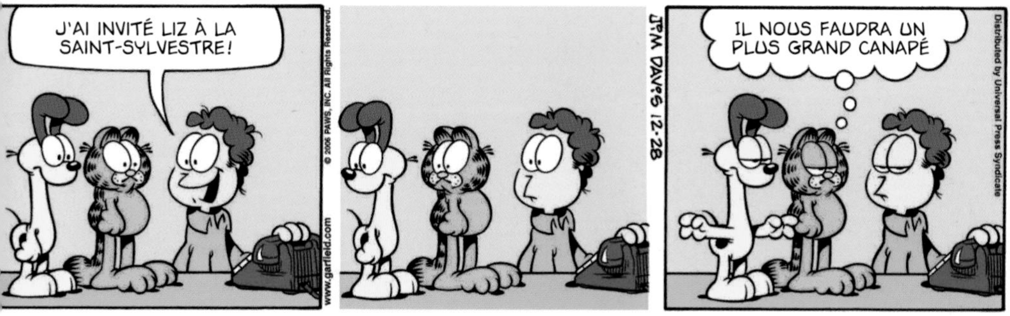
J'AI INVITÉ LIZ À LA SAINT-SYLVESTRE!
© 2006 PAWS, INC. All Rights Reserved.
www.garfield.com
JPM DAVPS 12·28
IL NOUS FAUDRA UN PLUS GRAND CANAPÉ
Distributed by Universal Press Syndicate

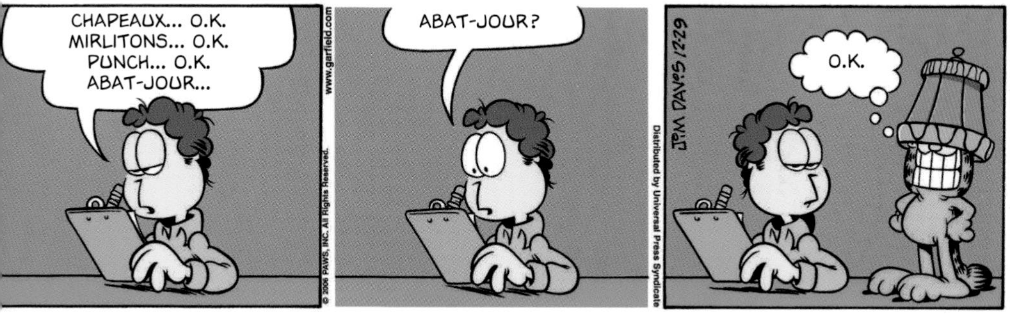
CHAPEAUX... O.K.
MIRLITONS... O.K.
PUNCH... O.K.
ABAT-JOUR...
© 2006 PAWS, INC. All Rights Reserved.
www.garfield.com
ABAT-JOUR?
JPM DAVPS 12·29
Distributed by Universal Press Syndicate
O.K.

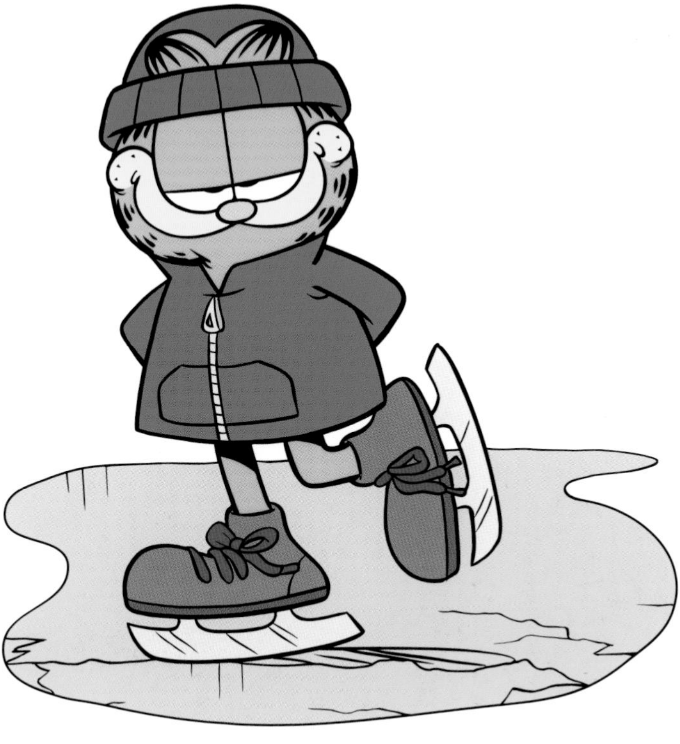

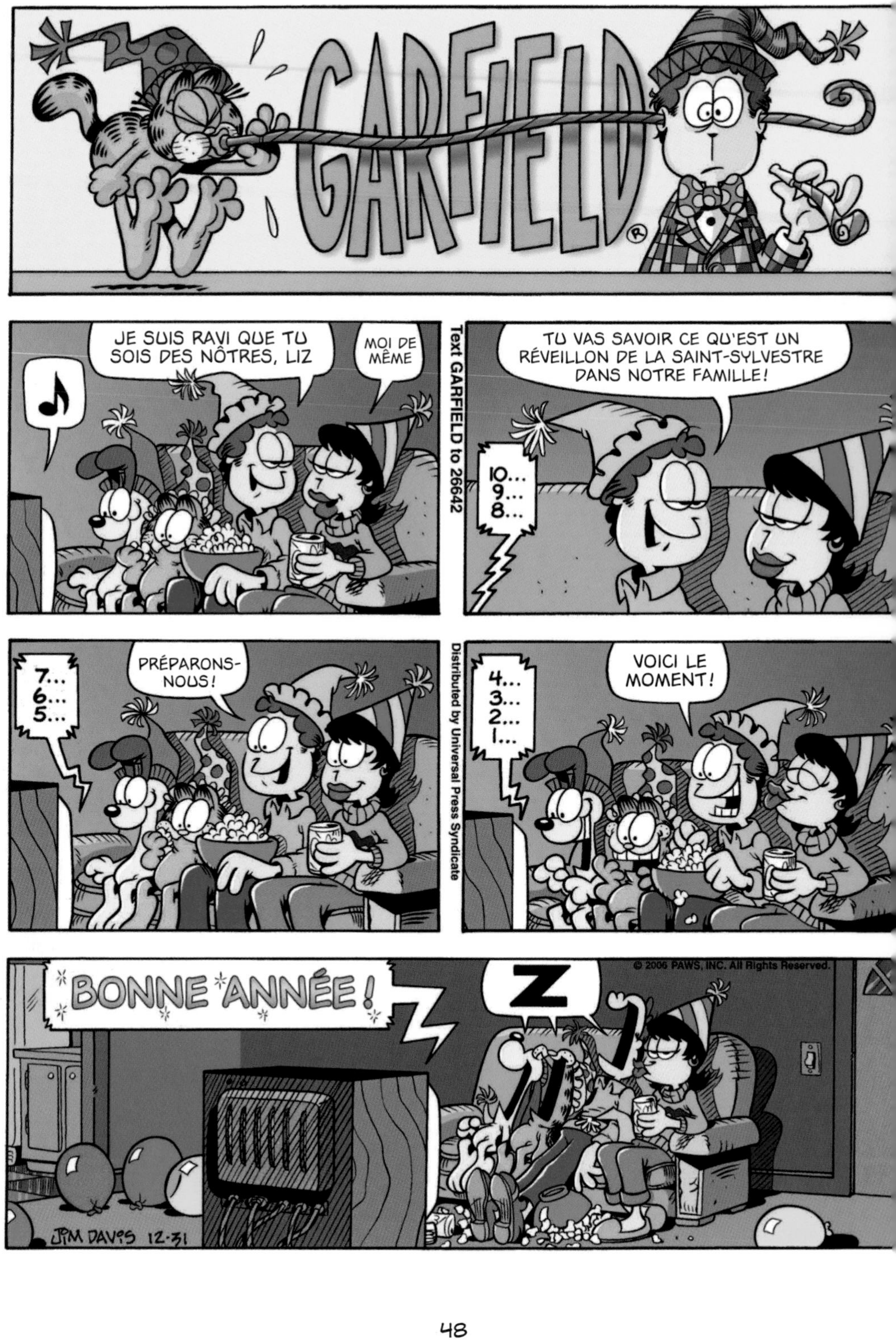
GARFIELD®
JE SUIS RAVI QUE TU SOIS DES NÔTRES, LIZ
MOI DE MÊME
Text GARFIELD to 26642
10... 9... 8...
TU VAS SAVOIR CE QU'EST UN RÉVEILLON DE LA SAINT-SYLVESTRE DANS NOTRE FAMILLE!
7... 6... 5...
PRÉPARONS-NOUS!
Distributed by Universal Press Syndicate
4... 3... 2... 1...
VOICI LE MOMENT!
BONNE ANNÉE!
Z
© 2006 PAWS, INC. All Rights Reserved.
JIM DAVIS 12-31

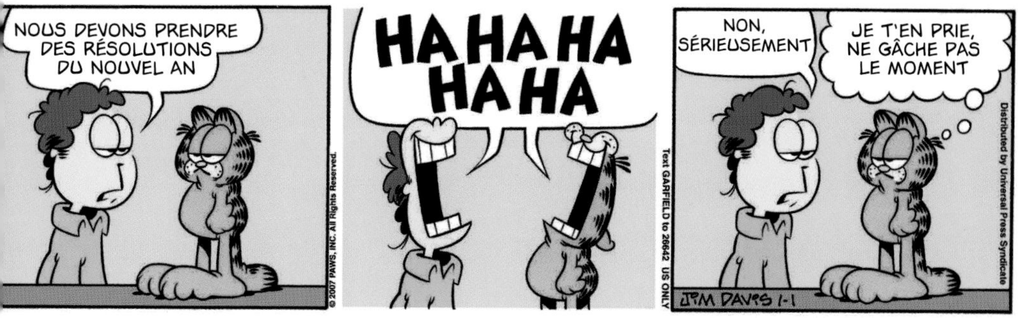
NOUS DEVONS PRENDRE DES RÉSOLUTIONS DU NOUVEL AN
HA HA HA HA HA
NON, SÉRIEUSEMENT
JE T'EN PRIE, NE GÂCHE PAS LE MOMENT
JIM DAVIS 1-1
© 2007 PAWS, INC. All Rights Reserved.
Text GARFIELD to 26642 US ONLY
Distributed by Universal Press Syndicate

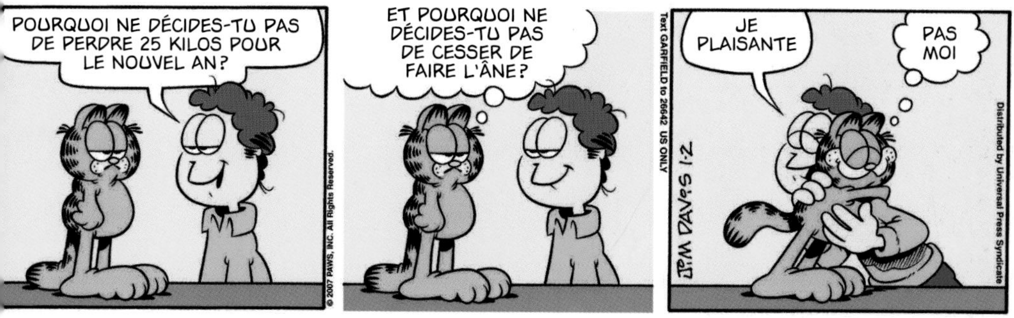
POURQUOI NE DÉCIDES-TU PAS DE PERDRE 25 KILOS POUR LE NOUVEL AN?
ET POURQUOI NE DÉCIDES-TU PAS DE CESSER DE FAIRE L'ÂNE?
JE PLAISANTE
PAS MOI
JIM DAVIS 1-2
© 2007 PAWS, INC. All Rights Reserved.
Text GARFIELD to 26642 US ONLY
Distributed by Universal Press Syndicate

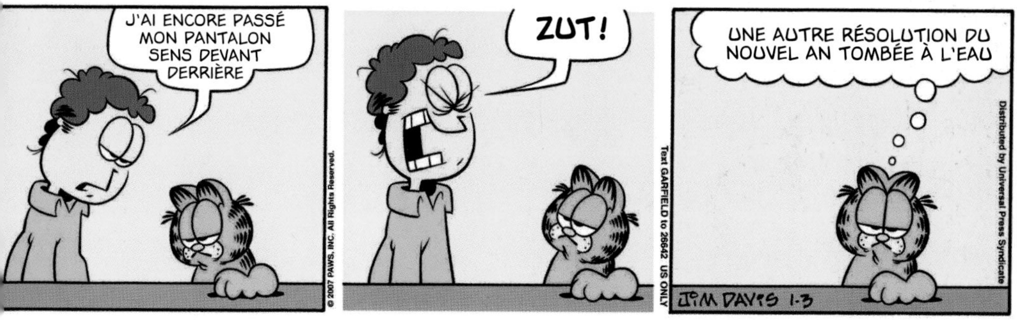
J'AI ENCORE PASSÉ MON PANTALON SENS DEVANT DERRIÈRE
ZUT!
UNE AUTRE RÉSOLUTION DU NOUVEL AN TOMBÉE À L'EAU
JIM DAVIS 1-3
© 2007 PAWS, INC. All Rights Reserved.
Text GARFIELD to 26642 US ONLY
Distributed by Universal Press Syndicate

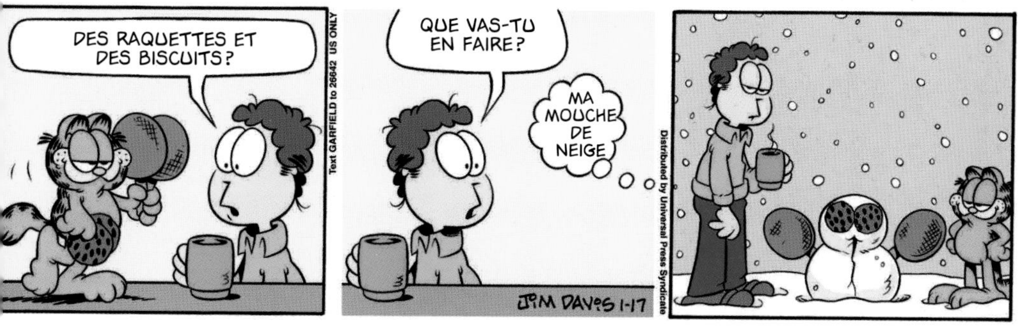
DES RAQUETTES ET DES BISCUITS?
QUE VAS-TU EN FAIRE?
MA MOUCHE DE NEIGE
JIM DAVIS 1-17
Text GARFIELD to 26642 US ONLY
Distributed by Universal Press Syndicate

ENFIN NOËL !
365 JOURS DE SAGESSE POUR VIVRE
CE JOUR FANTASTIQUE !

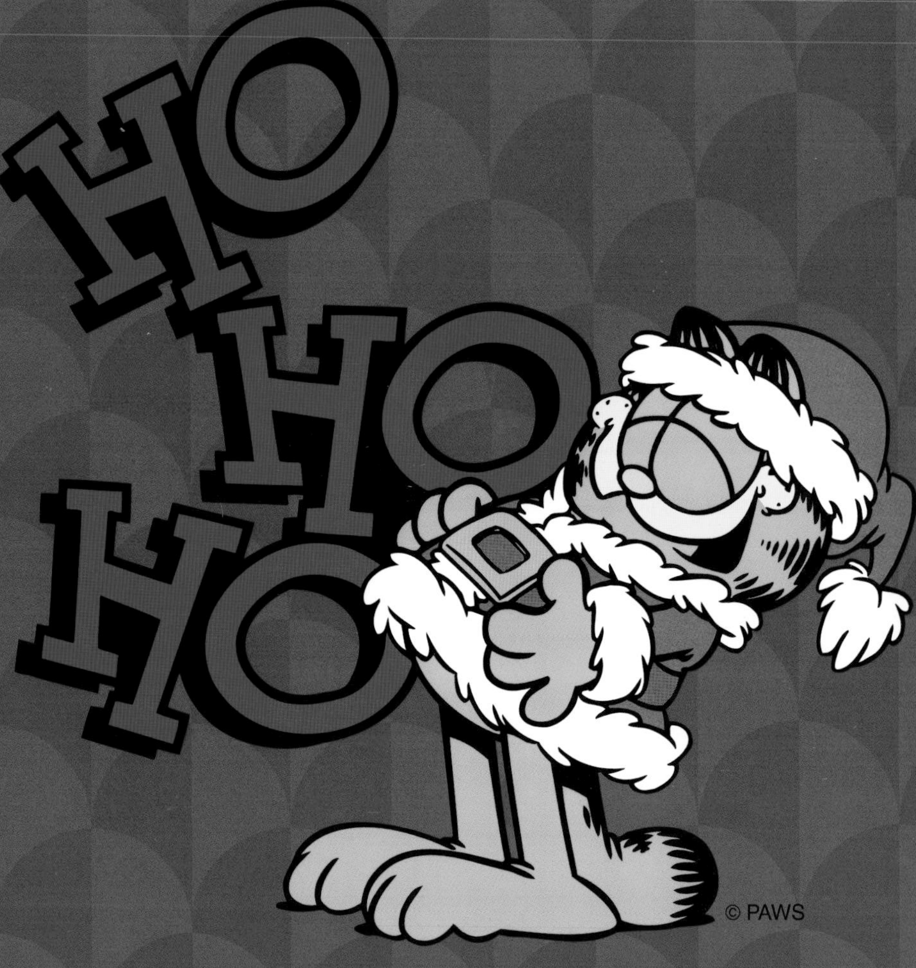
HO
HO
HO

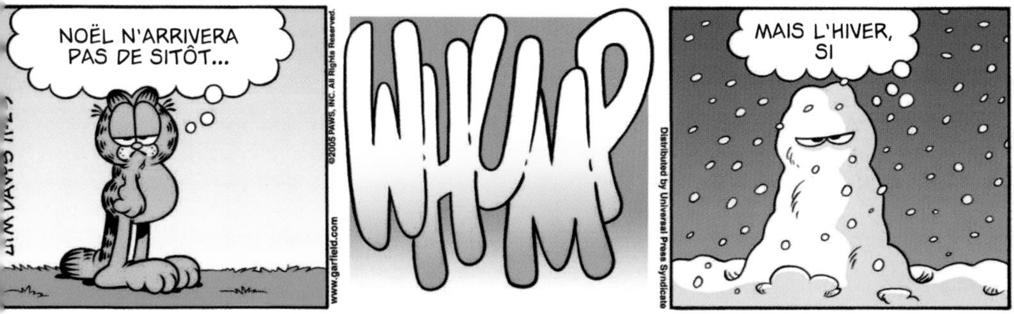
NOËL N'ARRIVERA PAS DE SITÔT...
WHUMP
MAIS L'HIVER, SI
©2005 PAWS, INC. All Rights Reserved.
www.garfield.com
Distributed by Universal Press Syndicate

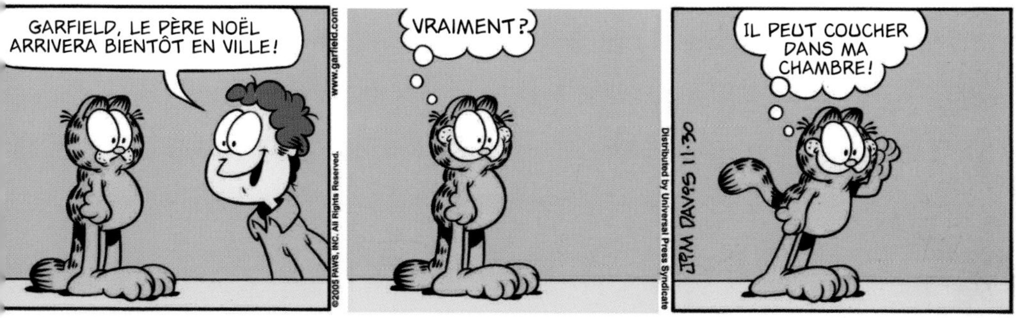
GARFIELD, LE PÈRE NOËL ARRIVERA BIENTÔT EN VILLE!
VRAIMENT?
IL PEUT COUCHER DANS MA CHAMBRE!
JIM DAVIS 11-30
©2005 PAWS, INC. All Rights Reserved.
www.garfield.com
Distributed by Universal Press Syndicate

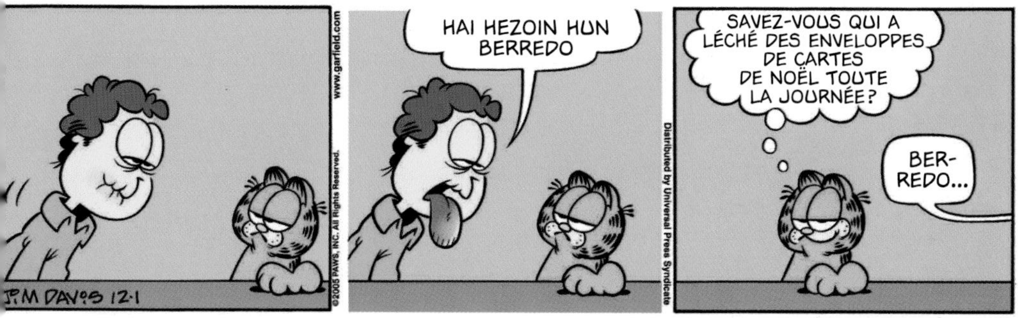
HAI HEZOIN HUN BERREDO
SAVEZ-VOUS QUI A LÉCHÉ DES ENVELOPPES DE CARTES DE NOËL TOUTE LA JOURNÉE?
BER-REDO...
JIM DAVIS 12-1
©2005 PAWS, INC. All Rights Reserved.
www.garfield.com
Distributed by Universal Press Syndicate

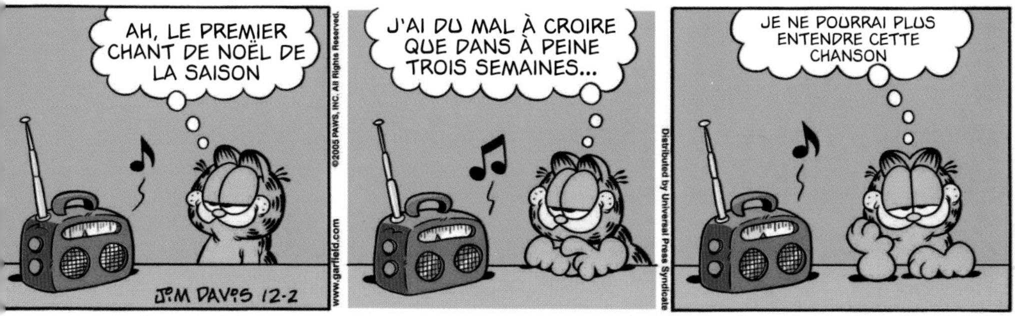
AH, LE PREMIER CHANT DE NOËL DE LA SAISON
J'AI DU MAL À CROIRE QUE DANS À PEINE TROIS SEMAINES...
JE NE POURRAI PLUS ENTENDRE CETTE CHANSON
JIM DAVIS 12-2
©2005 PAWS, INC. All Rights Reserved.
www.garfield.com
Distributed by Universal Press Syndicate

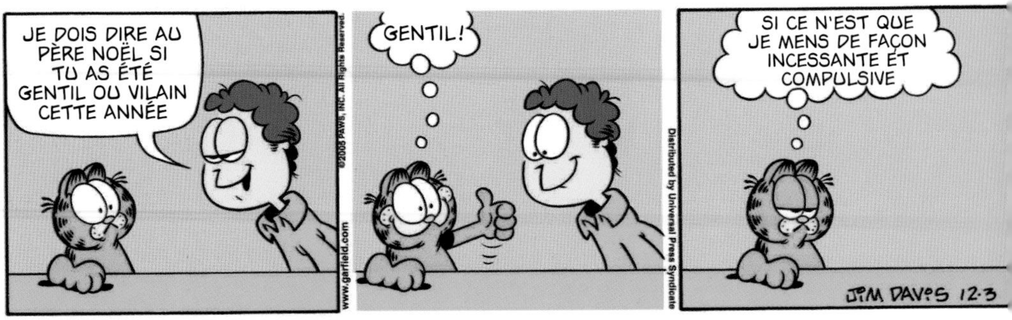
JE DOIS DIRE AU PÈRE NOËL SI TU AS ÉTÉ GENTIL OU VILAIN CETTE ANNÉE
GENTIL!
SI CE N'EST QUE JE MENS DE FAÇON INCESSANTE ET COMPULSIVE
JIM DAVIS 12-3

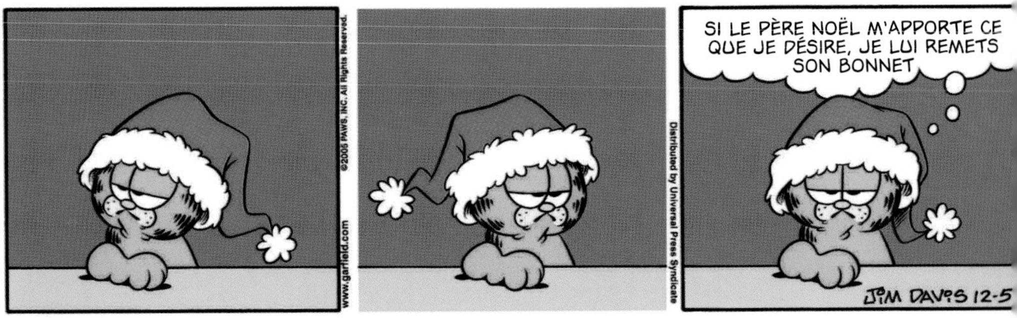
SI LE PÈRE NOËL M'APPORTE CE QUE JE DÉSIRE, JE LUI REMETS SON BONNET
JIM DAVIS 12-5

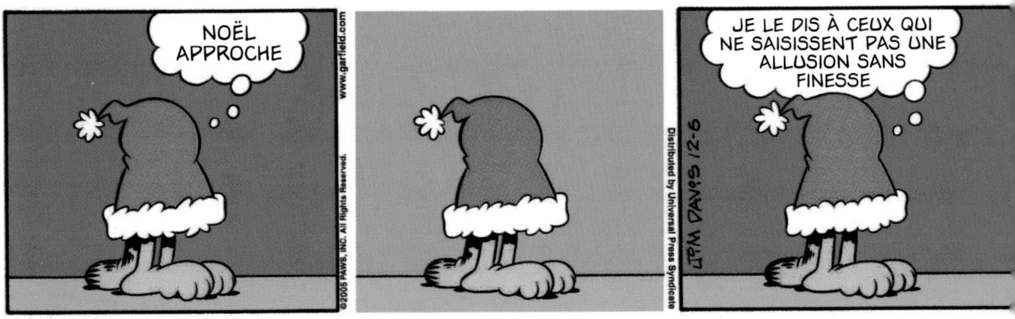
NOËL APPROCHE
JE LE DIS À CEUX QUI NE SAISISSENT PAS UNE ALLUSION SANS FINESSE
JIM DAVIS 12-6

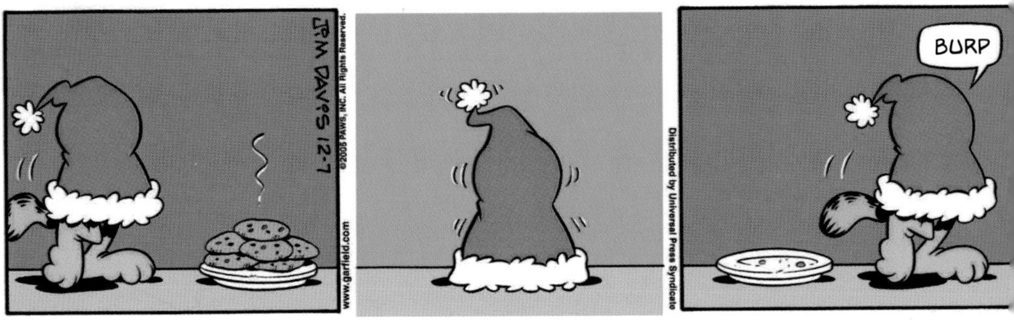
JIM DAVIS 12-7
BURP

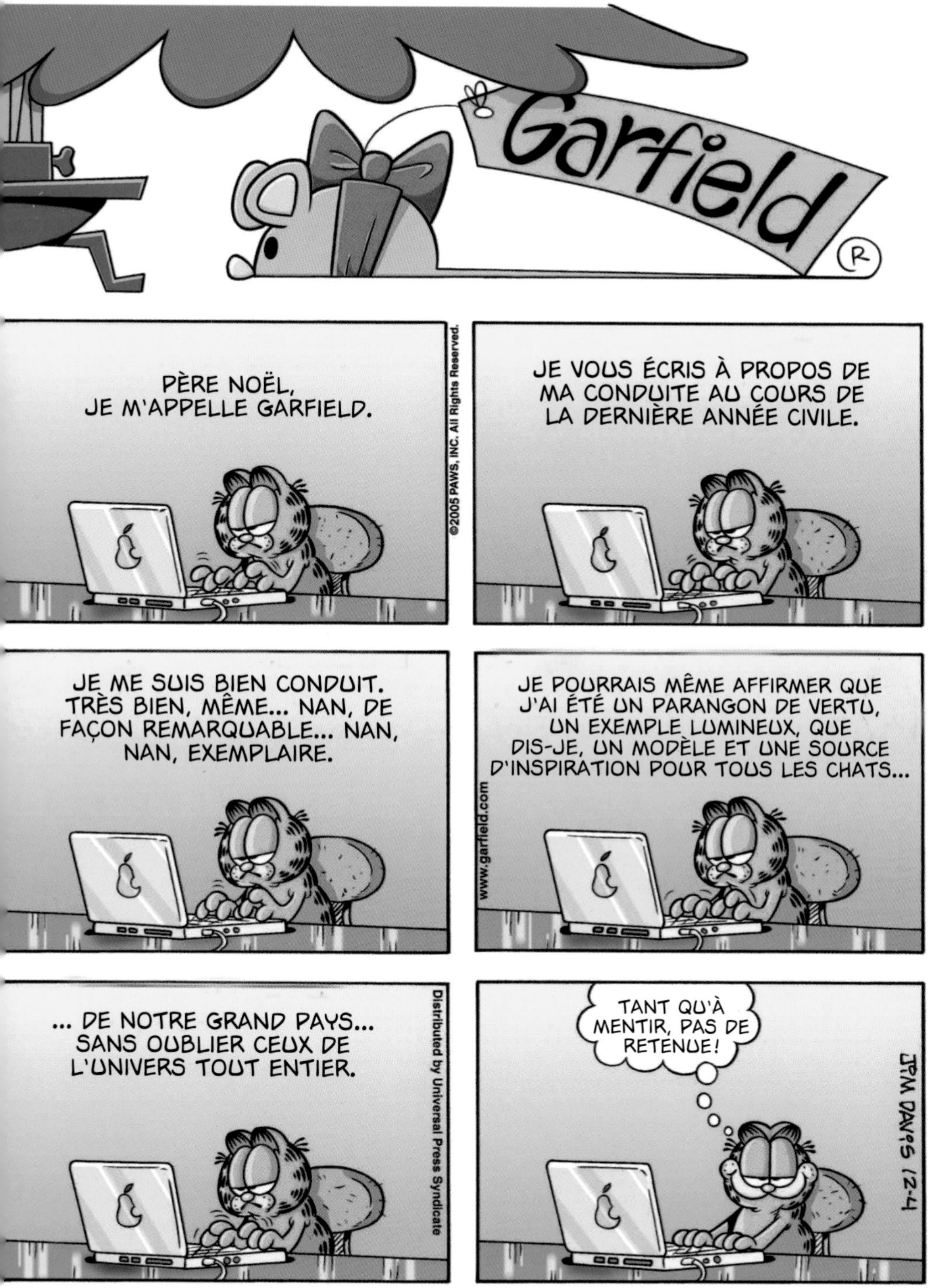
Garfield
PÈRE NOËL, JE M'APPELLE GARFIELD.
©2005 PAWS, INC. All Rights Reserved.
JE VOUS ÉCRIS À PROPOS DE MA CONDUITE AU COURS DE LA DERNIÈRE ANNÉE CIVILE.
JE ME SUIS BIEN CONDUIT. TRÈS BIEN, MÊME... NAN, DE FAÇON REMARQUABLE... NAN, NAN, EXEMPLAIRE.
www.garfield.com
JE POURRAIS MÊME AFFIRMER QUE J'AI ÉTÉ UN PARANGON DE VERTU, UN EXEMPLE LUMINEUX, QUE DIS-JE, UN MODÈLE ET UNE SOURCE D'INSPIRATION POUR TOUS LES CHATS...
... DE NOTRE GRAND PAYS... SANS OUBLIER CEUX DE L'UNIVERS TOUT ENTIER.
Distributed by Universal Press Syndicate
TANT QU'À MENTIR, PAS DE RETENUE!
JPM DAVIS 12-4

SANS LES CADEAUX,
NOËL NE SERAIT PAS NOËL.

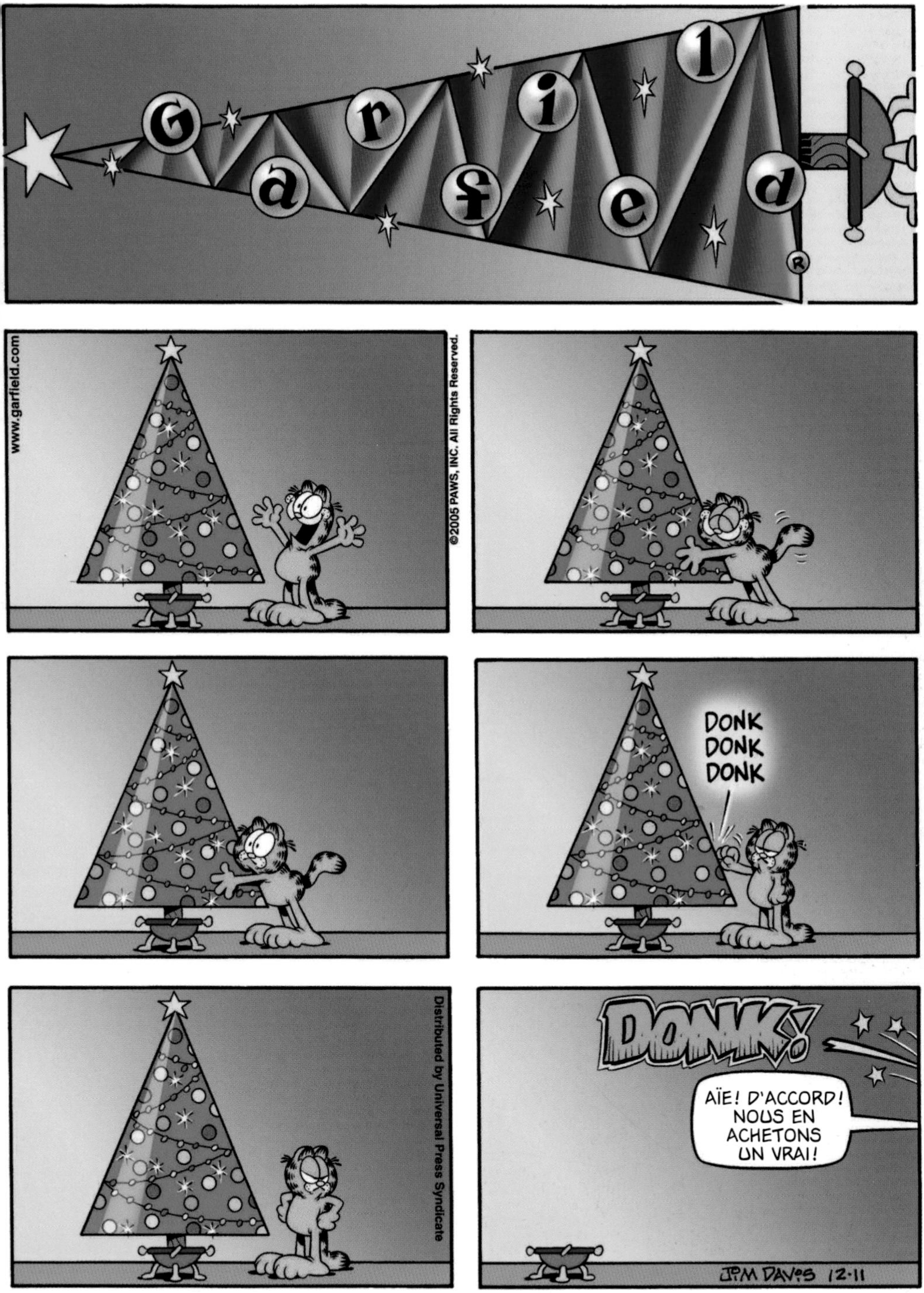
Garfield®
www.garfield.com
©2005 PAWS, INC. All Rights Reserved.
DONK
DONK
DONK
Distributed by Universal Press Syndicate
DONK!
AÏE! D'ACCORD! NOUS EN ACHETONS UN VRAI!
JIM DAVIS 12·11

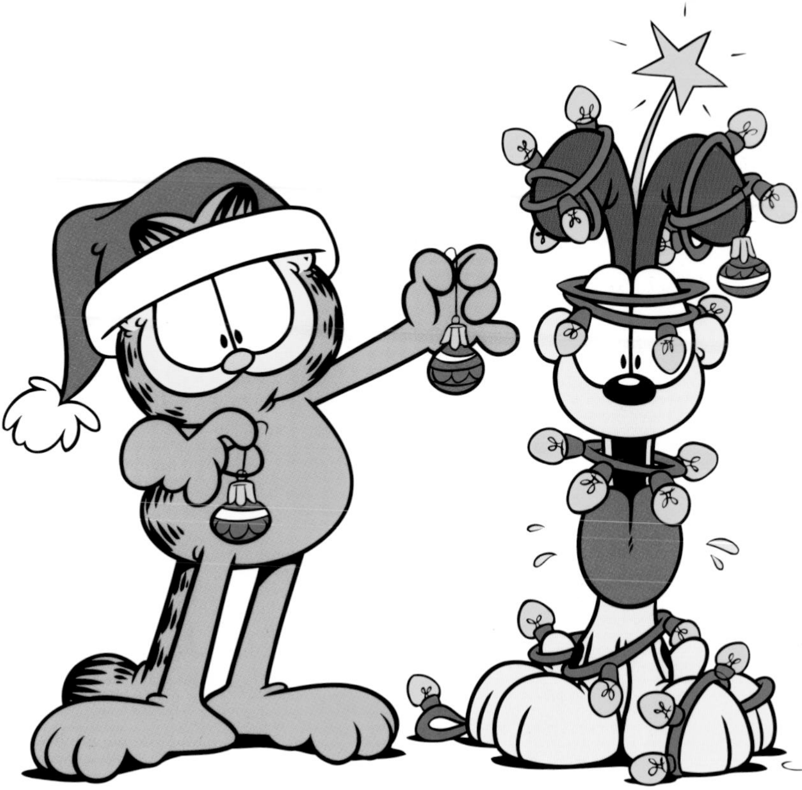

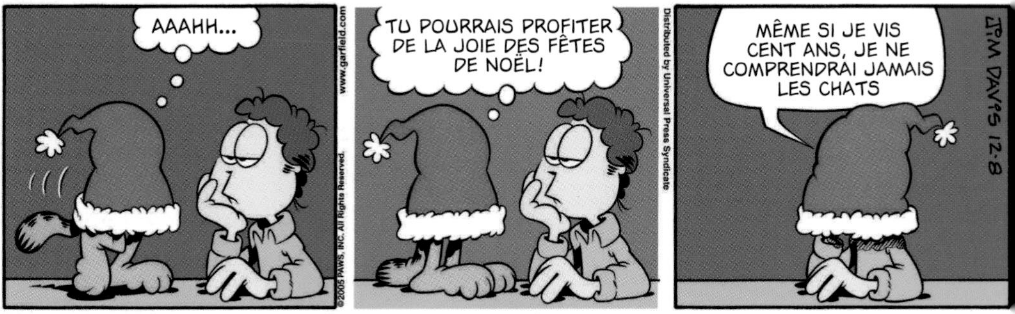

AAAHH...
©2005 PAWS, INC. All Rights Reserved.
www.garfield.com
TU POURRAIS PROFITER DE LA JOIE DES FÊTES DE NOËL!
Distributed by Universal Press Syndicate
MÊME SI JE VIS CENT ANS, JE NE COMPRENDRAI JAMAIS LES CHATS
JIM DAVIS 12-8

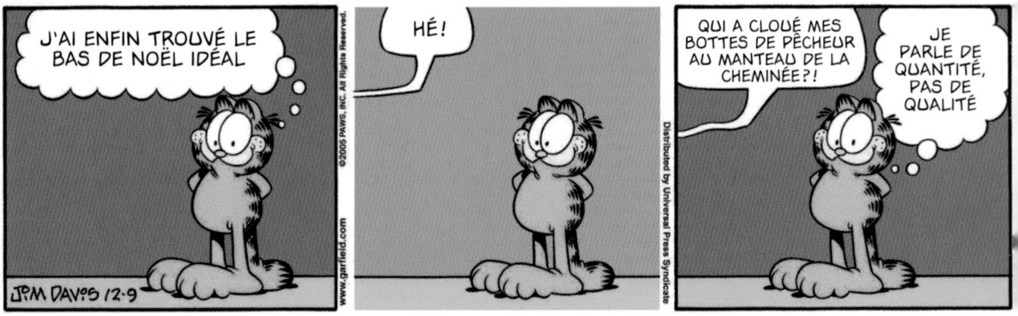

J'AI ENFIN TROUVÉ LE BAS DE NOËL IDÉAL
JIM DAVIS 12-9
©2005 PAWS, INC. All Rights Reserved.
www.garfield.com
HÉ!
Distributed by Universal Press Syndicate
QUI A CLOUÉ MES BOTTES DE PÊCHEUR AU MANTEAU DE LA CHEMINÉE?!
JE PARLE DE QUANTITÉ, PAS DE QUALITÉ

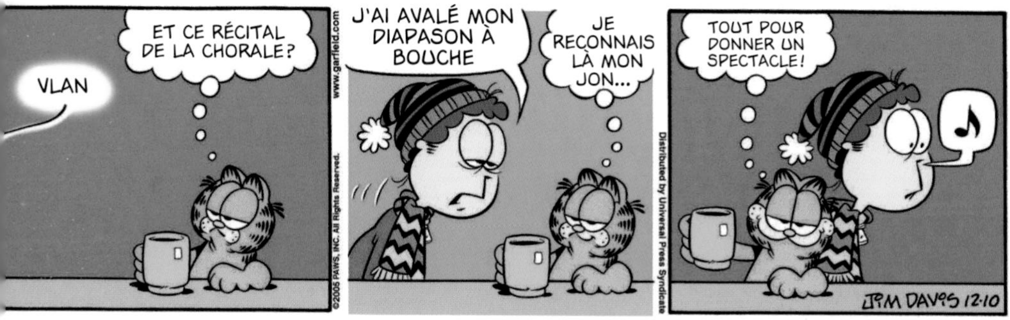
VLAN
ET CE RÉCITAL DE LA CHORALE?
J'AI AVALÉ MON DIAPASON À BOUCHE
JE RECONNAIS LÀ MON JON...
TOUT POUR DONNER UN SPECTACLE!
©2005 PAWS, INC. All Rights Reserved. www.garfield.com
Distributed by Universal Press Syndicate
JIM DAVIS 12-10

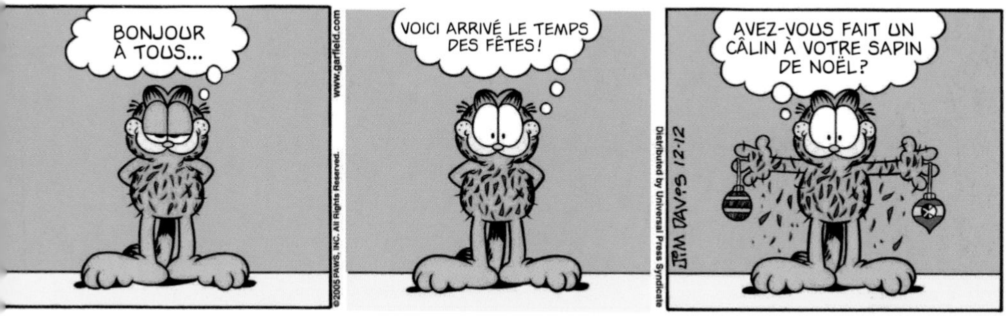
BONJOUR À TOUS...
VOICI ARRIVÉ LE TEMPS DES FÊTES!
AVEZ-VOUS FAIT UN CÂLIN À VOTRE SAPIN DE NOËL?
©2005 PAWS, INC. All Rights Reserved. www.garfield.com
Distributed by Universal Press Syndicate
JIM DAVIS 12-12

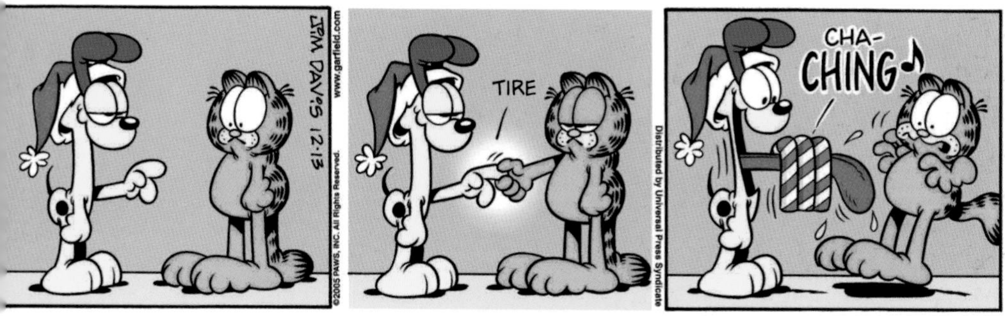
JIM DAVIS 12-13
TIRE
CHA-CHING
©2005 PAWS, INC. All Rights Reserved. www.garfield.com
Distributed by Universal Press Syndicate

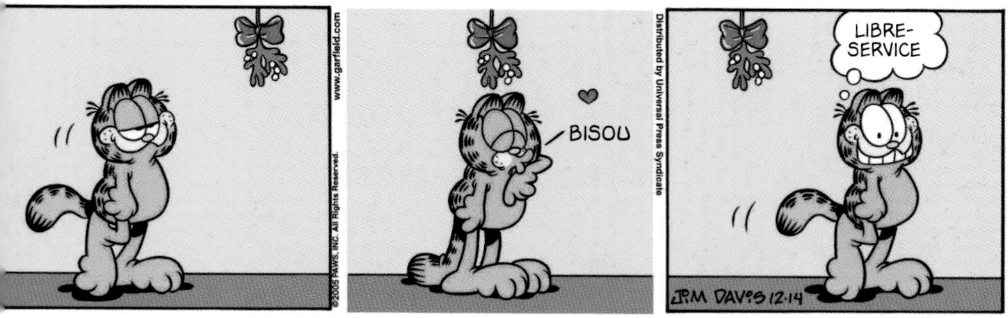
BISOU
LIBRE-SERVICE
©2005 PAWS, INC. All Rights Reserved. www.garfield.com
Distributed by Universal Press Syndicate
JIM DAVIS 12-14

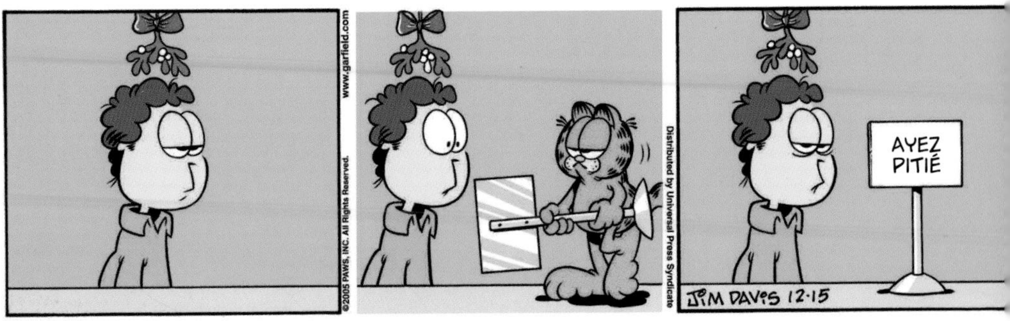
www.garfield.com
©2005 PAWS, INC. All Rights Reserved.
Distributed by Universal Press Syndicate
AYEZ PITIÉ
JIM DAVIS 12·15

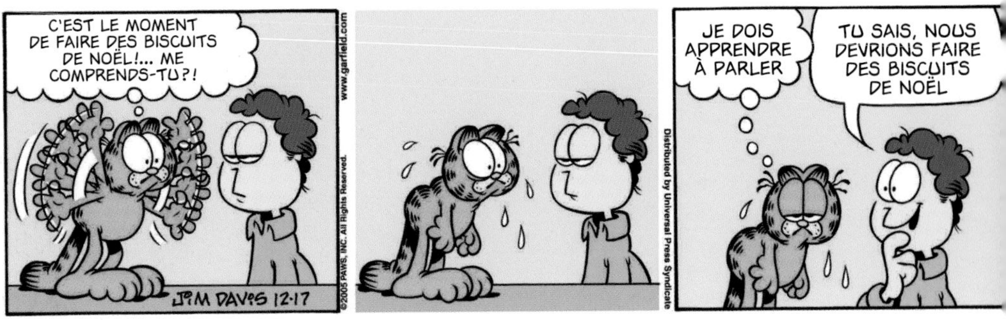
C'EST LE MOMENT DE FAIRE DES BISCUITS DE NOËL!... ME COMPRENDS-TU?!
www.garfield.com
©2005 PAWS, INC. All Rights Reserved.
JIM DAVIS 12·17
Distributed by Universal Press Syndicate
JE DOIS APPRENDRE À PARLER
TU SAIS, NOUS DEVRIONS FAIRE DES BISCUITS DE NOËL

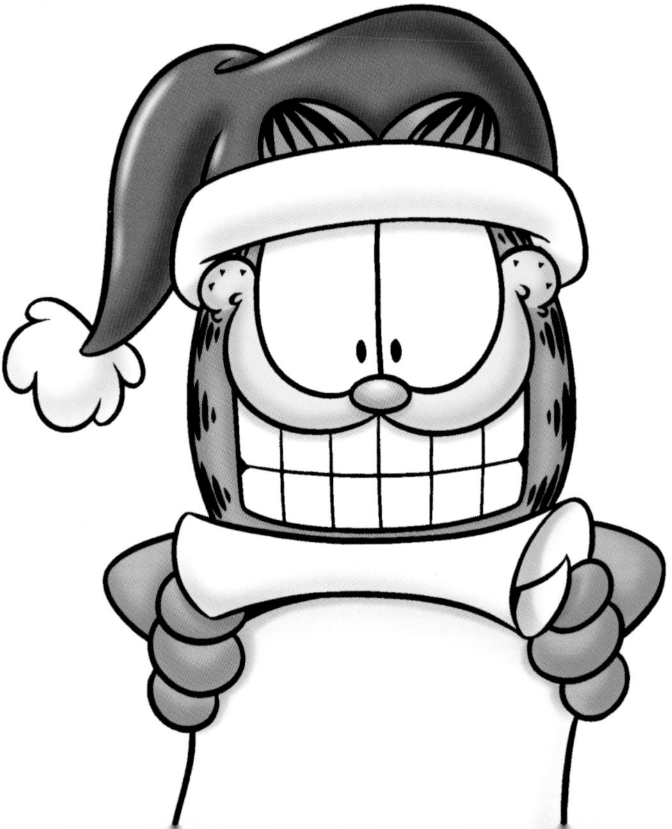

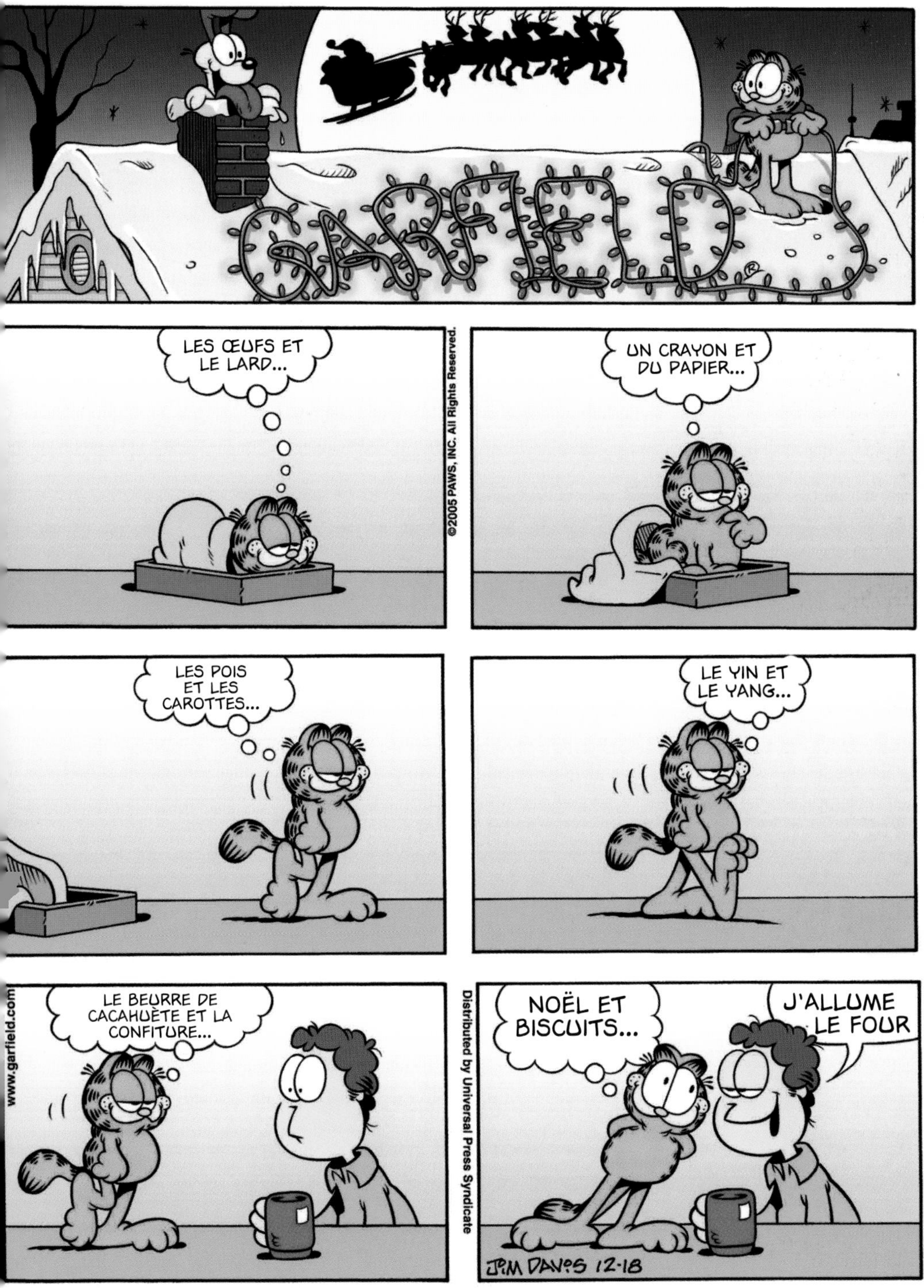
GARFIELD®
©2005 PAWS, INC. All Rights Reserved.
LES ŒUFS ET LE LARD...
UN CRAYON ET DU PAPIER...
LES POIS ET LES CAROTTES...
LE YIN ET LE YANG...
www.garfield.com
LE BEURRE DE CACAHUÈTE ET LA CONFITURE...
Distributed by Universal Press Syndicate
NOËL ET BISCUITS...
J'ALLUME LE FOUR
JIM DAVIS 12-18

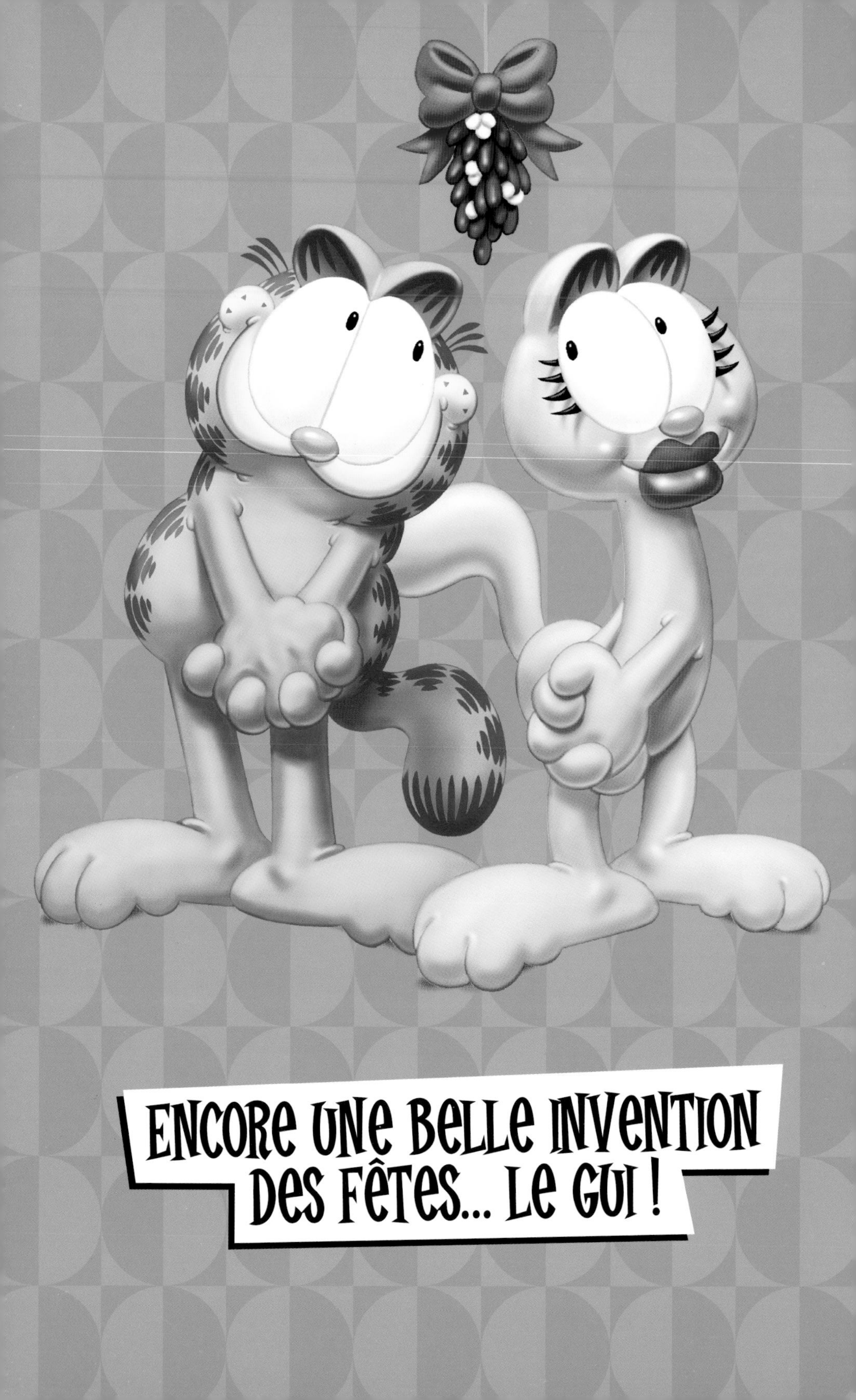
ENCORE UNE BELLE INVENTION
DES FÊTES... LE GUI !

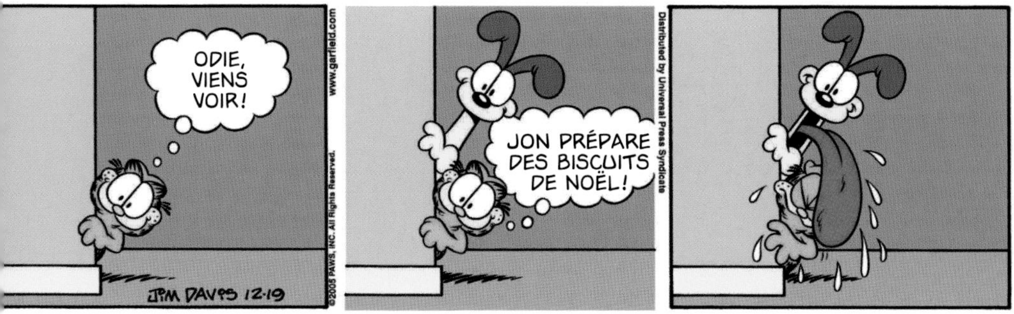
ODIE, VIENS VOIR!
JON PRÉPARE DES BISCUITS DE NOËL!
JIM DAVIS 12-19
www.garfield.com
©2005 PAWS, INC. All Rights Reserved.
Distributed by Universal Press Syndicate

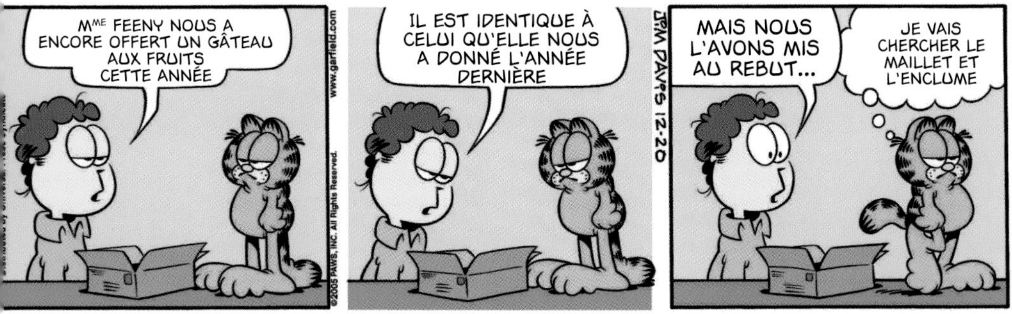
Mme FEENY NOUS A ENCORE OFFERT UN GÂTEAU AUX FRUITS CETTE ANNÉE
IL EST IDENTIQUE À CELUI QU'ELLE NOUS A DONNÉ L'ANNÉE DERNIÈRE
MAIS NOUS L'AVONS MIS AU REBUT...
JE VAIS CHERCHER LE MAILLET ET L'ENCLUME
JIM DAVIS 12-20
www.garfield.com
©2005 PAWS, INC. All Rights Reserved.

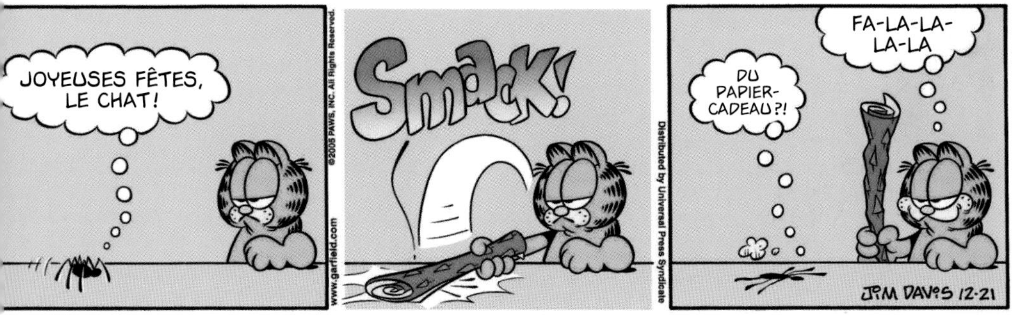
JOYEUSES FÊTES, LE CHAT!
SMACK!
DU PAPIER-CADEAU?!
FA-LA-LA-LA-LA
JIM DAVIS 12-21
©2005 PAWS, INC. All Rights Reserved.
www.garfield.com
Distributed by Universal Press Syndicate

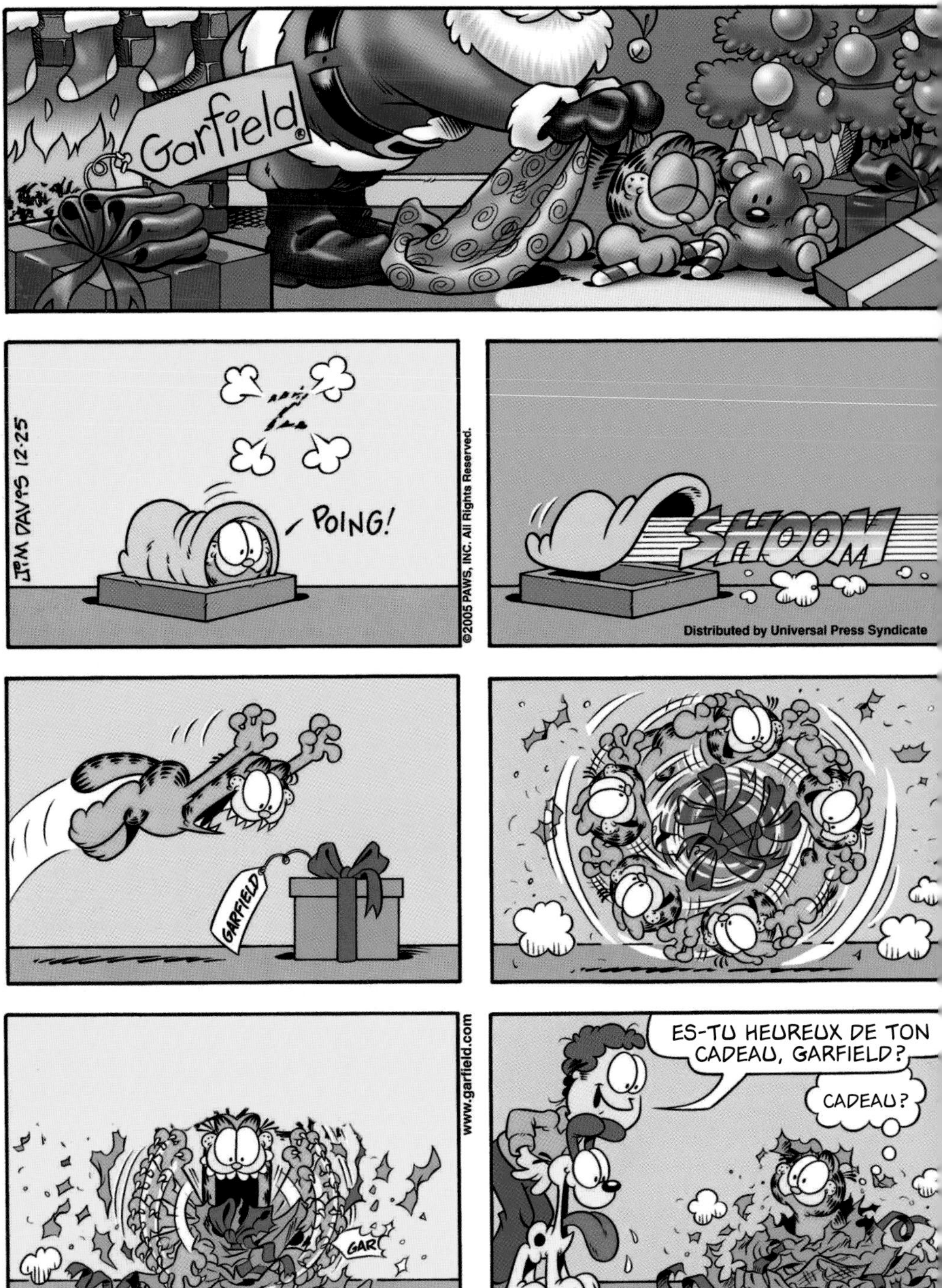
Garfield®
JIM DAVIS 12-25
POING!
©2005 PAWS, INC. All Rights Reserved.
SHOOM
Distributed by Universal Press Syndicate
GARFIELD
www.garfield.com
GAR!
ES-TU HEUREUX DE TON CADEAU, GARFIELD?
CADEAU?

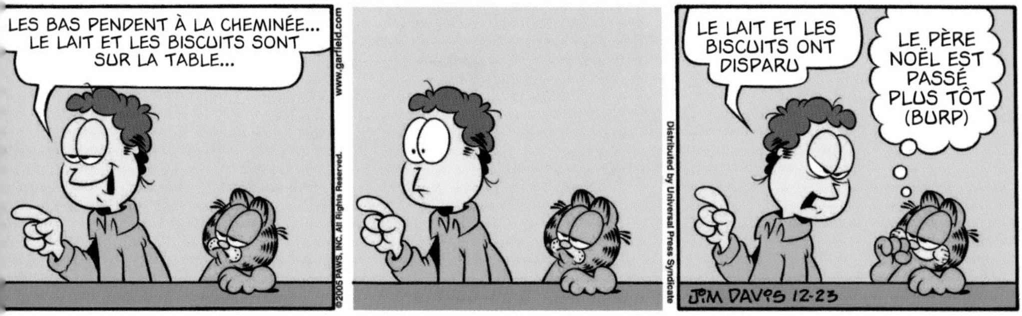
LES BAS PENDENT À LA CHEMINÉE... LE LAIT ET LES BISCUITS SONT SUR LA TABLE...
LE LAIT ET LES BISCUITS ONT DISPARU
LE PÈRE NOËL EST PASSÉ PLUS TÔT (BURP)
JIM DAVIS 12-23
©2005 PAWS, INC. All Rights Reserved.
www.garfield.com
Distributed by Universal Press Syndicate

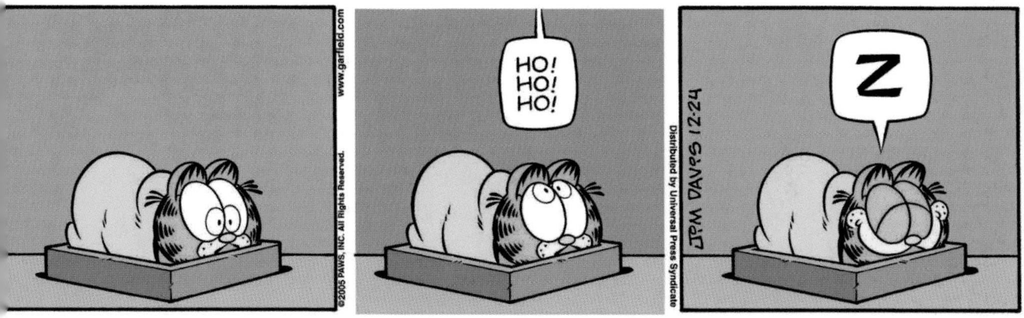
HO! HO! HO!
Z
JIM DAVIS 12-24
©2005 PAWS, INC. All Rights Reserved.
www.garfield.com
Distributed by Universal Press Syndicate

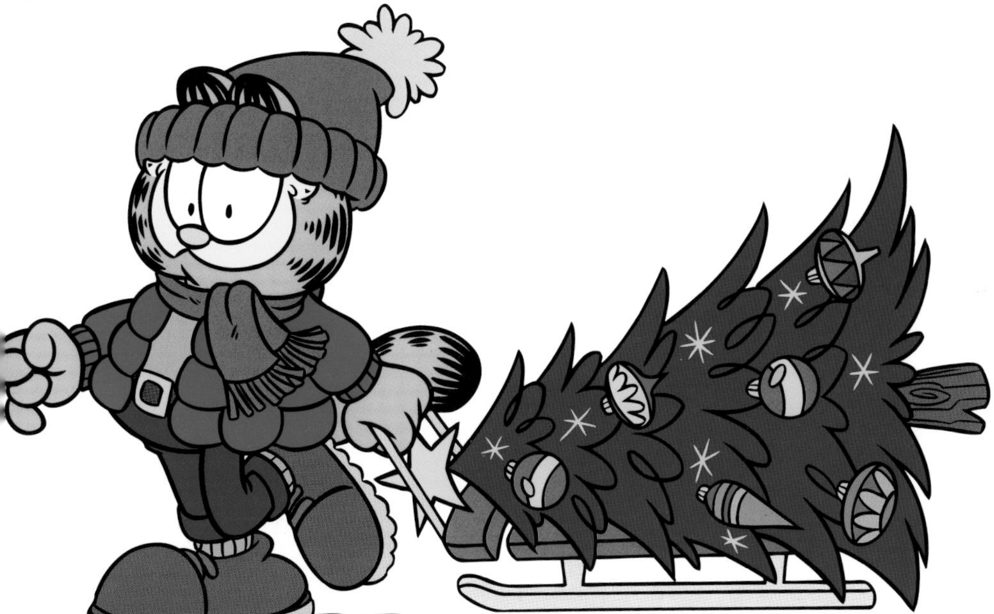

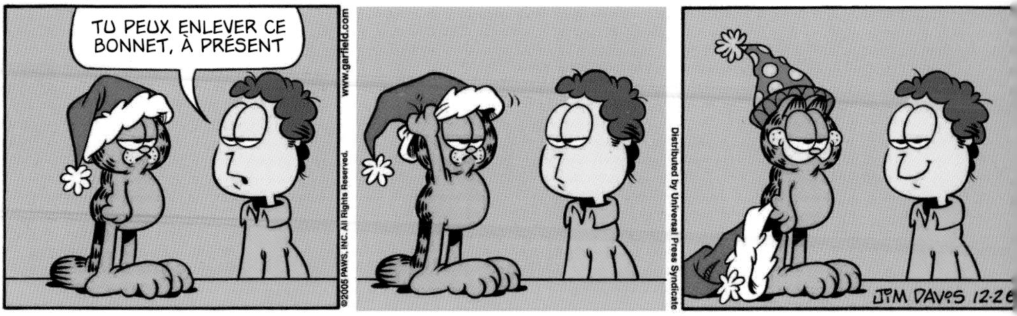
TU PEUX ENLEVER CE BONNET, À PRÉSENT
JIM DAVIS 12-26

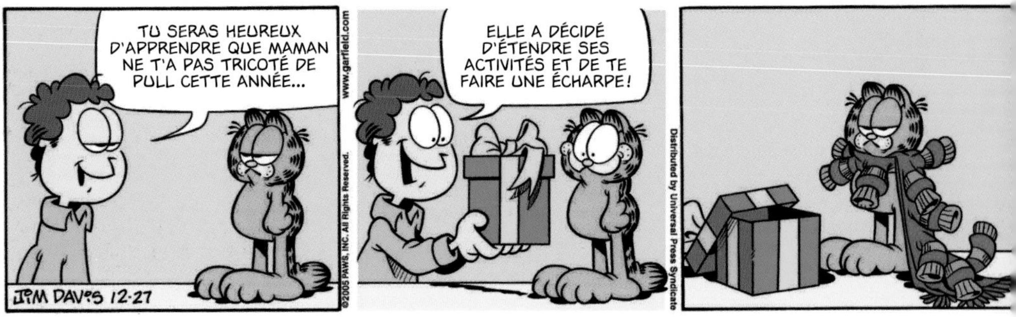
TU SERAS HEUREUX D'APPRENDRE QUE MAMAN NE T'A PAS TRICOTÉ DE PULL CETTE ANNÉE...
ELLE A DÉCIDÉ D'ÉTENDRE SES ACTIVITÉS ET DE TE FAIRE UNE ÉCHARPE!
JIM DAVIS 12-27

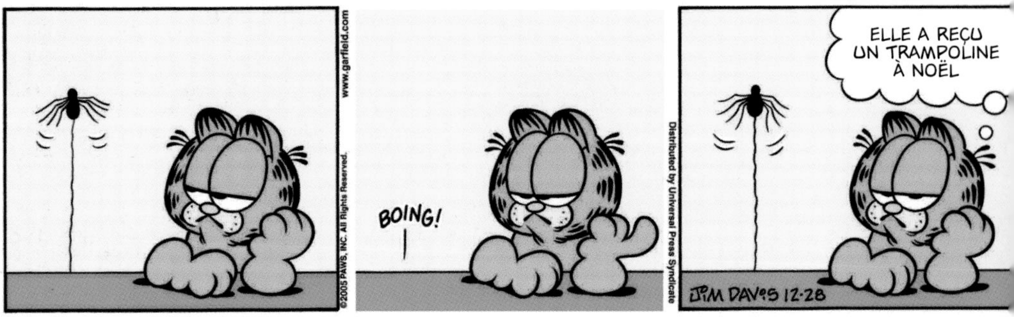
BOING!
ELLE A REÇU UN TRAMPOLINE À NOËL
JIM DAVIS 12-28

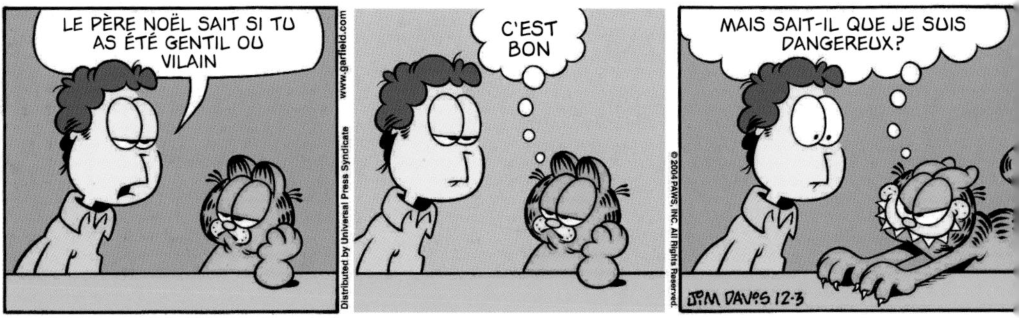
LE PÈRE NOËL SAIT SI TU AS ÉTÉ GENTIL OU VILAIN
C'EST BON
MAIS SAIT-IL QUE JE SUIS DANGEREUX?
JIM DAVIS 12-3

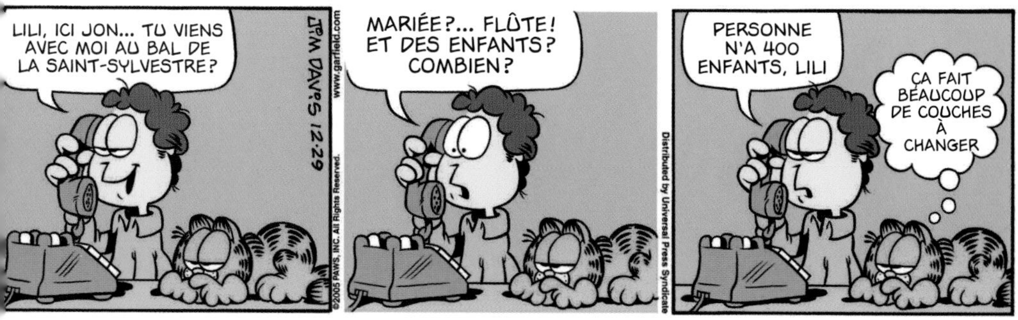
LILI, ICI JON... TU VIENS AVEC MOI AU BAL DE LA SAINT-SYLVESTRE?
JIM DAVIS 12-29
www.garfield.com
©2005 PAWS, INC. All Rights Reserved.
MARIÉE?... FLÛTE! ET DES ENFANTS? COMBIEN?
Distributed by Universal Press Syndicate
PERSONNE N'A 400 ENFANTS, LILI
ÇA FAIT BEAUCOUP DE COUCHES À CHANGER

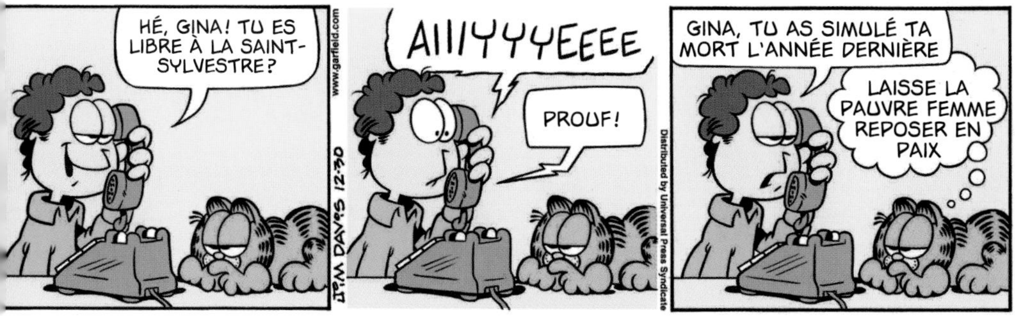
HÉ, GINA! TU ES LIBRE À LA SAINT-SYLVESTRE?
www.garfield.com
JIM DAVIS 12-30
AIIIYYYEEEE
PROUF!
Distributed by Universal Press Syndicate
GINA, TU AS SIMULÉ TA MORT L'ANNÉE DERNIÈRE
LAISSE LA PAUVRE FEMME REPOSER EN PAIX

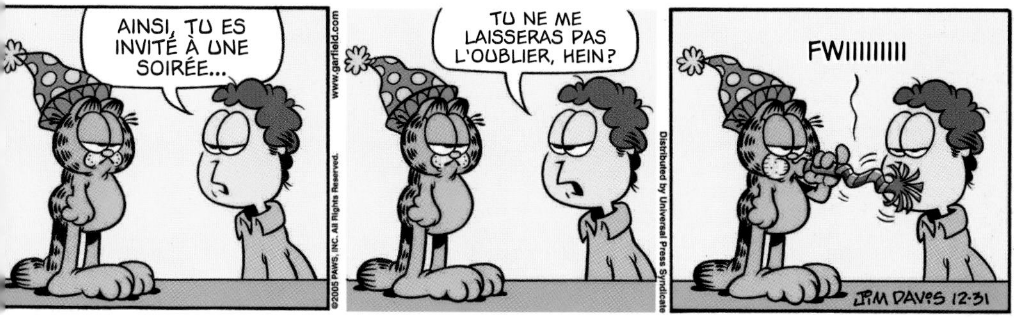
AINSI, TU ES INVITÉ À UNE SOIRÉE...
www.garfield.com
©2005 PAWS, INC. All Rights Reserved.
TU NE ME LAISSERAS PAS L'OUBLIER, HEIN?
Distributed by Universal Press Syndicate
FWIIIIIIIII
JIM DAVIS 12-31

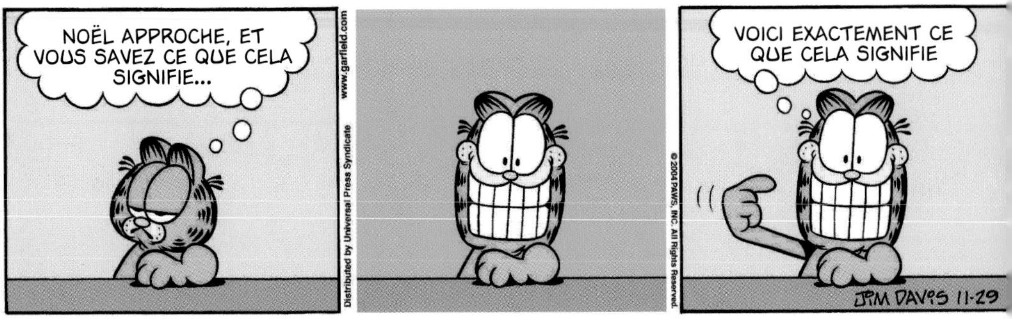
NOËL APPROCHE, ET VOUS SAVEZ CE QUE CELA SIGNIFIE...
VOICI EXACTEMENT CE QUE CELA SIGNIFIE
JIM DAVIS 11-29
www.garfield.com
Distributed by Universal Press Syndicate
© 2004 PAWS, INC. All Rights Reserved.

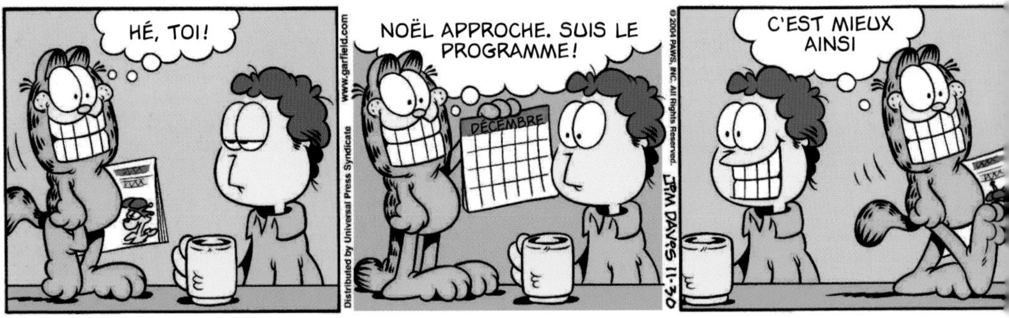
HÉ, TOI!
NOËL APPROCHE. SUIS LE PROGRAMME!
DÉCEMBRE
C'EST MIEUX AINSI
JIM DAVIS 11-30
www.garfield.com
Distributed by Universal Press Syndicate
© 2004 PAWS, INC. All Rights Reserved.

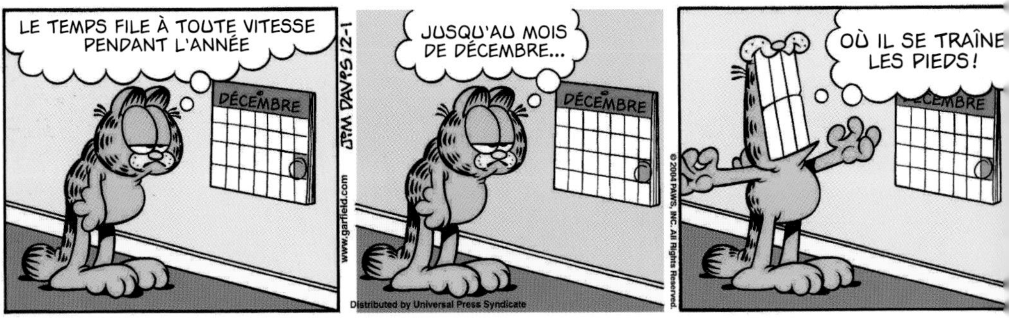
LE TEMPS FILE À TOUTE VITESSE PENDANT L'ANNÉE
DÉCEMBRE
JUSQU'AU MOIS DE DÉCEMBRE...
OÙ IL SE TRAÎNE LES PIEDS!
JIM DAVIS 12-1
www.garfield.com
Distributed by Universal Press Syndicate
© 2004 PAWS, INC. All Rights Reserved.

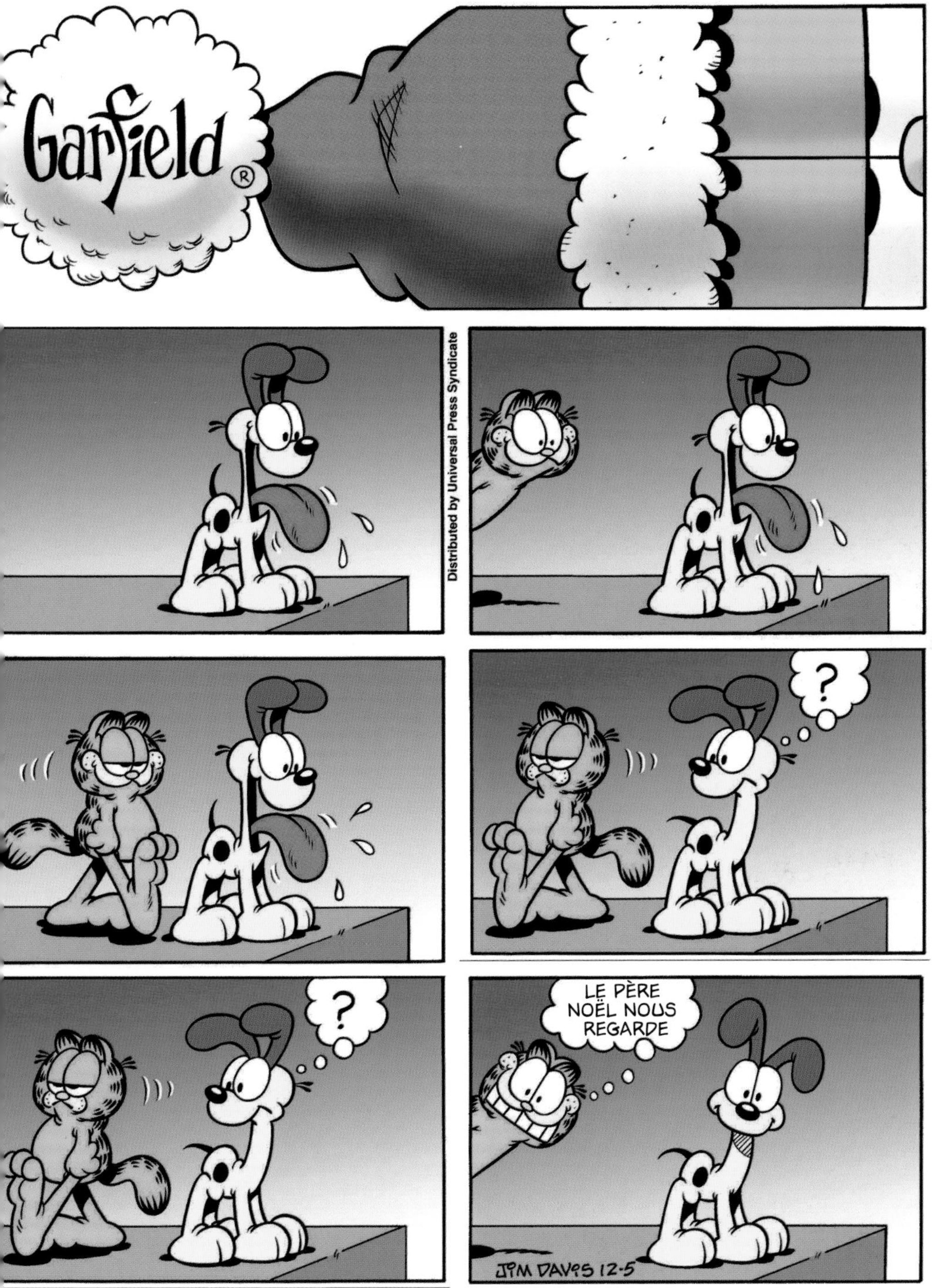
Garfield®
Distributed by Universal Press Syndicate
?
?
LE PÈRE NOËL NOUS REGARDE
JIM DAVIS 12-5

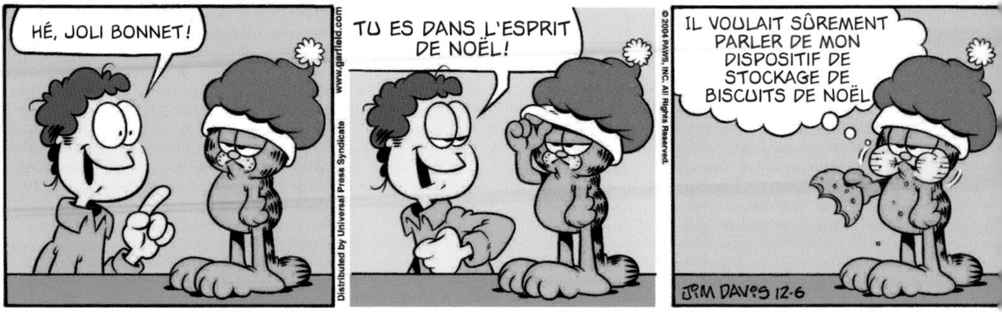
HÉ, JOLI BONNET!
TU ES DANS L'ESPRIT DE NOËL!
IL VOULAIT SÛREMENT PARLER DE MON DISPOSITIF DE STOCKAGE DE BISCUITS DE NOËL

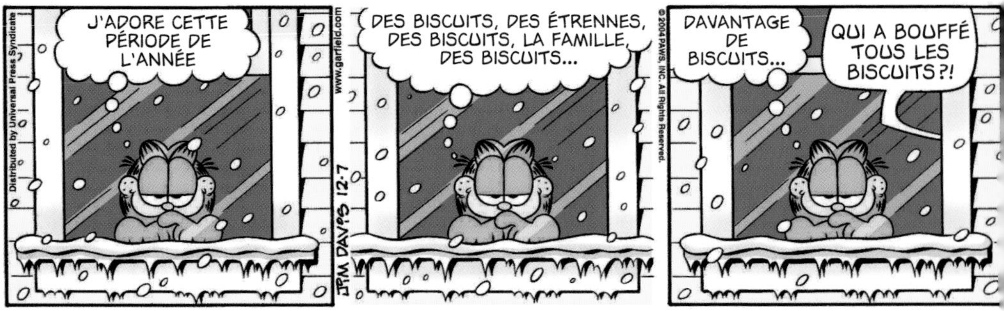
J'ADORE CETTE PÉRIODE DE L'ANNÉE
DES BISCUITS, DES ÉTRENNES, DES BISCUITS, LA FAMILLE, DES BISCUITS...
DAVANTAGE DE BISCUITS...
QUI A BOUFFÉ TOUS LES BISCUITS?!

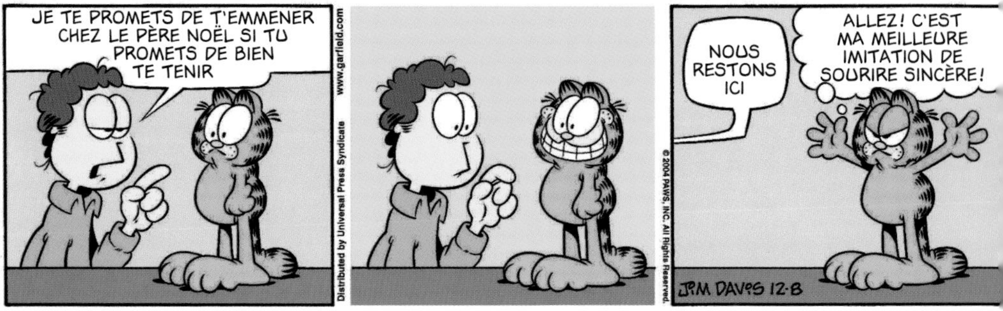
JE TE PROMETS DE T'EMMENER CHEZ LE PÈRE NOËL SI TU PROMETS DE BIEN TE TENIR
NOUS RESTONS ICI
ALLEZ! C'EST MA MEILLEURE IMITATION DE SOURIRE SINCÈRE!

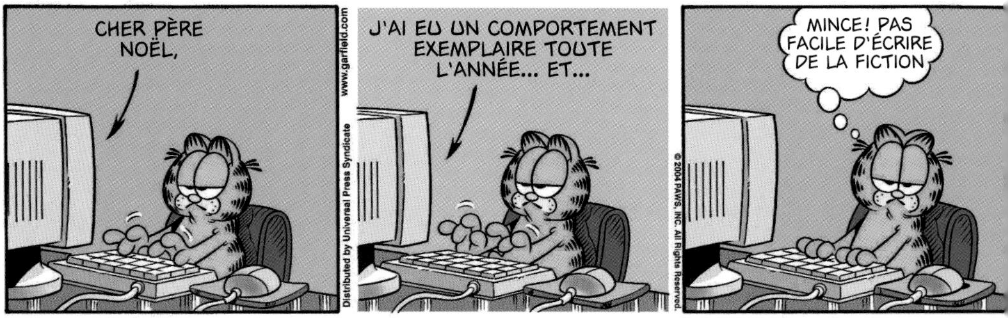
CHER PÈRE NOËL,
J'AI EU UN COMPORTEMENT EXEMPLAIRE TOUTE L'ANNÉE... ET...
MINCE! PAS FACILE D'ÉCRIRE DE LA FICTION

ET C'EST POUR QUI, CE BEAU CADEAU ?

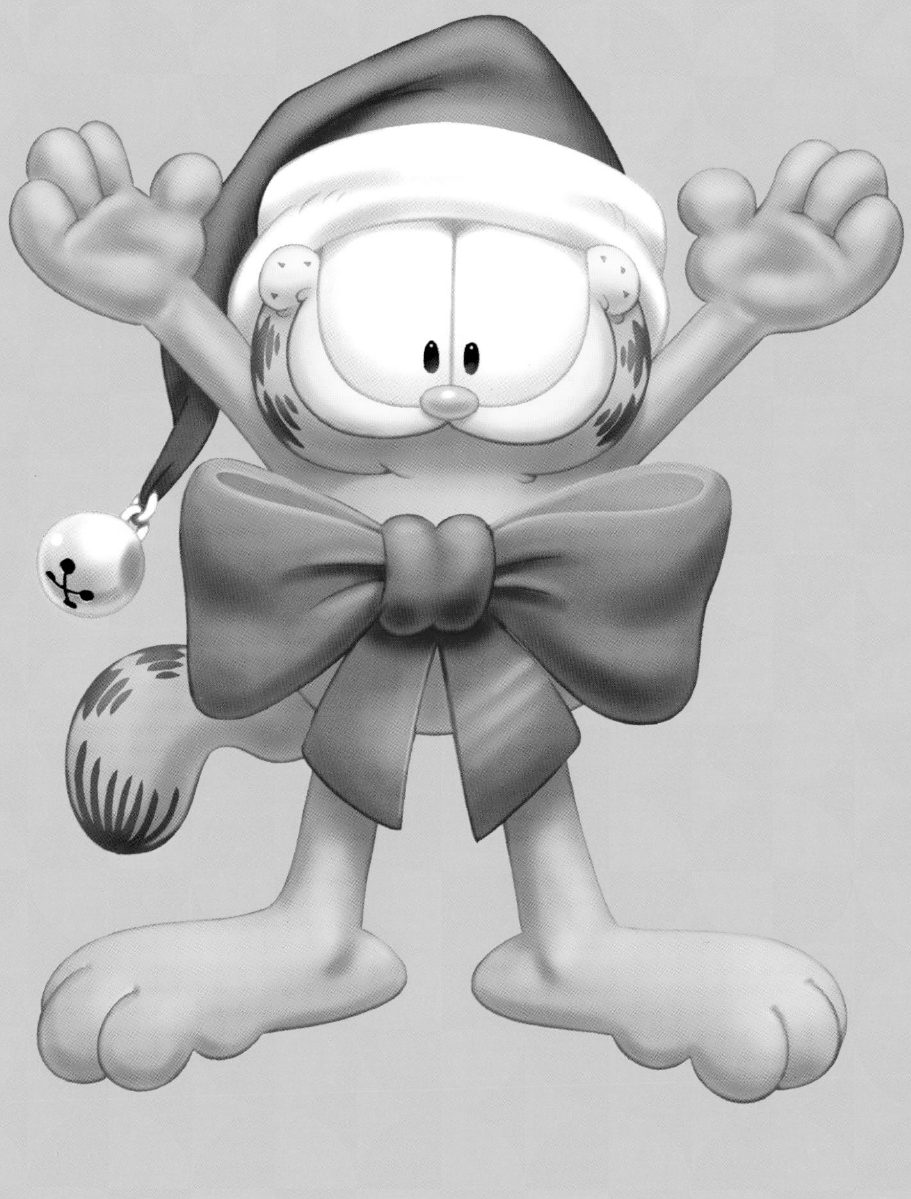

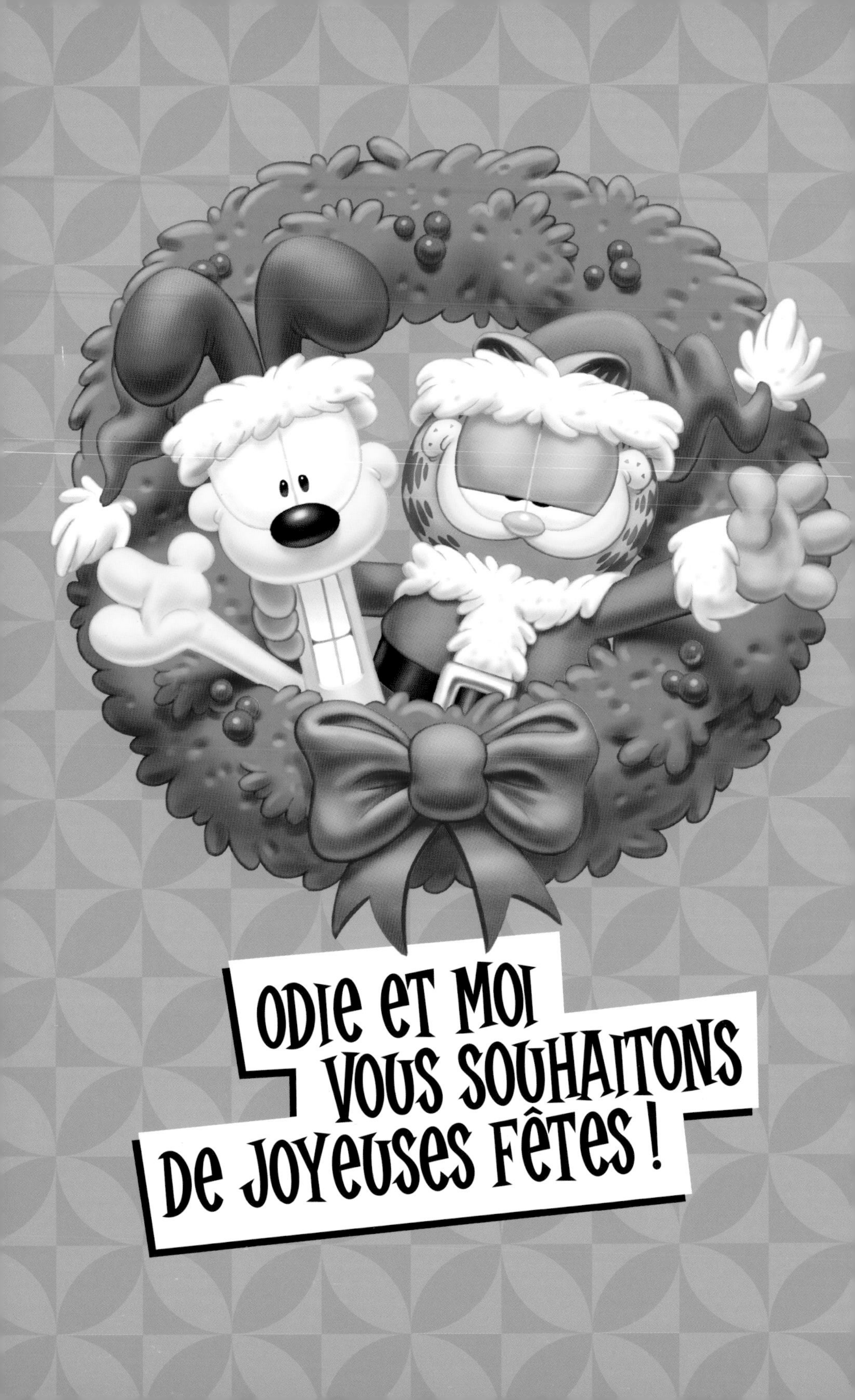
ODIE ET MOI
VOUS SOUHAITONS
DE JOYEUSES FÊTES !

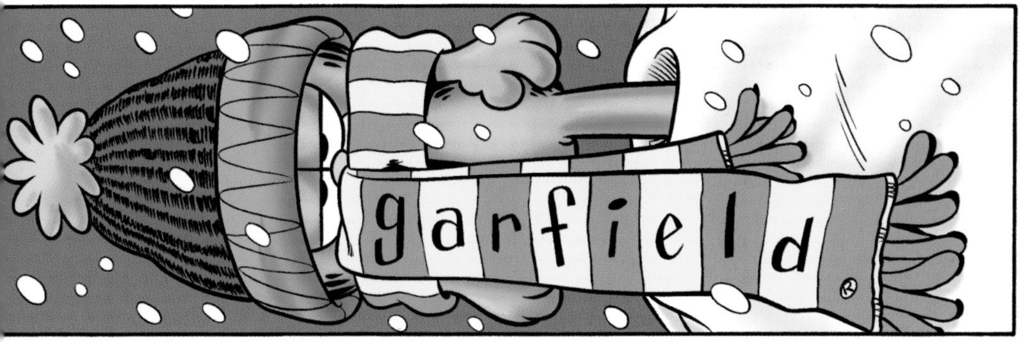
garfield

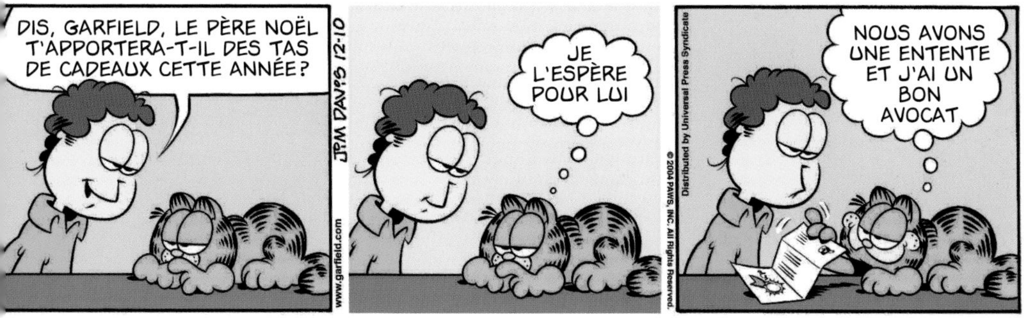
DIS, GARFIELD, LE PÈRE NOËL T'APPORTERA-T-IL DES TAS DE CADEAUX CETTE ANNÉE?
JIM DAVIS 12-10
www.garfield.com
JE L'ESPÈRE POUR LUI
© 2004 PAWS, INC. All Rights Reserved.
Distributed by Universal Press Syndicate
NOUS AVONS UNE ENTENTE ET J'AI UN BON AVOCAT

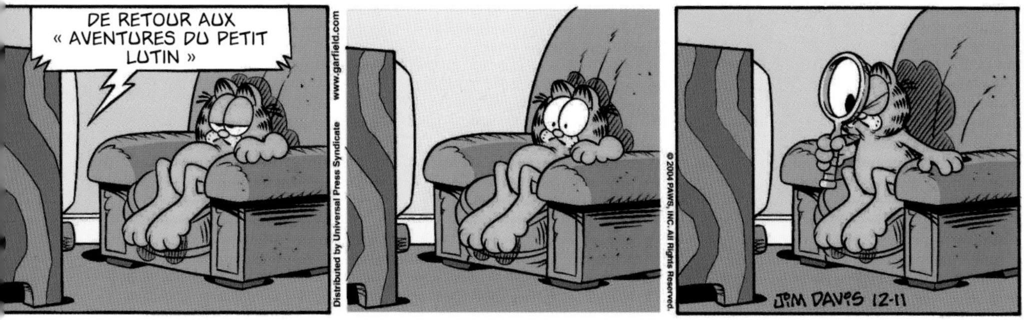
DE RETOUR AUX « AVENTURES DU PETIT LUTIN »
www.garfield.com
Distributed by Universal Press Syndicate
© 2004 PAWS, INC. All Rights Reserved.
JIM DAVIS 12-11

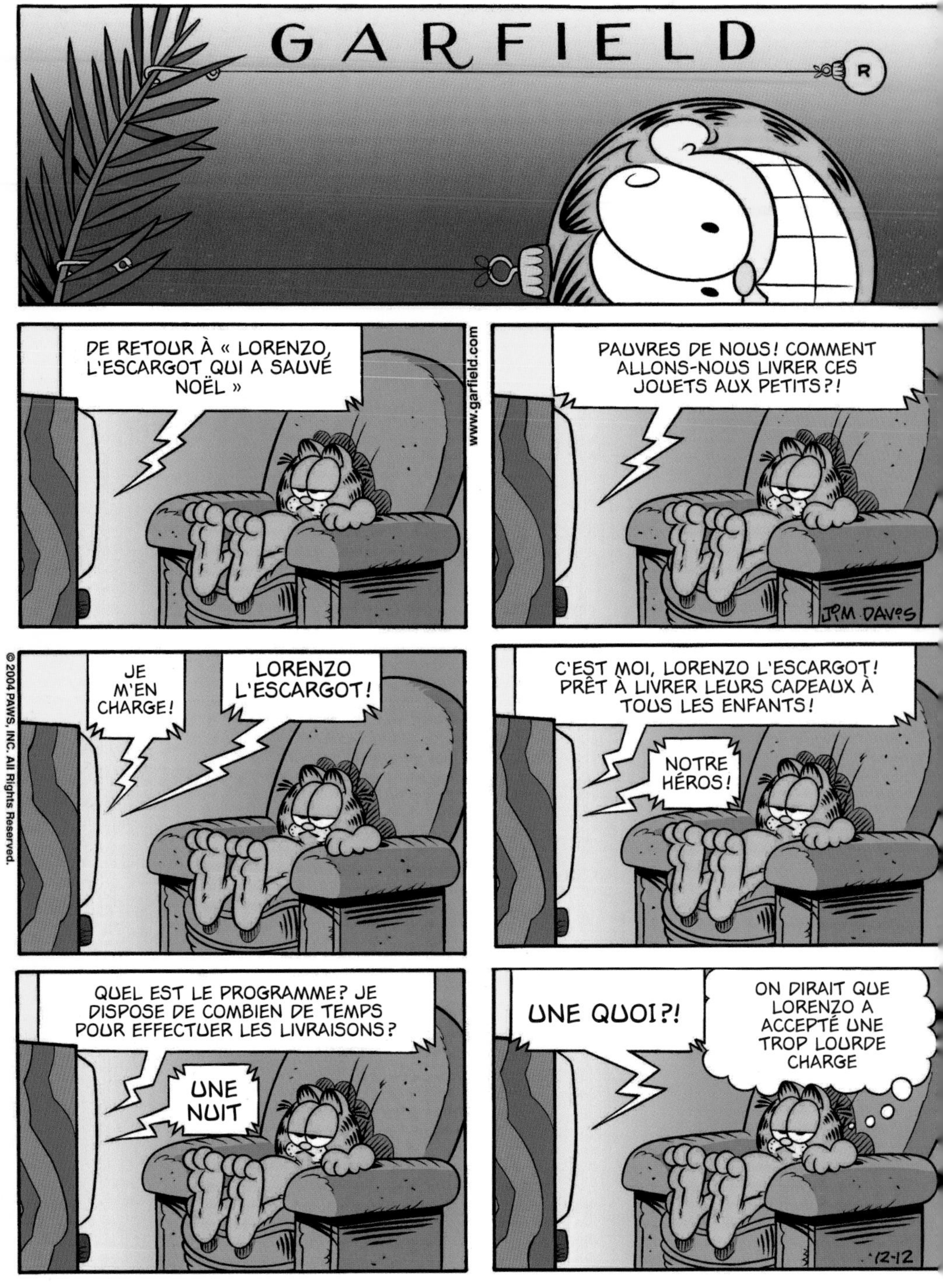
GARFIELD
DE RETOUR À « LORENZO, L'ESCARGOT QUI A SAUVÉ NOËL »
www.garfield.com
PAUVRES DE NOUS! COMMENT ALLONS-NOUS LIVRER CES JOUETS AUX PETITS?!
JIM DAVIS
JE M'EN CHARGE!
LORENZO L'ESCARGOT!
C'EST MOI, LORENZO L'ESCARGOT! PRÊT À LIVRER LEURS CADEAUX À TOUS LES ENFANTS!
NOTRE HÉROS!
QUEL EST LE PROGRAMME? JE DISPOSE DE COMBIEN DE TEMPS POUR EFFECTUER LES LIVRAISONS?
UNE NUIT
UNE QUOI?!
ON DIRAIT QUE LORENZO A ACCEPTÉ UNE TROP LOURDE CHARGE
12-12

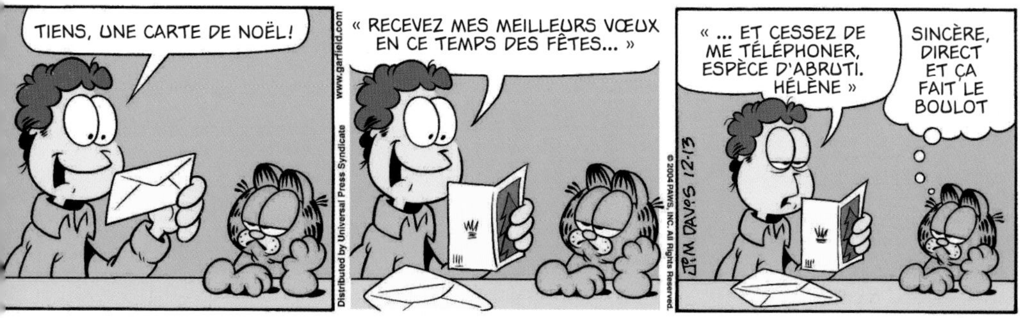
TIENS, UNE CARTE DE NOËL!
« RECEVEZ MES MEILLEURS VŒUX EN CE TEMPS DES FÊTES... »
« ... ET CESSEZ DE ME TÉLÉPHONER, ESPÈCE D'ABRUTI. HÉLÈNE »
SINCÈRE, DIRECT ET ÇA FAIT LE BOULOT
www.garfield.com
Distributed by Universal Press Syndicate
© 2004 PAWS, INC. All Rights Reserved.
JPM DAVPS 12-13

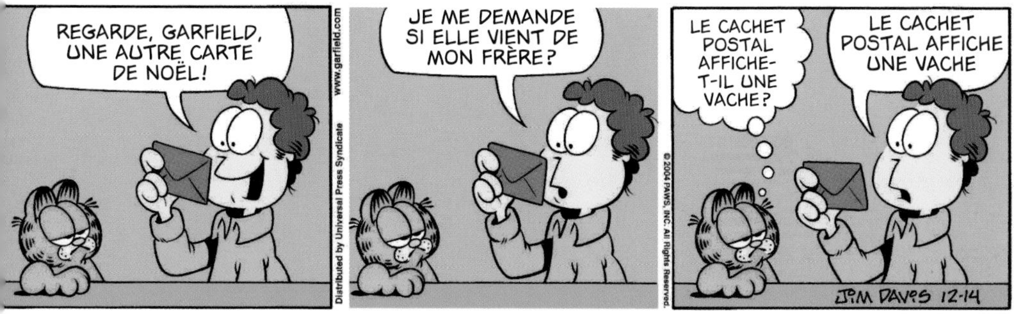
REGARDE, GARFIELD, UNE AUTRE CARTE DE NOËL!
JE ME DEMANDE SI ELLE VIENT DE MON FRÈRE?
LE CACHET POSTAL AFFICHE-T-IL UNE VACHE?
LE CACHET POSTAL AFFICHE UNE VACHE
www.garfield.com
Distributed by Universal Press Syndicate
© 2004 PAWS, INC. All Rights Reserved.
JPM DAVPS 12-14

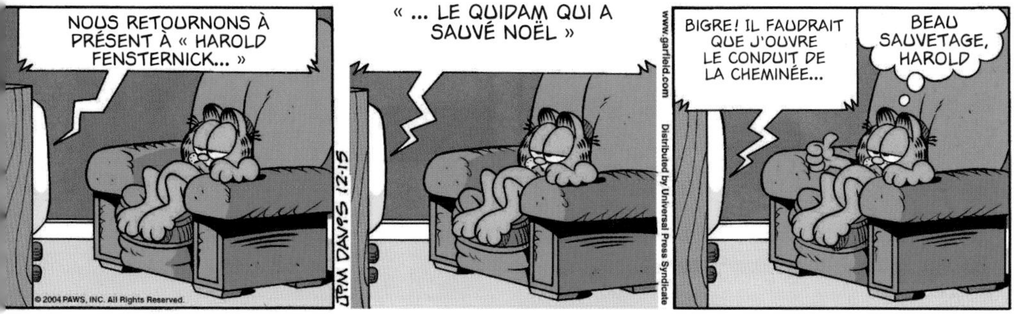
NOUS RETOURNONS À PRÉSENT À « HAROLD FENSTERNICK... »
« ... LE QUIDAM QUI A SAUVÉ NOËL »
BIGRE! IL FAUDRAIT QUE J'OUVRE LE CONDUIT DE LA CHEMINÉE...
BEAU SAUVETAGE, HAROLD
© 2004 PAWS, INC. All Rights Reserved.
JPM DAVPS 12-15
www.garfield.com
Distributed by Universal Press Syndicate

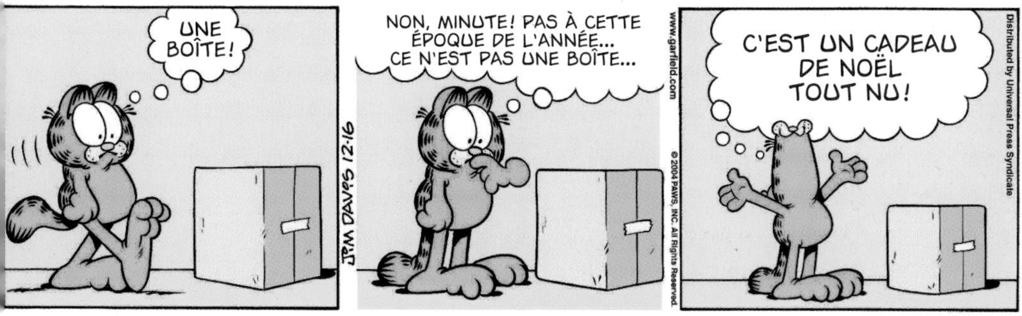
UNE BOÎTE!
NON, MINUTE! PAS À CETTE ÉPOQUE DE L'ANNÉE... CE N'EST PAS UNE BOÎTE...
C'EST UN CADEAU DE NOËL TOUT NU!
JPM DAVPS 12-16
www.garfield.com
© 2004 PAWS, INC. All Rights Reserved.
Distributed by Universal Press Syndicate

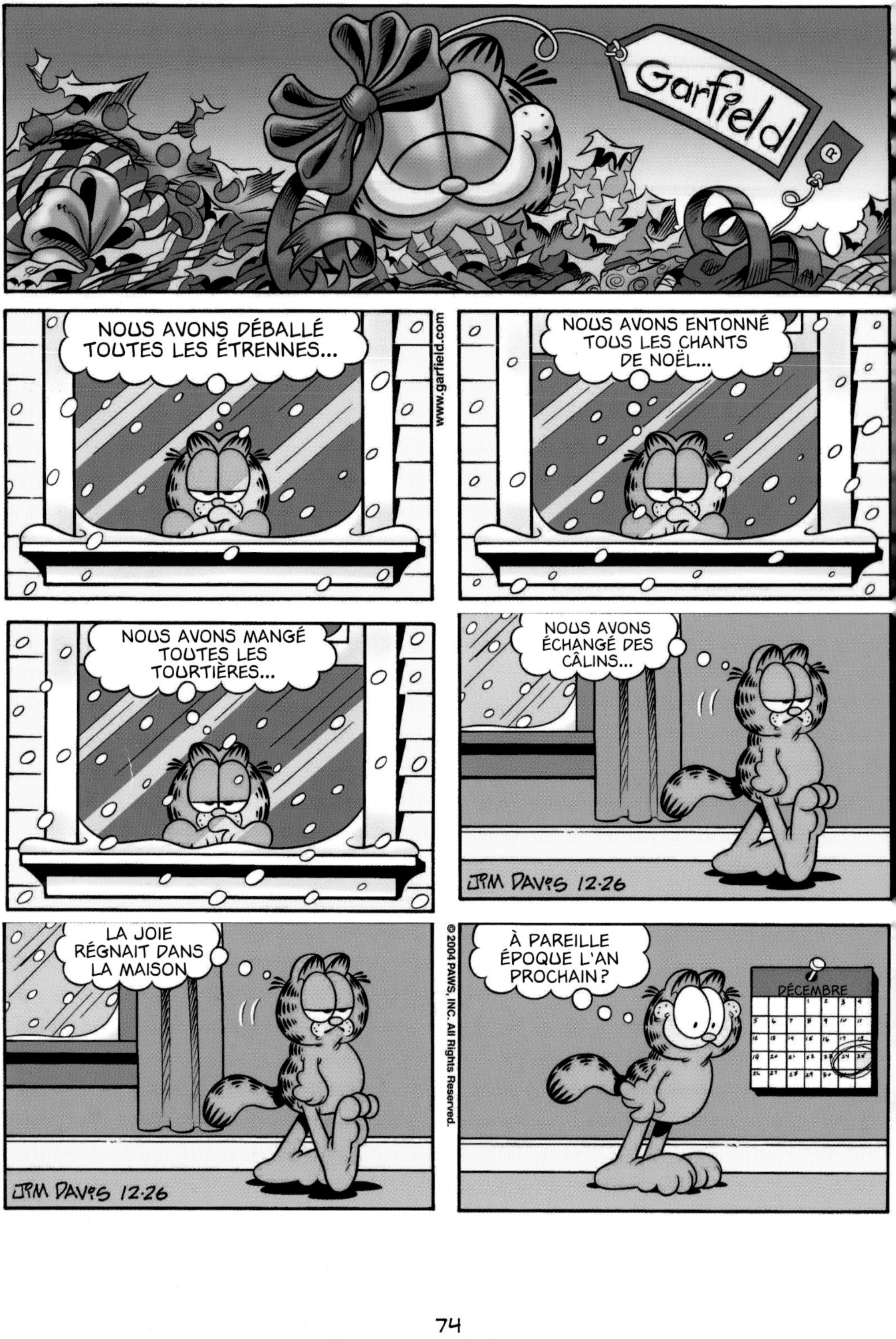
Garfield
www.garfield.com
NOUS AVONS DÉBALLÉ TOUTES LES ÉTRENNES...
NOUS AVONS ENTONNÉ TOUS LES CHANTS DE NOËL...
NOUS AVONS MANGÉ TOUTES LES TOURTIÈRES...
NOUS AVONS ÉCHANGÉ DES CÂLINS...
JIM DAVIS 12-26
© 2004 PAWS, INC. All Rights Reserved.
LA JOIE RÉGNAIT DANS LA MAISON
JIM DAVIS 12-26
À PAREILLE ÉPOQUE L'AN PROCHAIN?
DÉCEMBRE

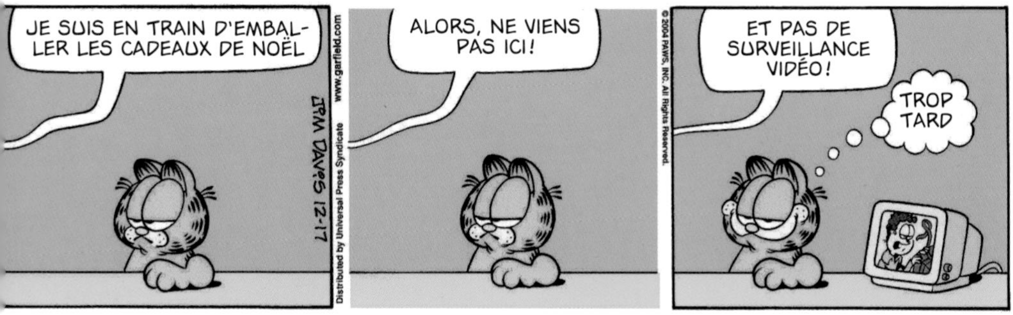
JE SUIS EN TRAIN D'EMBALLER LES CADEAUX DE NOËL
JIM DAVIS 12-17
www.garfield.com
Distributed by Universal Press Syndicate
ALORS, NE VIENS PAS ICI!
© 2004 PAWS, INC. All Rights Reserved.
ET PAS DE SURVEILLANCE VIDÉO!
TROP TARD

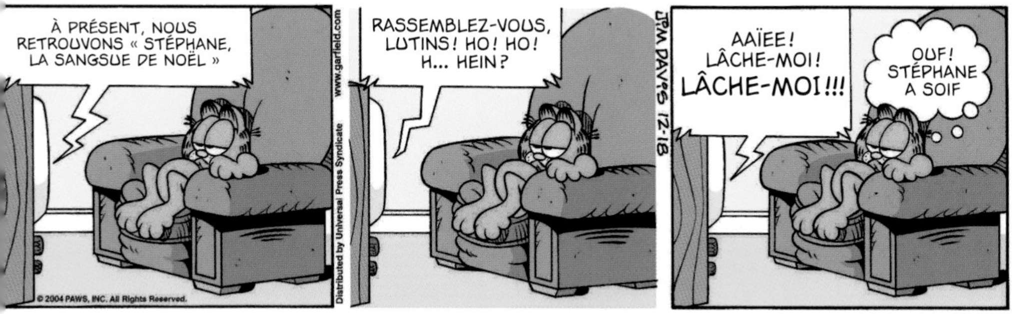
À PRÉSENT, NOUS RETROUVONS « STÉPHANE, LA SANGSUE DE NOËL »
© 2004 PAWS, INC. All Rights Reserved.
www.garfield.com
Distributed by Universal Press Syndicate
RASSEMBLEZ-VOUS, LUTINS! HO! HO! H... HEIN?
JIM DAVIS 12-18
AAÏEE! LÂCHE-MOI! LÂCHE-MOI!!!
OUF! STÉPHANE A SOIF

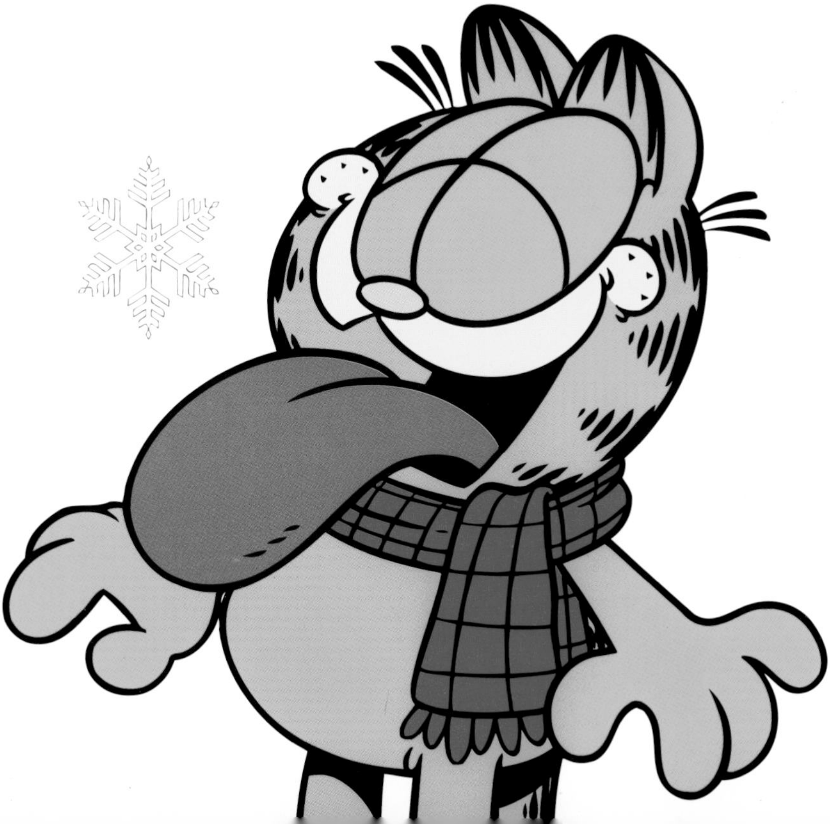

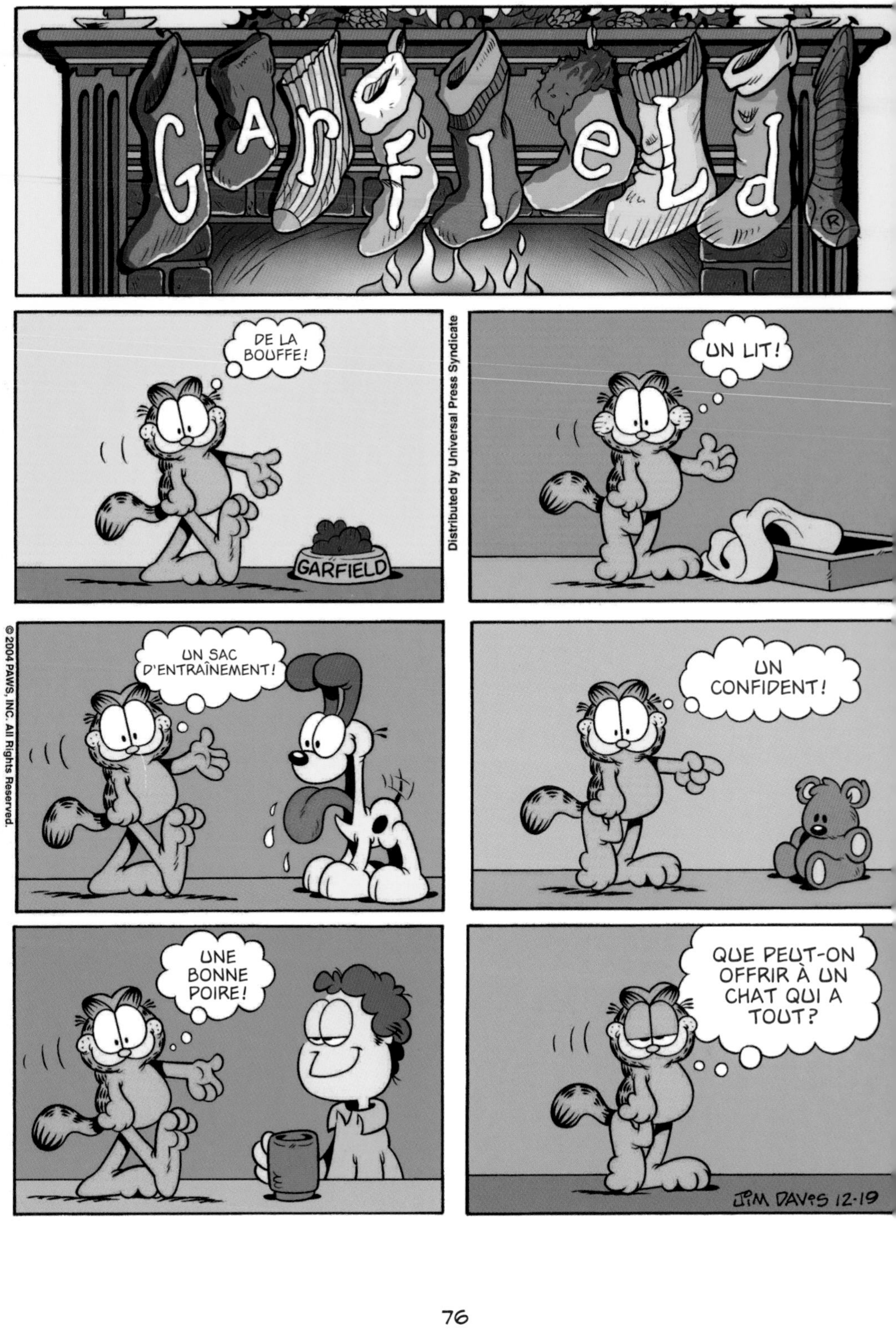

Garfield®
DE LA BOUFFE!
GARFIELD
Distributed by Universal Press Syndicate
UN LIT!
UN SAC D'ENTRAÎNEMENT!
© 2004 PAWS, INC. All Rights Reserved.
UN CONFIDENT!
UNE BONNE POIRE!
QUE PEUT-ON OFFRIR À UN CHAT QUI A TOUT?
JIM DAVIS 12-19

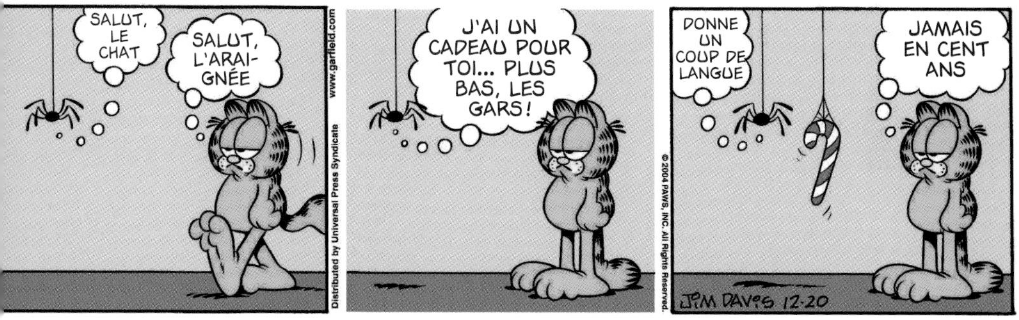
SALUT, LE CHAT
SALUT, L'ARAIGNÉE
J'AI UN CADEAU POUR TOI... PLUS BAS, LES GARS!
DONNE UN COUP DE LANGUE
JAMAIS EN CENT ANS
JIM DAVIS 12-20
www.garfield.com
Distributed by Universal Press Syndicate
© 2004 PAWS, INC. All Rights Reserved.

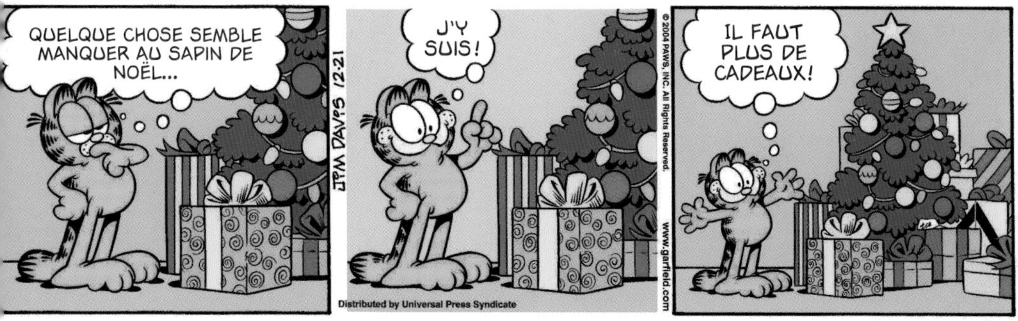
QUELQUE CHOSE SEMBLE MANQUER AU SAPIN DE NOËL...
J'Y SUIS!
IL FAUT PLUS DE CADEAUX!
JIM DAVIS 12-21
Distributed by Universal Press Syndicate
© 2004 PAWS, INC. All Rights Reserved.
www.garfield.com

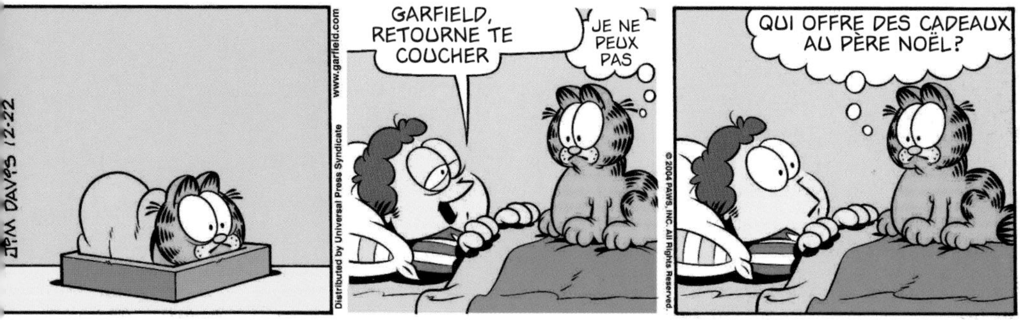
JIM DAVIS 12-22
GARFIELD, RETOURNE TE COUCHER
JE NE PEUX PAS
QUI OFFRE DES CADEAUX AU PÈRE NOËL?
www.garfield.com
Distributed by Universal Press Syndicate
© 2004 PAWS, INC. All Rights Reserved.

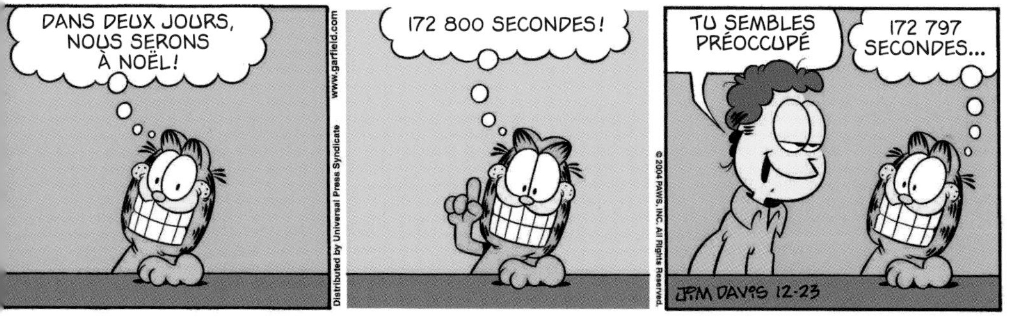
DANS DEUX JOURS, NOUS SERONS À NOËL!
172 800 SECONDES!
TU SEMBLES PRÉOCCUPÉ
172 797 SECONDES...
JIM DAVIS 12-23
www.garfield.com
Distributed by Universal Press Syndicate
© 2004 PAWS, INC. All Rights Reserved.

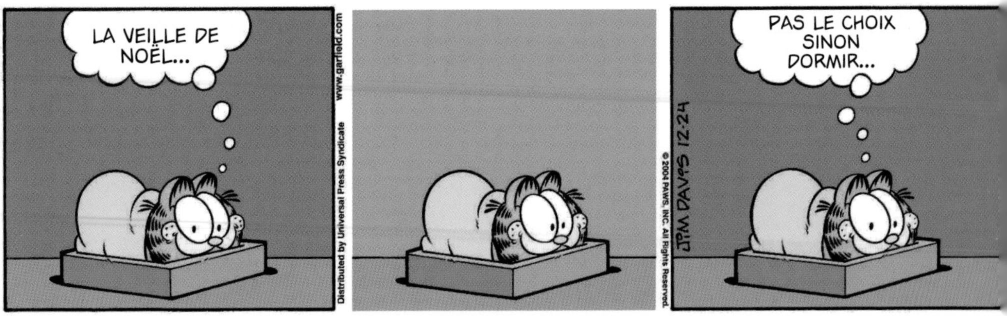
LA VEILLE DE NOËL...
PAS LE CHOIX SINON DORMIR...

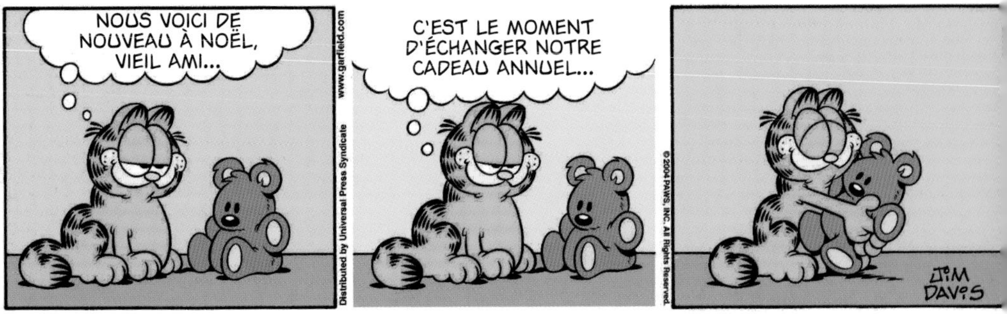
NOUS VOICI DE NOUVEAU À NOËL, VIEIL AMI...
C'EST LE MOMENT D'ÉCHANGER NOTRE CADEAU ANNUEL...

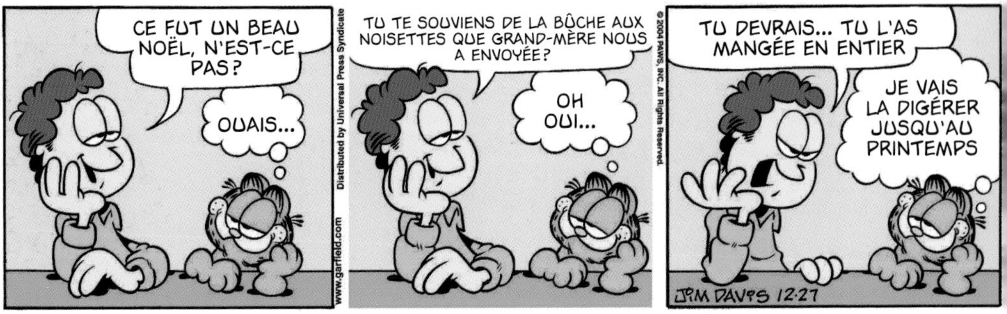
CE FUT UN BEAU NOËL, N'EST-CE PAS?
OUAIS...
TU TE SOUVIENS DE LA BÛCHE AUX NOISETTES QUE GRAND-MÈRE NOUS A ENVOYÉE?
OH OUI...
TU DEVRAIS... TU L'AS MANGÉE EN ENTIER
JE VAIS LA DIGÉRER JUSQU'AU PRINTEMPS

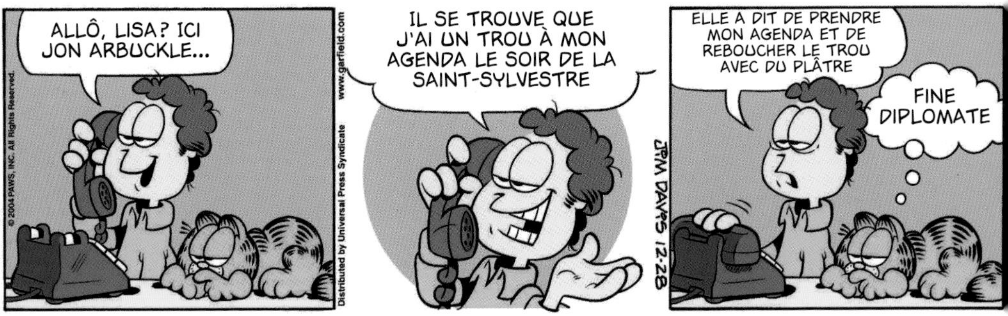
ALLÔ, LISA? ICI JON ARBUCKLE...
IL SE TROUVE QUE J'AI UN TROU À MON AGENDA LE SOIR DE LA SAINT-SYLVESTRE
ELLE A DIT DE PRENDRE MON AGENDA ET DE REBOUCHER LE TROU AVEC DU PLÂTRE
FINE DIPLOMATE

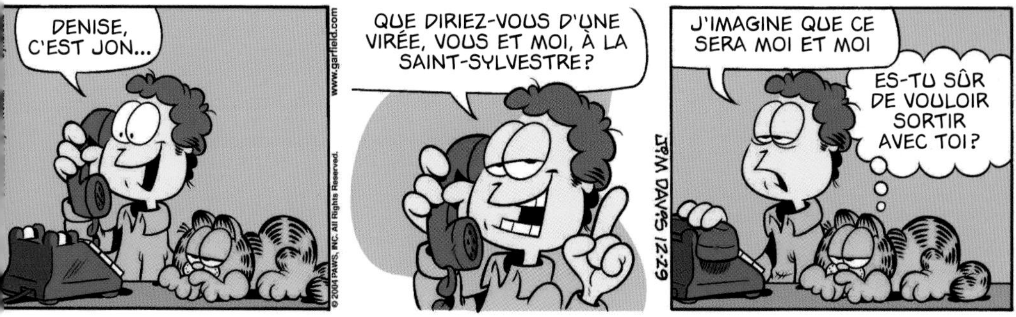
DENISE, C'EST JON...
QUE DIRIEZ-VOUS D'UNE VIRÉE, VOUS ET MOI, À LA SAINT-SYLVESTRE?
J'IMAGINE QUE CE SERA MOI ET MOI
ES-TU SÛR DE VOULOIR SORTIR AVEC TOI?
JIM DAVIS 12-29
© 2004 PAWS, INC. All Rights Reserved.
www.garfield.com

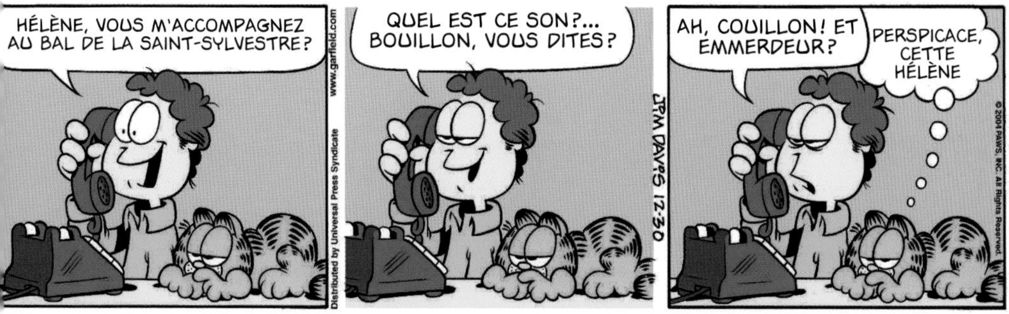
HÉLÈNE, VOUS M'ACCOMPAGNEZ AU BAL DE LA SAINT-SYLVESTRE?
QUEL EST CE SON?... BOUILLON, VOUS DITES?
AH, COUILLON! ET EMMERDEUR?
PERSPICACE, CETTE HÉLÈNE
JIM DAVIS 12-30
www.garfield.com
Distributed by Universal Press Syndicate
© 2004 PAWS, INC. All Rights Reserved.

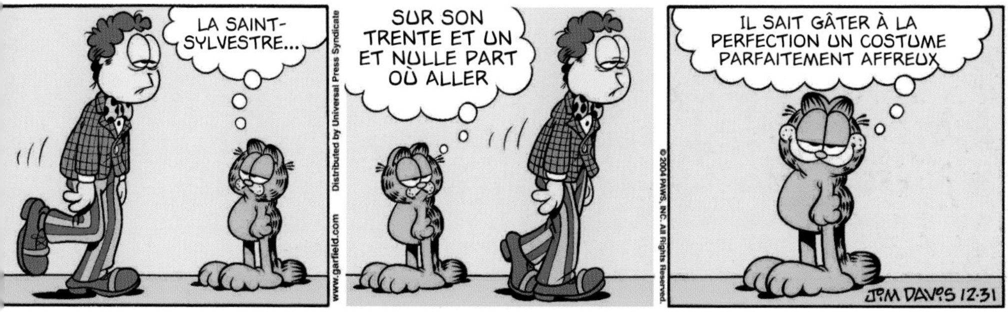
LA SAINT-SYLVESTRE...
SUR SON TRENTE ET UN ET NULLE PART OÙ ALLER
IL SAIT GÂTER À LA PERFECTION UN COSTUME PARFAITEMENT AFFREUX
JIM DAVIS 12-31
Distributed by Universal Press Syndicate
www.garfield.com
© 2004 PAWS, INC. All Rights Reserved.

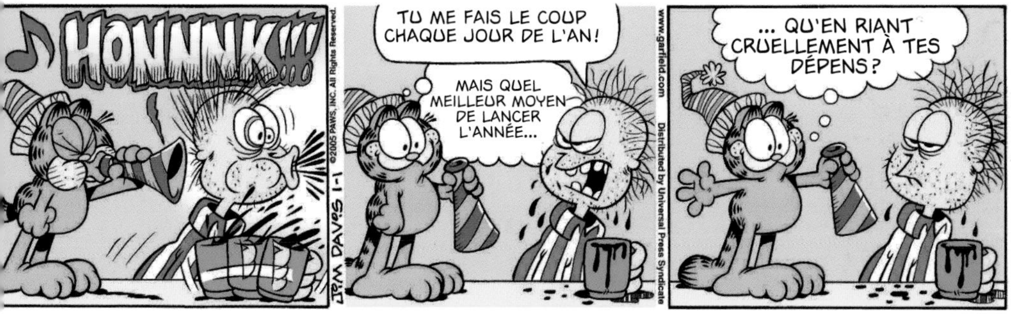
HONNNK!!!
TU ME FAIS LE COUP CHAQUE JOUR DE L'AN!
MAIS QUEL MEILLEUR MOYEN DE LANCER L'ANNÉE...
... QU'EN RIANT CRUELLEMENT À TES DÉPENS?
JIM DAVIS 1-1
© 2005 PAWS, INC. All Rights Reserved.
www.garfield.com
Distributed by Universal Press Syndicate

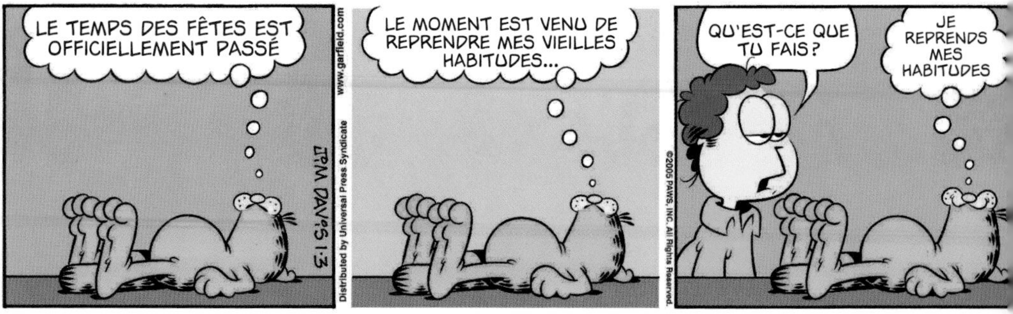
LE TEMPS DES FÊTES EST OFFICIELLEMENT PASSÉ
LE MOMENT EST VENU DE REPRENDRE MES VIEILLES HABITUDES...
QU'EST-CE QUE TU FAIS?
JE REPRENDS MES HABITUDES

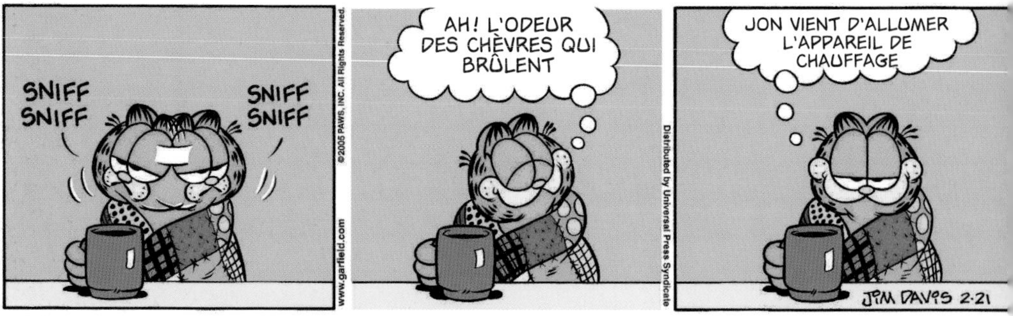
SNIFF SNIFF
SNIFF SNIFF
AH! L'ODEUR DES CHÈVRES QUI BRÛLENT
JON VIENT D'ALLUMER L'APPAREIL DE CHAUFFAGE

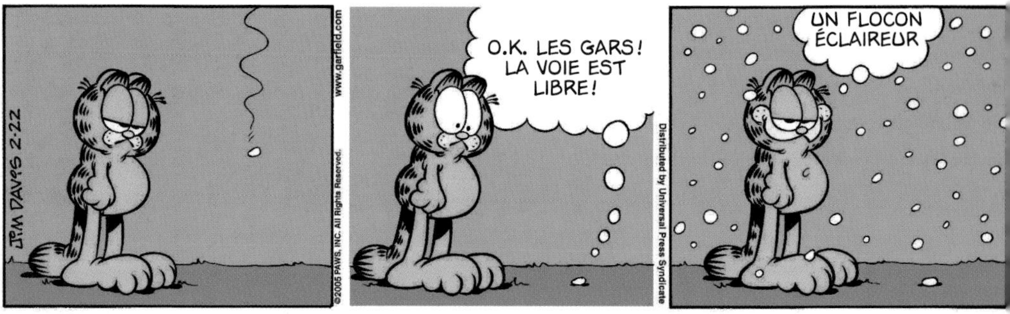
O.K. LES GARS! LA VOIE EST LIBRE!
UN FLOCON ÉCLAIREUR

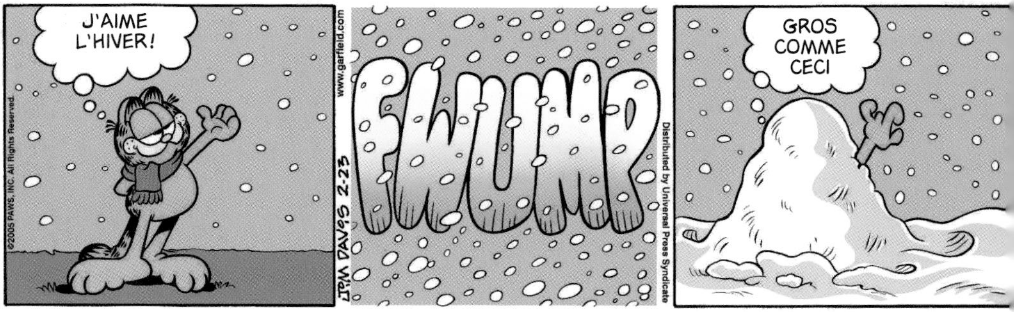
J'AIME L'HIVER!
FWUMP
GROS COMME CECI

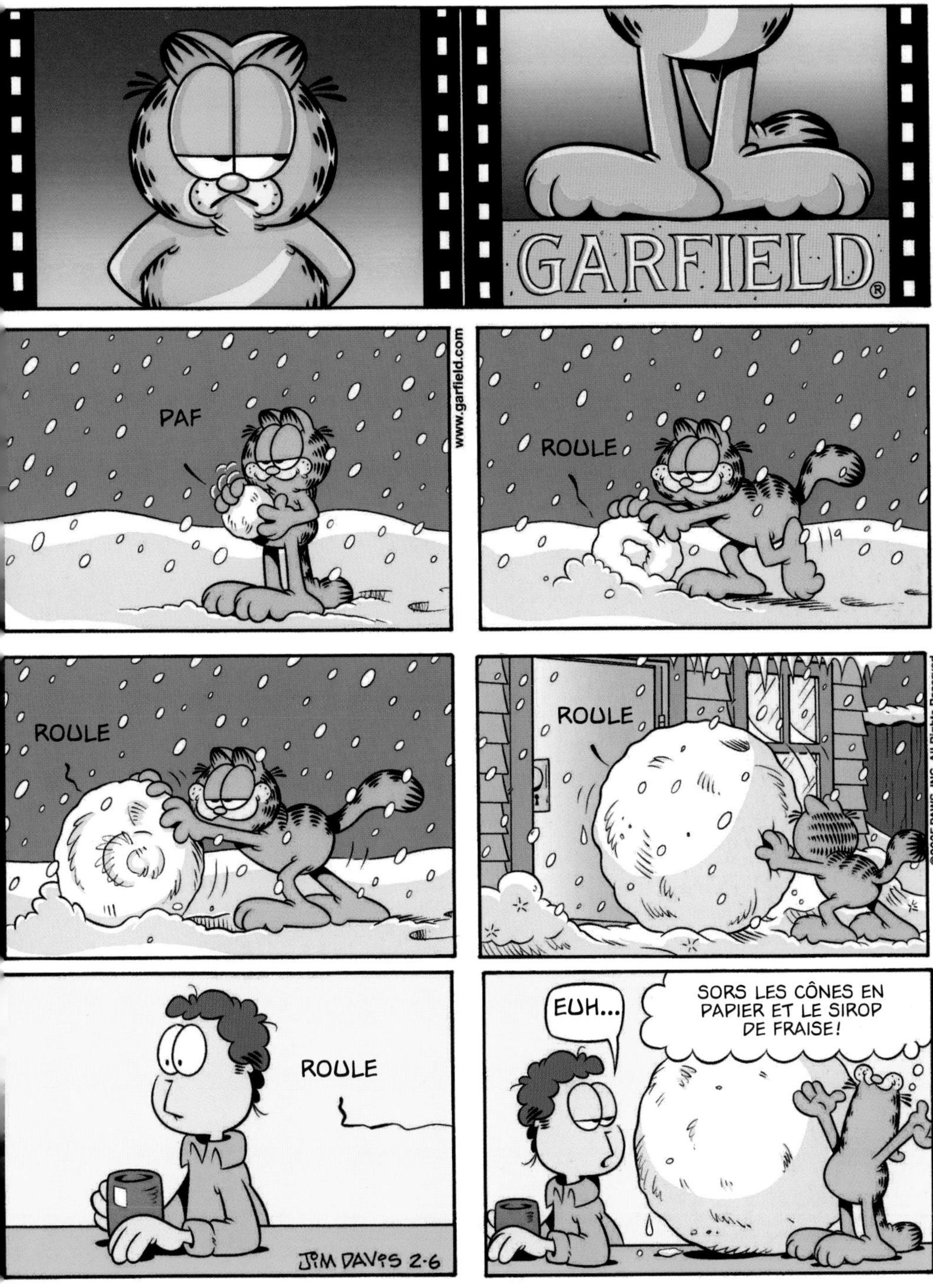
GARFIELD®
www.garfield.com
PAF
ROULE
ROULE
ROULE
©2005 PAWS, INC. All Rights Reserved.
ROULE
JIM DAVIS 2-6
EUH...
SORS LES CÔNES EN PAPIER ET LE SIROP DE FRAISE!

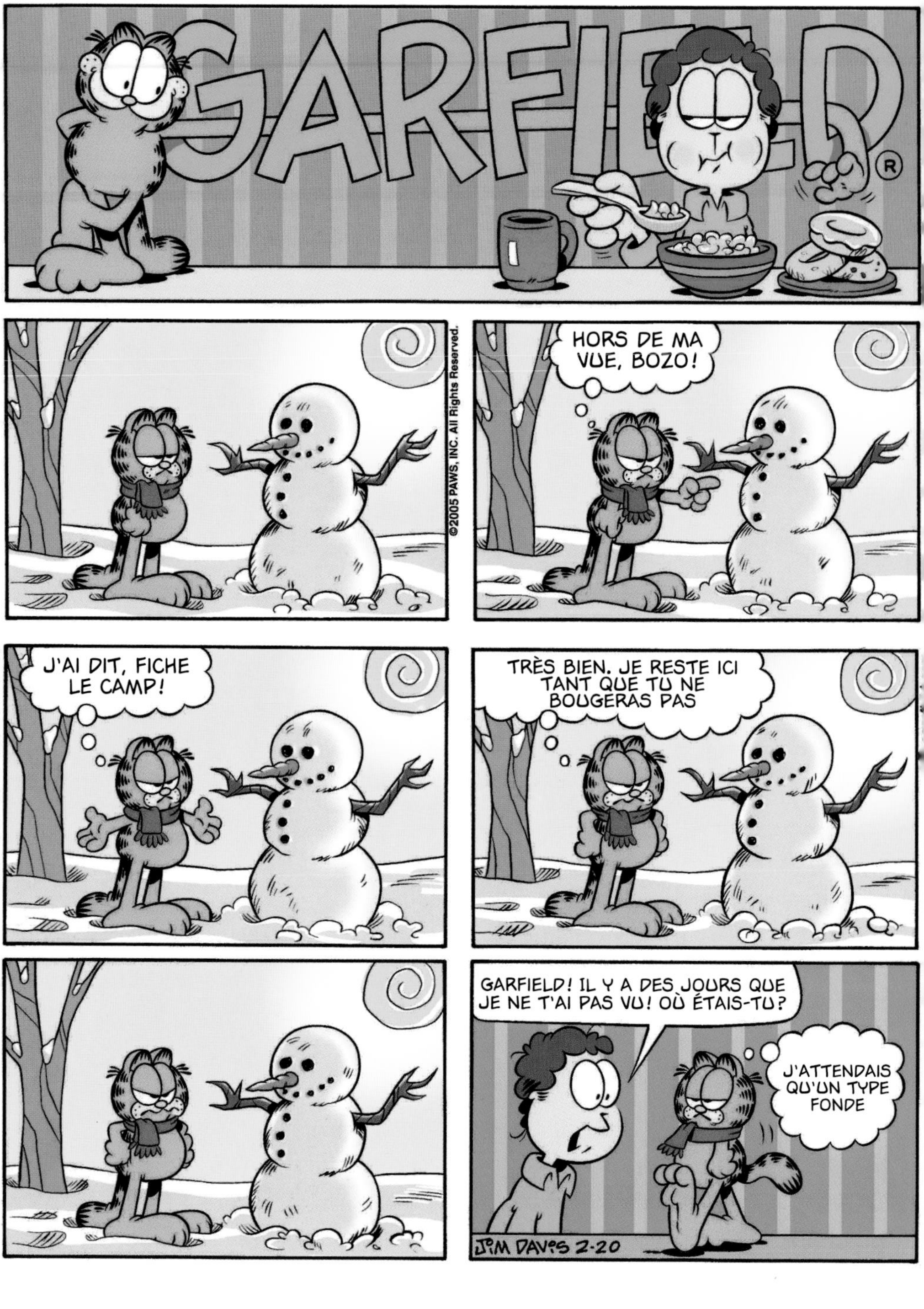
GARFIELD
©2005 PAWS, INC. All Rights Reserved.
HORS DE MA VUE, BOZO!
Distributed by Universal Press Syndicate
J'AI DIT, FICHE LE CAMP!
TRÈS BIEN. JE RESTE ICI TANT QUE TU NE BOUGERAS PAS
GARFIELD! IL Y A DES JOURS QUE JE NE T'AI PAS VU! OÙ ÉTAIS-TU?
J'ATTENDAIS QU'UN TYPE FONDE
JIM DAVIS 2-20

COMMENT ODIE TROUVE-T-IL L'HIVER ?

IL LE LAISSE FROID.

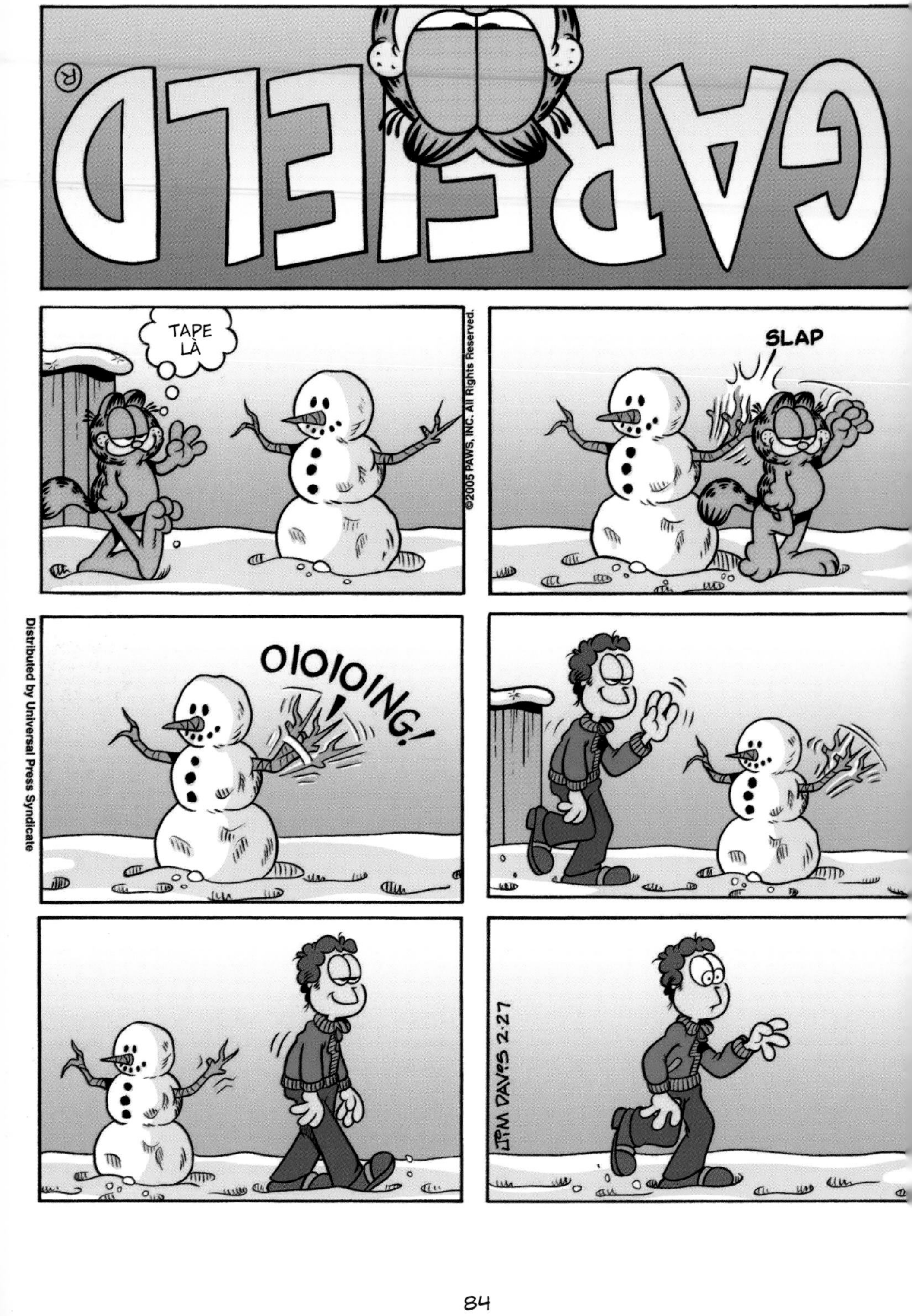
GARFIELD ®
TAPE LÀ
©2005 PAWS, INC. All Rights Reserved.
SLAP
Distributed by Universal Press Syndicate
OIOIOING!
JIM DAVIS 2·27

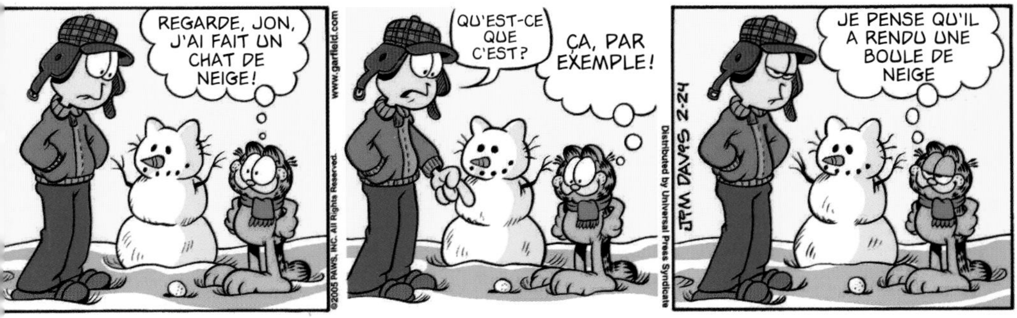
REGARDE, JON, J'AI FAIT UN CHAT DE NEIGE!
QU'EST-CE QUE C'EST?
ÇA, PAR EXEMPLE!
JE PENSE QU'IL A RENDU UNE BOULE DE NEIGE
©2005 PAWS, INC. All Rights Reserved. www.garfield.com
JPM DAVIS 2-24
Distributed by Universal Press Syndicate

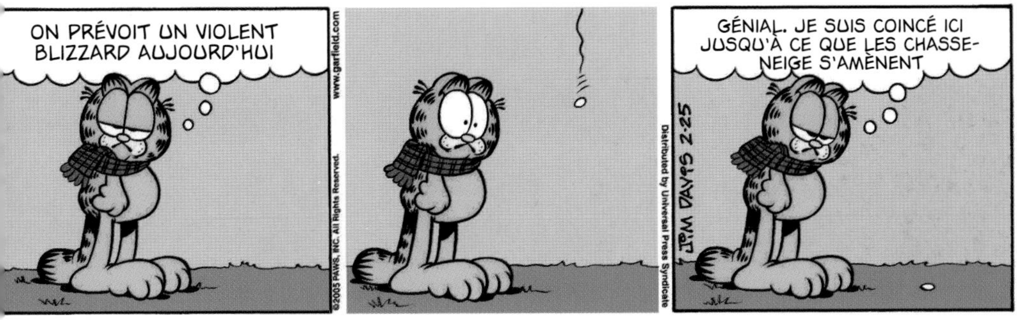
ON PRÉVOIT UN VIOLENT BLIZZARD AUJOURD'HUI
GÉNIAL. JE SUIS COINCÉ ICI JUSQU'À CE QUE LES CHASSE-NEIGE S'AMÈNENT
©2005 PAWS, INC. All Rights Reserved. www.garfield.com
JPM DAVIS 2-25
Distributed by Universal Press Syndicate

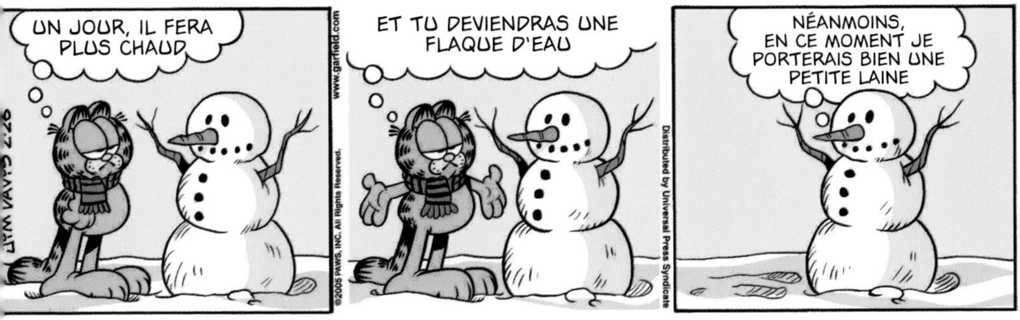
UN JOUR, IL FERA PLUS CHAUD
ET TU DEVIENDRAS UNE FLAQUE D'EAU
NÉANMOINS, EN CE MOMENT JE PORTERAIS BIEN UNE PETITE LAINE
©2005 PAWS, INC. All Rights Reserved. www.garfield.com
Distributed by Universal Press Syndicate

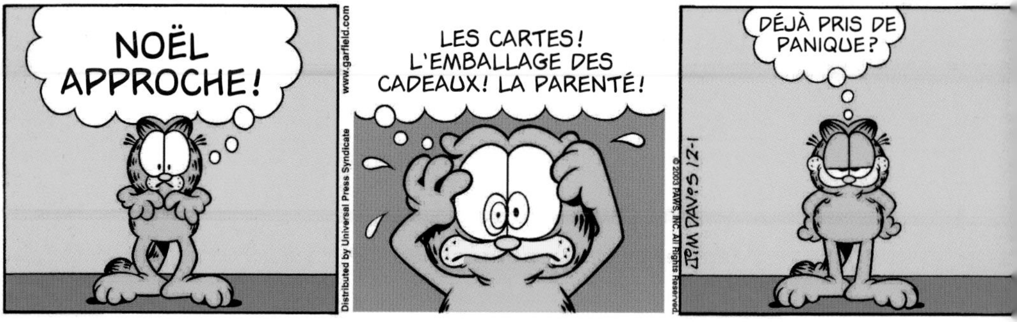
NOËL APPROCHE!
LES CARTES! L'EMBALLAGE DES CADEAUX! LA PARENTÉ!
DÉJÀ PRIS DE PANIQUE?
www.garfield.com
Distributed by Universal Press Syndicate
© 2003 PAWS, INC. All Rights Reserved.
JIM DAVIS 12-1

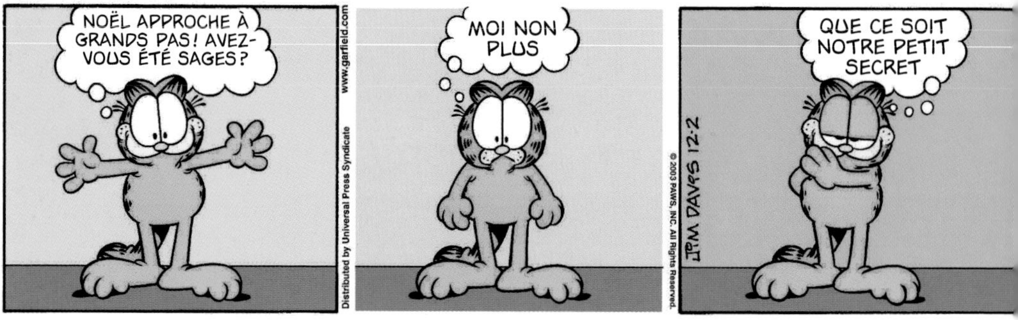
NOËL APPROCHE À GRANDS PAS! AVEZ-VOUS ÉTÉ SAGES?
MOI NON PLUS
QUE CE SOIT NOTRE PETIT SECRET
www.garfield.com
Distributed by Universal Press Syndicate
© 2003 PAWS, INC. All Rights Reserved.
JIM DAVIS 12-2

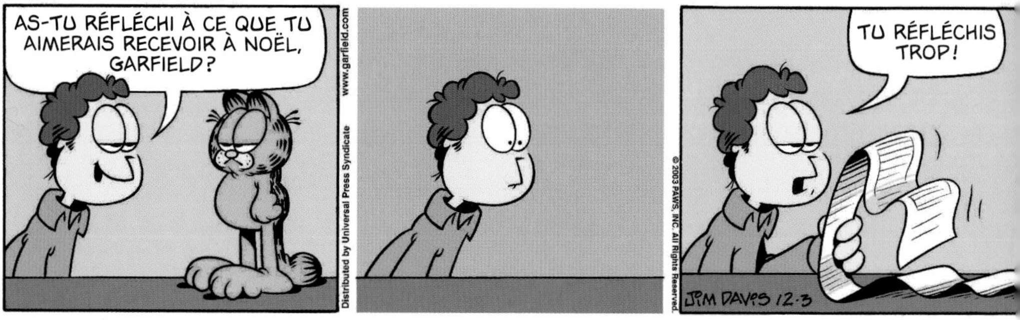
AS-TU RÉFLÉCHI À CE QUE TU AIMERAIS RECEVOIR À NOËL, GARFIELD?
TU RÉFLÉCHIS TROP!
www.garfield.com
Distributed by Universal Press Syndicate
© 2003 PAWS, INC. All Rights Reserved.
JIM DAVIS 12-3

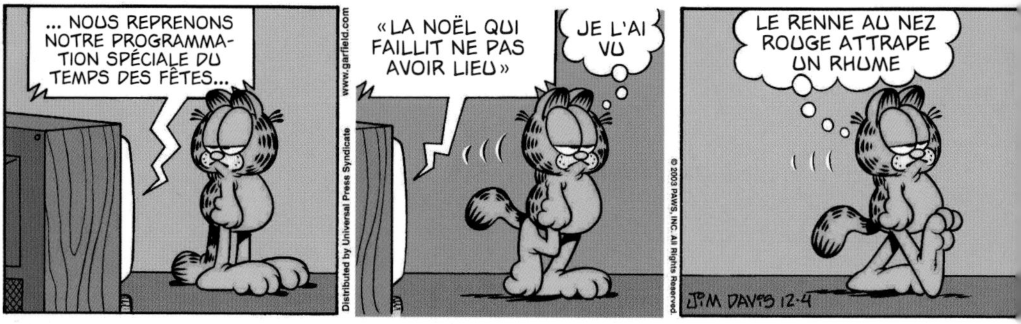
... NOUS REPRENONS NOTRE PROGRAMMATION SPÉCIALE DU TEMPS DES FÊTES...
«LA NOËL QUI FAILLIT NE PAS AVOIR LIEU»
JE L'AI VU
LE RENNE AU NEZ ROUGE ATTRAPE UN RHUME
www.garfield.com
Distributed by Universal Press Syndicate
© 2003 PAWS, INC. All Rights Reserved.
JIM DAVIS 12-4

QUELLE EST LA TACTIQUE DE GARFIELD LORS D'UNE PARTIE DE HOCKEY CONTRE DES SOURIS ?

IL JOUE LA TRAPPE.

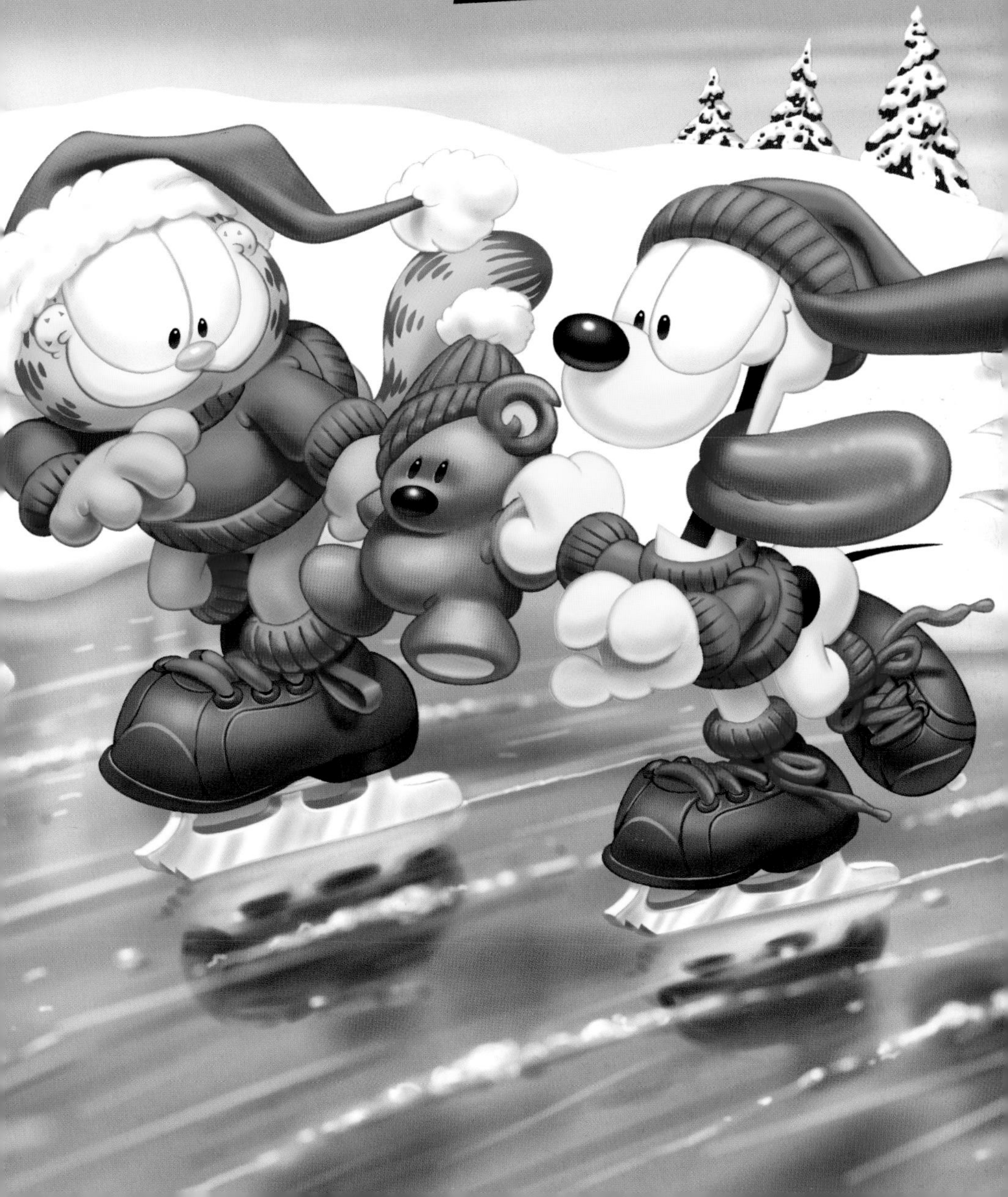

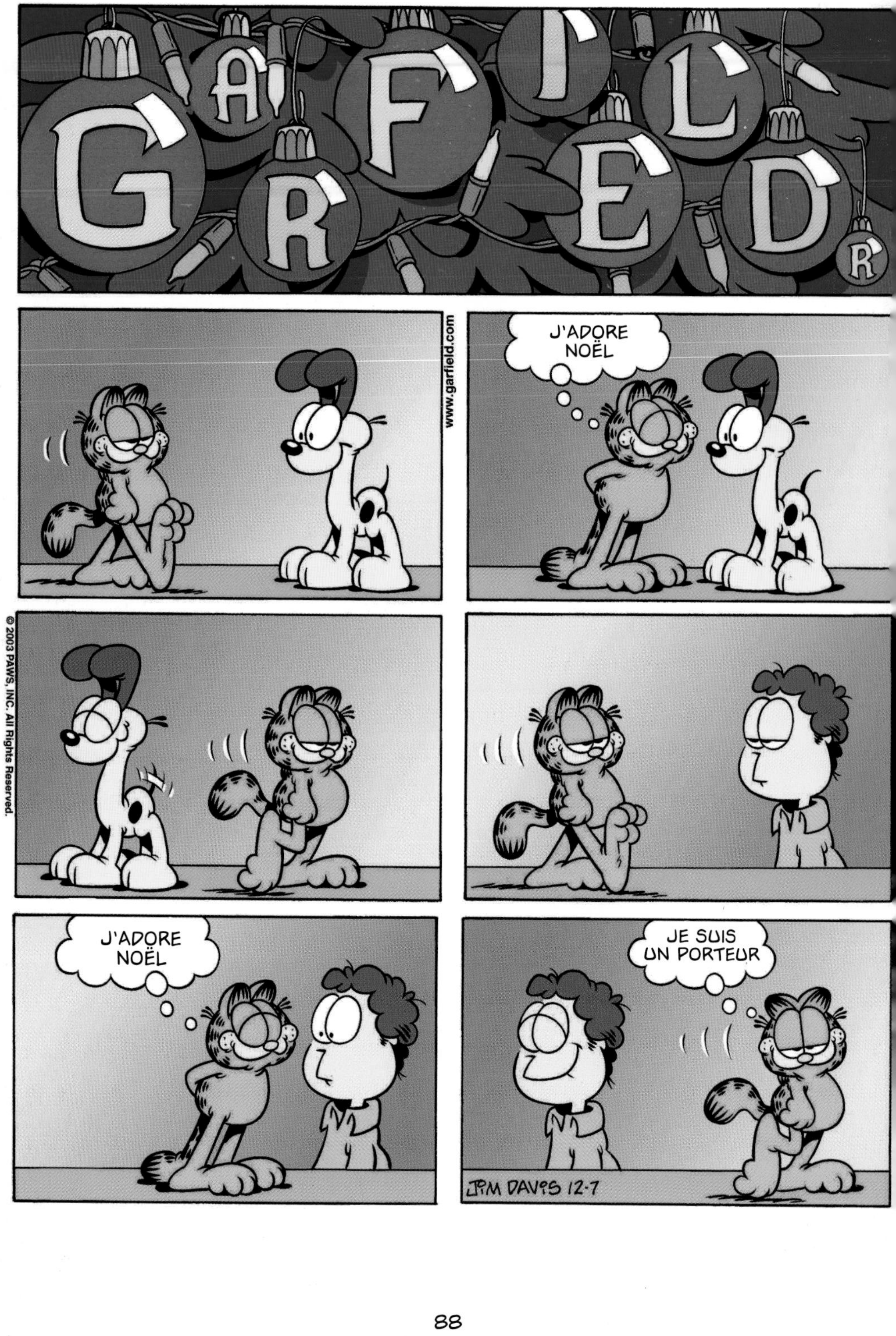
GARFIELD
www.garfield.com
J'ADORE NOËL
J'ADORE NOËL
JE SUIS UN PORTEUR
JIM DAVIS 12-7

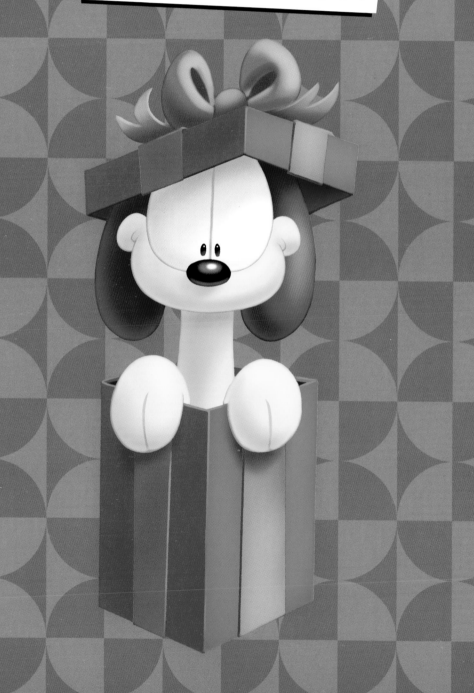

Je suis ton cadeau !

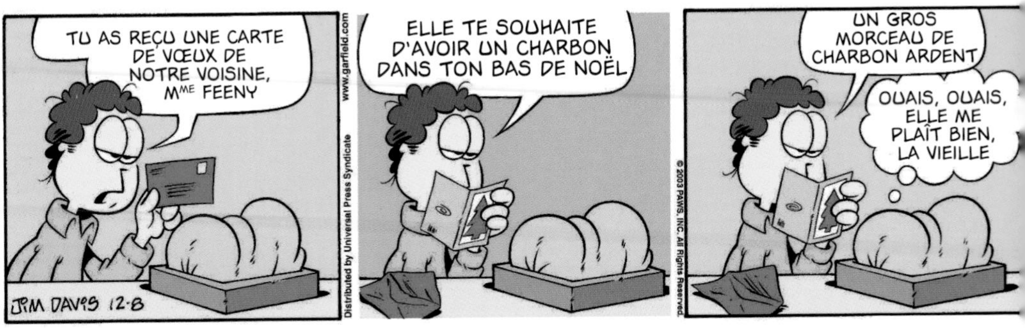
TU AS REÇU UNE CARTE DE VŒUX DE NOTRE VOISINE, Mme FEENY
JIM DAVIS 12-8
www.garfield.com
Distributed by Universal Press Syndicate
ELLE TE SOUHAITE D'AVOIR UN CHARBON DANS TON BAS DE NOËL
© 2003 PAWS, INC. All Rights Reserved.
UN GROS MORCEAU DE CHARBON ARDENT
OUAIS, OUAIS, ELLE ME PLAÎT BIEN, LA VIEILLE

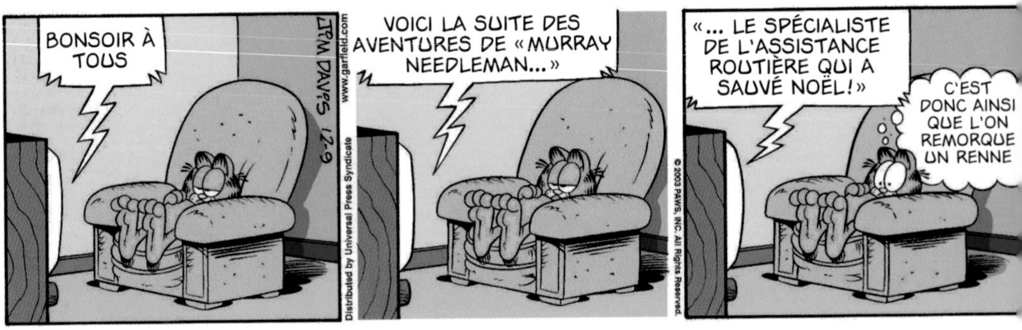
BONSOIR À TOUS
JIM DAVIS 12-9
www.garfield.com
Distributed by Universal Press Syndicate
VOICI LA SUITE DES AVENTURES DE «MURRAY NEEDLEMAN...»
© 2003 PAWS, INC. All Rights Reserved.
«... LE SPÉCIALISTE DE L'ASSISTANCE ROUTIÈRE QUI A SAUVÉ NOËL!»
C'EST DONC AINSI QUE L'ON REMORQUE UN RENNE

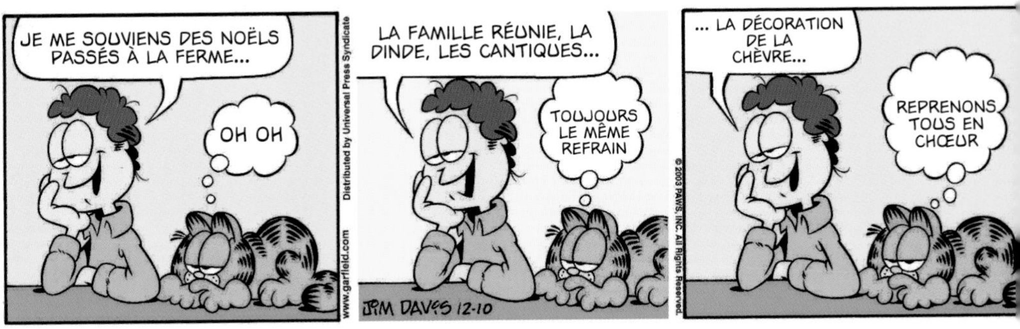
JE ME SOUVIENS DES NOËLS PASSÉS À LA FERME...
OH OH
Distributed by Universal Press Syndicate
www.garfield.com
LA FAMILLE RÉUNIE, LA DINDE, LES CANTIQUES...
TOUJOURS LE MÊME REFRAIN
JIM DAVIS 12-10
© 2003 PAWS, INC. All Rights Reserved.
... LA DÉCORATION DE LA CHÈVRE...
REPRENONS TOUS EN CHŒUR

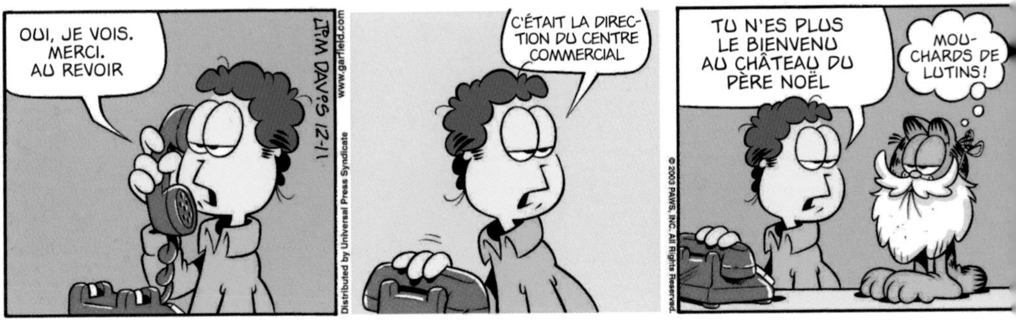
OUI, JE VOIS. MERCI. AU REVOIR
JIM DAVIS 12-11
www.garfield.com
Distributed by Universal Press Syndicate
C'ÉTAIT LA DIRECTION DU CENTRE COMMERCIAL
© 2003 PAWS, INC. All Rights Reserved.
TU N'ES PLUS LE BIENVENU AU CHÂTEAU DU PÈRE NOËL
MOUCHARDS DE LUTINS!

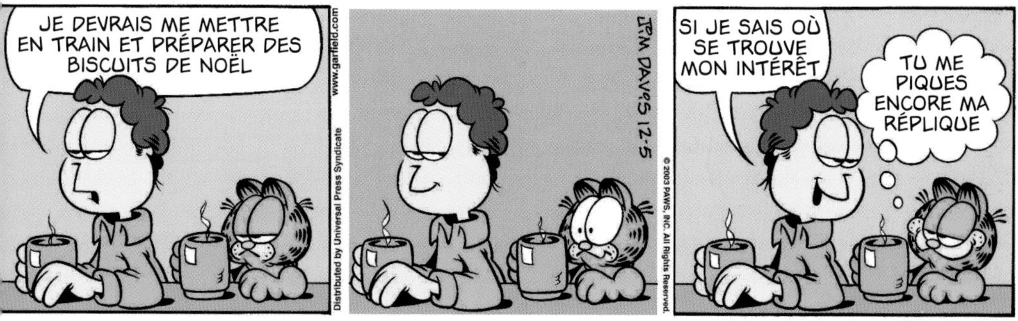
JE DEVRAIS ME METTRE EN TRAIN ET PRÉPARER DES BISCUITS DE NOËL
SI JE SAIS OÙ SE TROUVE MON INTÉRÊT
TU ME PIQUES ENCORE MA RÉPLIQUE

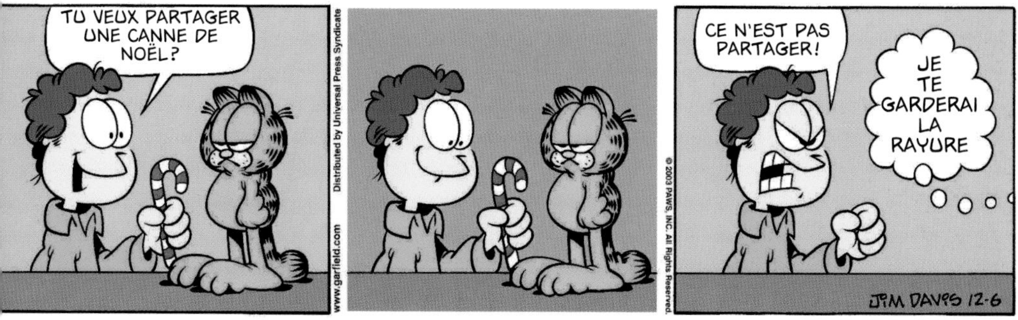
TU VEUX PARTAGER UNE CANNE DE NOËL?
CE N'EST PAS PARTAGER!
JE TE GARDERAI LA RAYURE

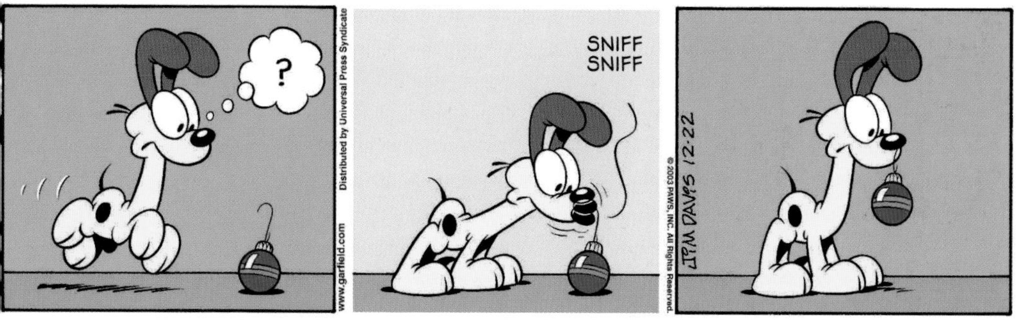
?
SNIFF SNIFF

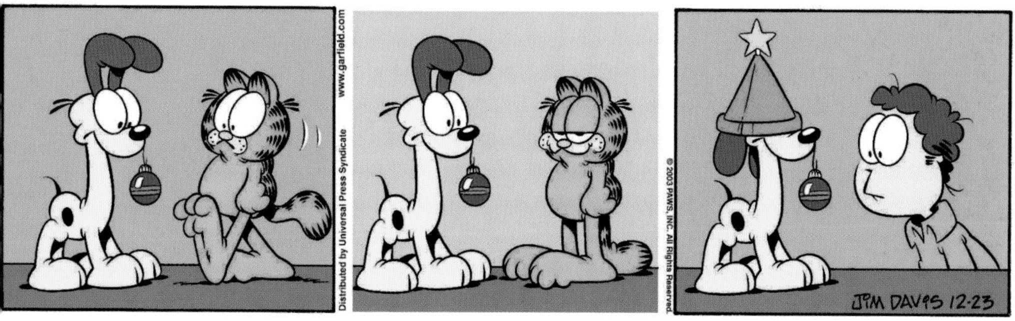

OUI, J'AI FAIT DES COURSES

ET OUI, J'AI ACHETÉ TON CADEAU DE NOËL

ET OUI, JE L'AI CACHÉ

DANS CE CAS, L'EN-QUÊTE COMMENCE!

JE SUIS VRAIMENT ENRACINÉ DANS LA TRADITION, CETTE ANNÉE

TOUS LES BISCUITS... DISPARUS!

ENCORE!

COMME JE DISAIS...

ALLÔ?... BONJOUR, GRAND-MÈRE! JOYEUSES FÊTES!

ICI?... OH, IL FAIT FROID, IL VENTE, IL NEIGE... ET VOUS?

IL FAIT 37 À CANCÚN

OUAIS, MAIS AVEC LE REFROIDISSE-MENT ÉOLIEN, IL FAIT 36

REGARDE, GARFIELD, UNE CARTE DE MON FRÈRE!

«BON ANNIVERSAIRE DE MARIAGE, MA CHÉRIE! AVEC TOUT MON AMOUR, DOC BOY»

QU'EST-CE QUE CELA SIGNIFIE?

CELA SIGNIFIE QUE LE MARCHAND N'AVAIT PLUS DE CARTES DE NOËL

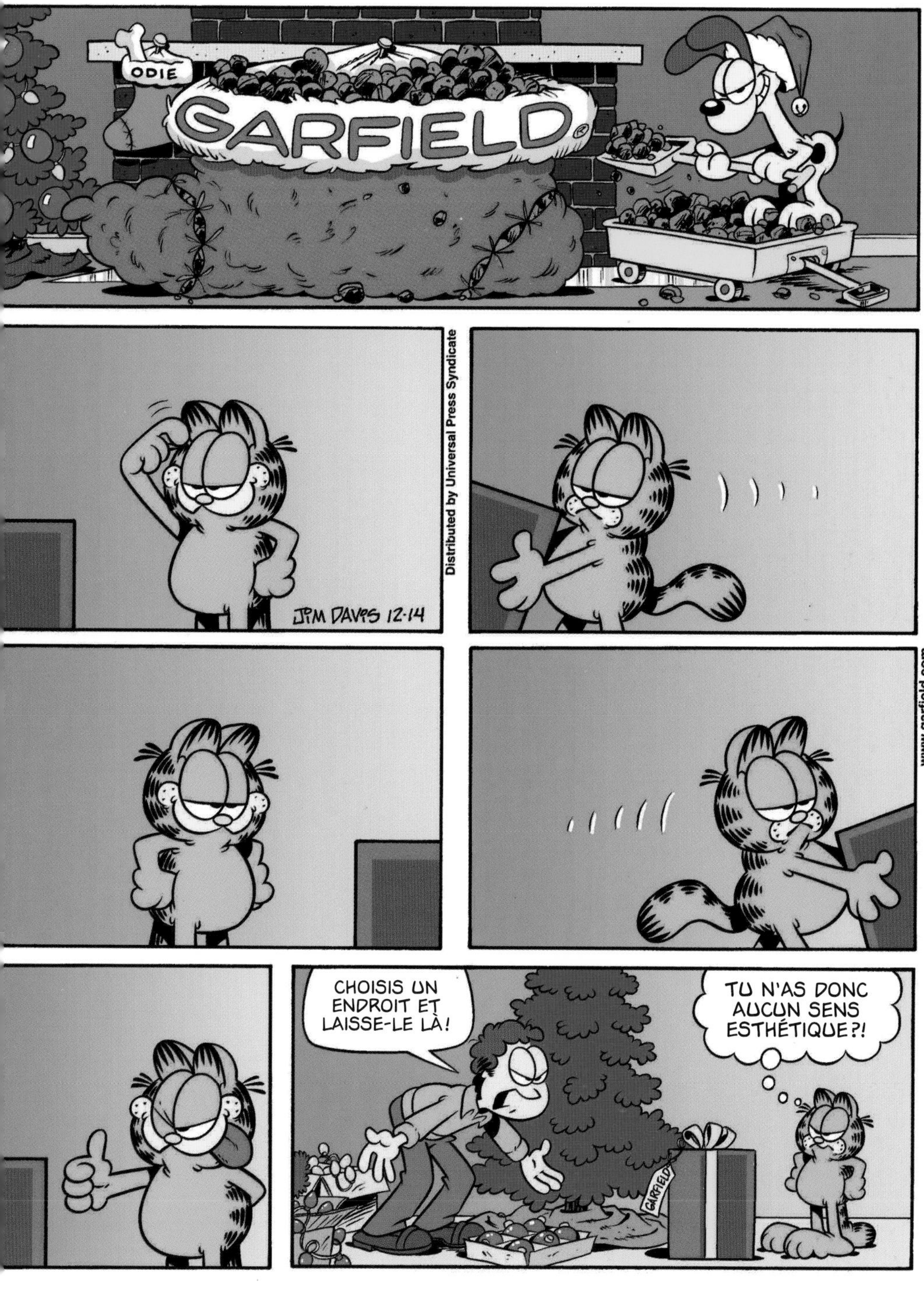

ODIE
GARFIELD
JIM DAVIS 12·14
Distributed by Universal Press Syndicate
www.garfield.com
CHOISIS UN ENDROIT ET LAISSE-LE LÀ!
TU N'AS DONC AUCUN SENS ESTHÉTIQUE?!
GARFIELD

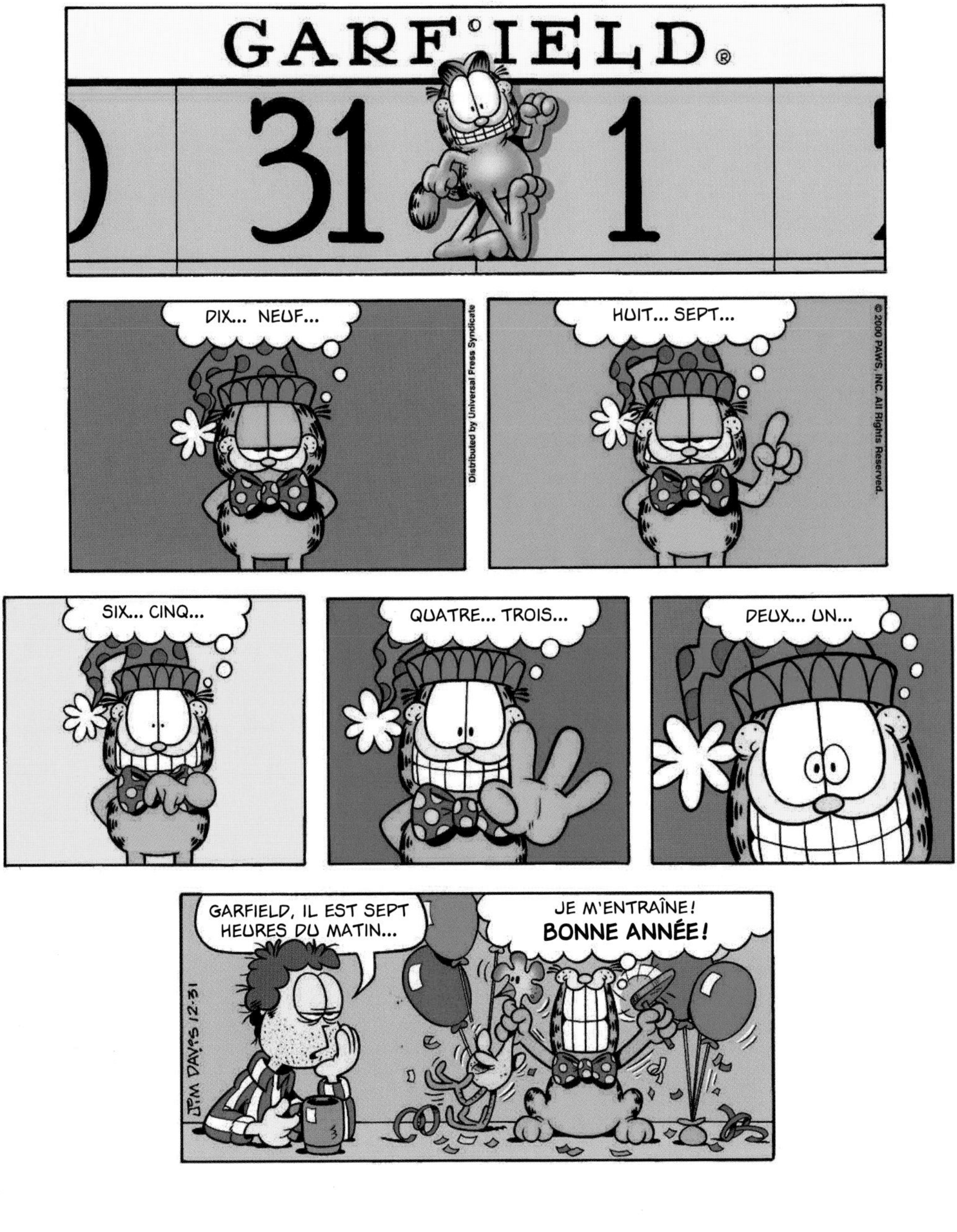
GARFIELD®
31
1
DIX... NEUF...
Distributed by Universal Press Syndicate
HUIT... SEPT...
© 2000 PAWS, INC. All Rights Reserved.
SIX... CINQ...
QUATRE... TROIS...
DEUX... UN...
GARFIELD, IL EST SEPT HEURES DU MATIN...
JE M'ENTRAÎNE! BONNE ANNÉE!
JIM DAVIS 12-31

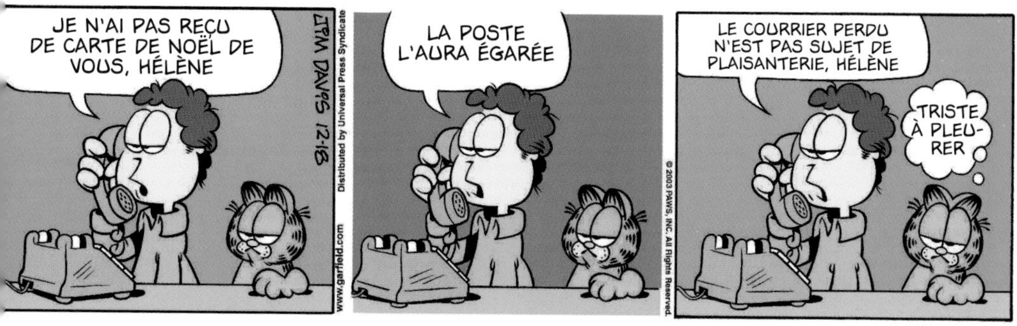
JE N'AI PAS REÇU DE CARTE DE NOËL DE VOUS, HÉLÈNE
LA POSTE L'AURA ÉGARÉE
LE COURRIER PERDU N'EST PAS SUJET DE PLAISANTERIE, HÉLÈNE
TRISTE À PLEURER

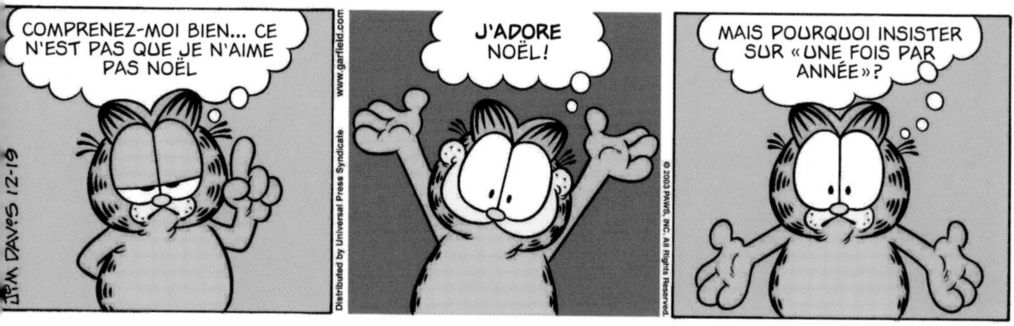
COMPRENEZ-MOI BIEN... CE N'EST PAS QUE JE N'AIME PAS NOËL
J'ADORE NOËL!
MAIS POURQUOI INSISTER SUR «UNE FOIS PAR ANNÉE»?

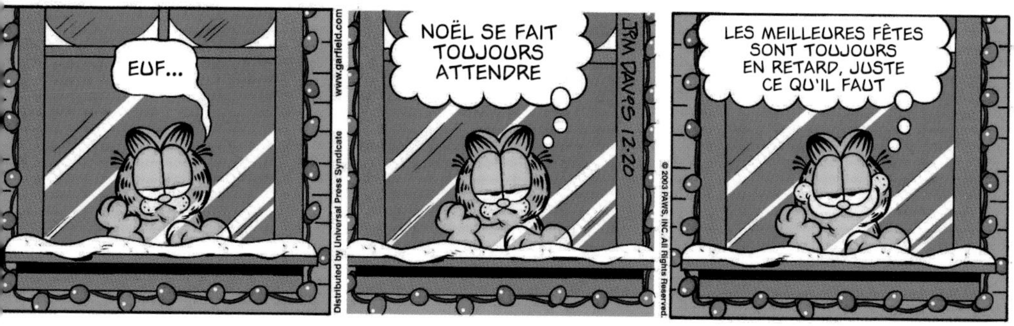
EUF...
NOËL SE FAIT TOUJOURS ATTENDRE
LES MEILLEURES FÊTES SONT TOUJOURS EN RETARD, JUSTE CE QU'IL FAUT

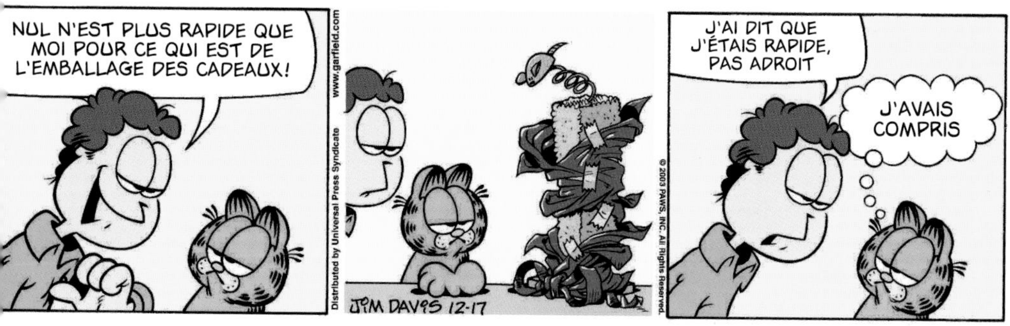
NUL N'EST PLUS RAPIDE QUE MOI POUR CE QUI EST DE L'EMBALLAGE DES CADEAUX!
J'AI DIT QUE J'ÉTAIS RAPIDE, PAS ADROIT
J'AVAIS COMPRIS

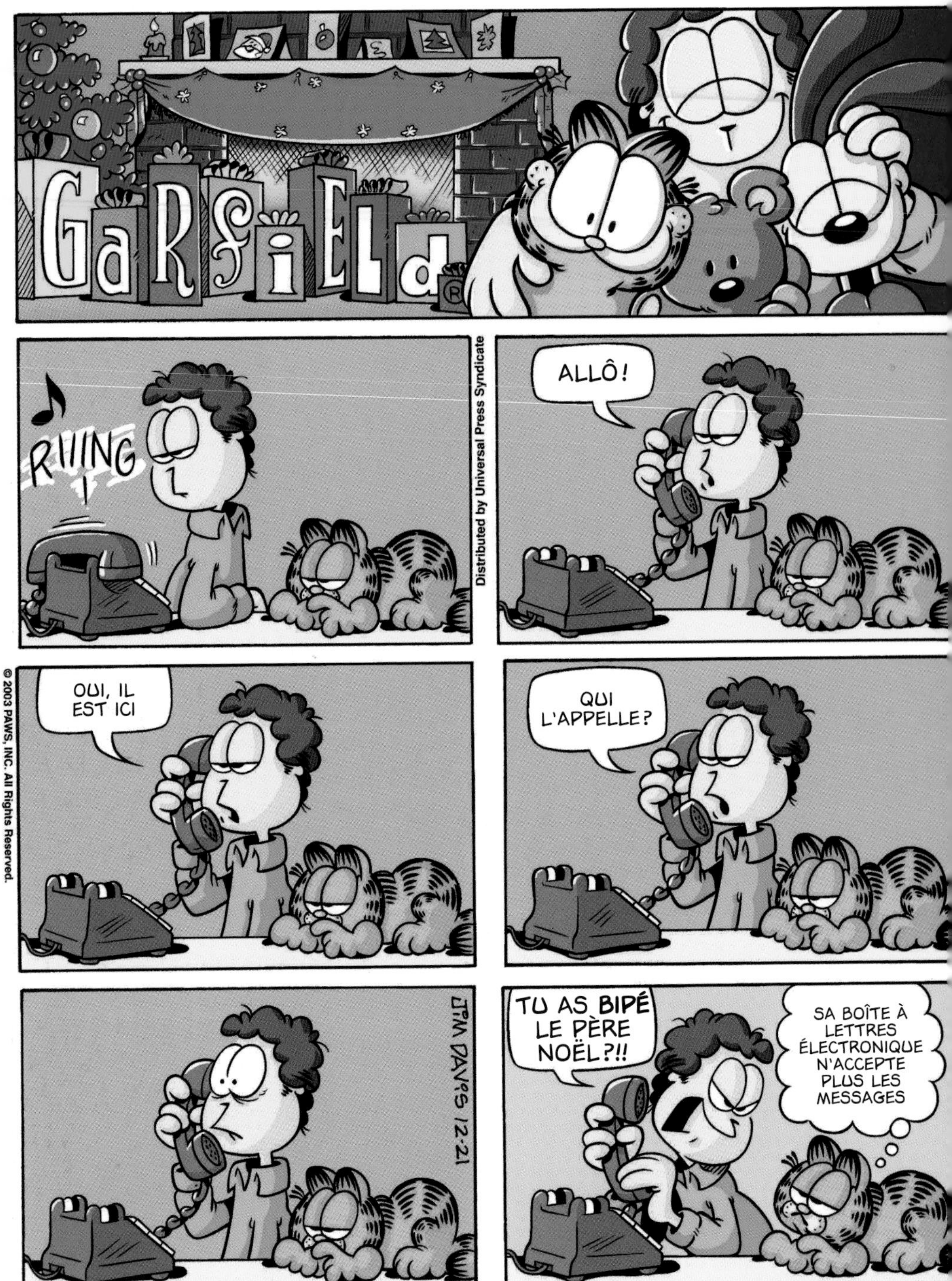
GARFIELD
RIIING
Distributed by Universal Press Syndicate
ALLÔ!
© 2003 PAWS, INC. All Rights Reserved.
OUI, IL EST ICI
QUI L'APPELLE?
JPM DAVIS 12-21
TU AS BIPÉ LE PÈRE NOËL?!!
SA BOÎTE À LETTRES ÉLECTRONIQUE N'ACCEPTE PLUS LES MESSAGES

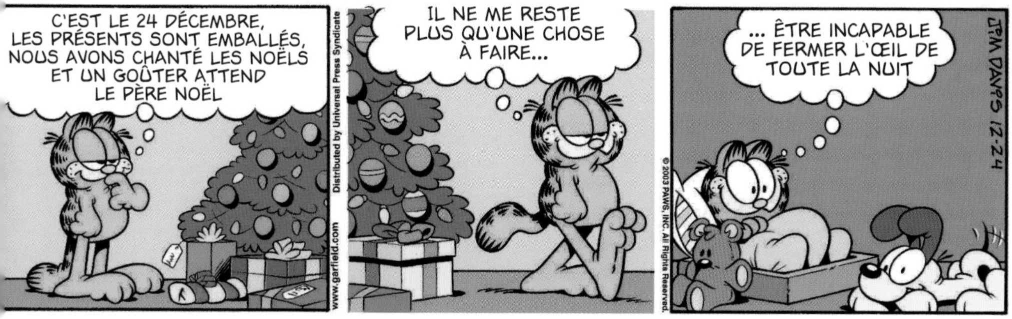
C'EST LE 24 DÉCEMBRE, LES PRÉSENTS SONT EMBALLÉS, NOUS AVONS CHANTÉ LES NOËLS ET UN GOÛTER ATTEND LE PÈRE NOËL
IL NE ME RESTE PLUS QU'UNE CHOSE À FAIRE...
... ÊTRE INCAPABLE DE FERMER L'ŒIL DE TOUTE LA NUIT
JIM DAVIS 12-24
www.garfield.com Distributed by Universal Press Syndicate
© 2003 PAWS, INC. All Rights Reserved.

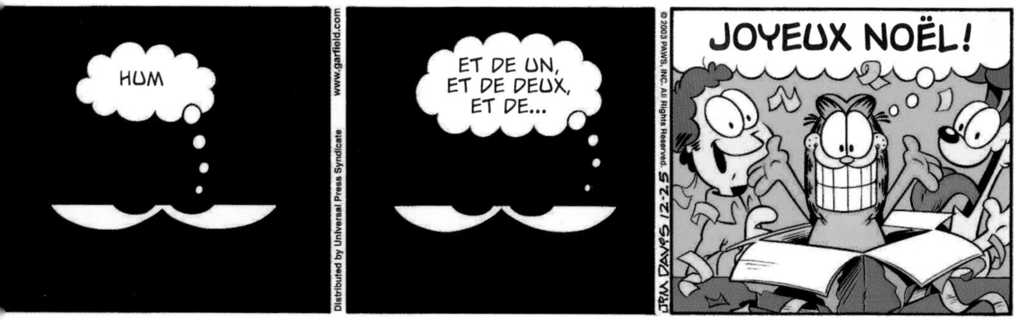
HUM
ET DE UN, ET DE DEUX, ET DE...
JOYEUX NOËL!
JIM DAVIS 12-25
www.garfield.com Distributed by Universal Press Syndicate
© 2003 PAWS, INC. All Rights Reserved.

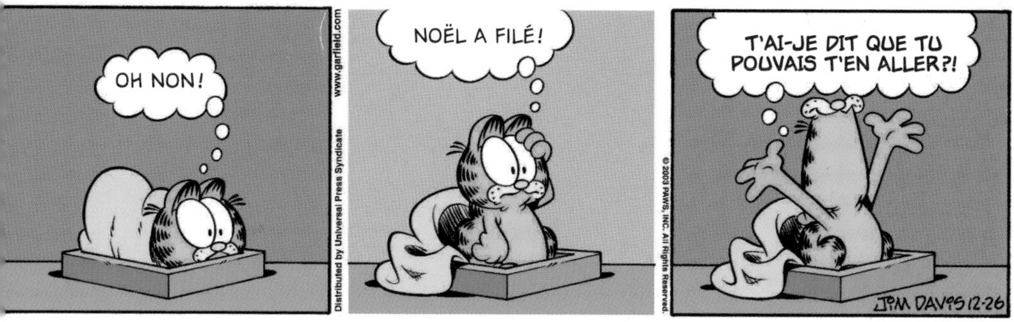
OH NON!
NOËL A FILÉ!
T'AI-JE DIT QUE TU POUVAIS T'EN ALLER?!
JIM DAVIS 12-26
www.garfield.com Distributed by Universal Press Syndicate
© 2003 PAWS, INC. All Rights Reserved.

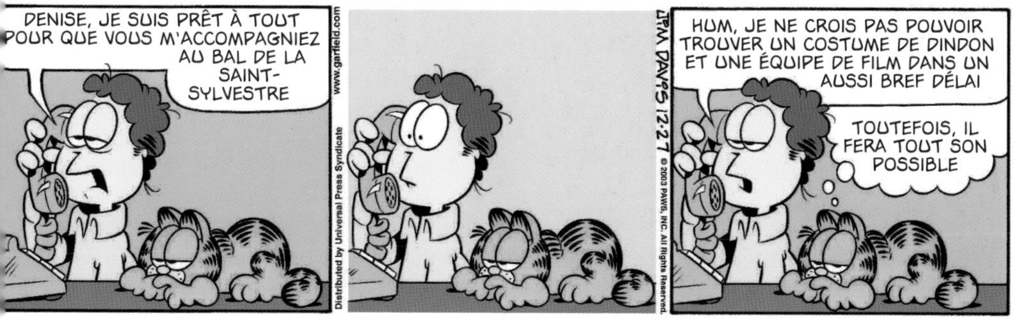
DENISE, JE SUIS PRÊT À TOUT POUR QUE VOUS M'ACCOMPAGNIEZ AU BAL DE LA SAINT-SYLVESTRE
HUM, JE NE CROIS PAS POUVOIR TROUVER UN COSTUME DE DINDON ET UNE ÉQUIPE DE FILM DANS UN AUSSI BREF DÉLAI
TOUTEFOIS, IL FERA TOUT SON POSSIBLE
JIM DAVIS 12-27
www.garfield.com Distributed by Universal Press Syndicate
© 2003 PAWS, INC. All Rights Reserved.

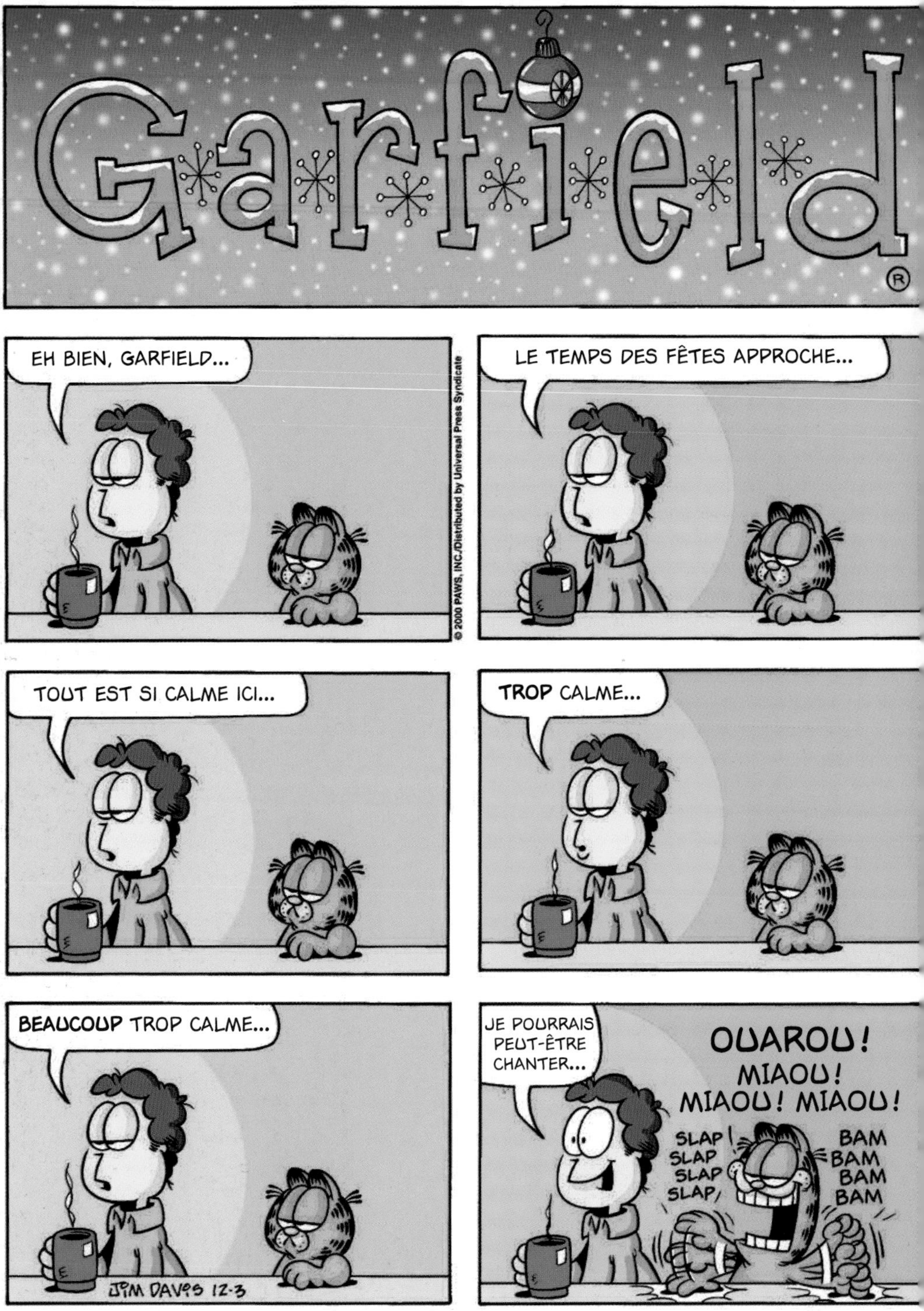
Garfield®
EH BIEN, GARFIELD...
© 2000 PAWS, INC./Distributed by Universal Press Syndicate
LE TEMPS DES FÊTES APPROCHE...
TOUT EST SI CALME ICI...
TROP CALME...
BEAUCOUP TROP CALME...
JIM DAVIS 12-3
JE POURRAIS PEUT-ÊTRE CHANTER...
OUAROU! MIAOU! MIAOU! MIAOU!
SLAP SLAP SLAP SLAP
BAM BAM BAM BAM

OÙ LES OURS POLAIRES DÉPOSENT-ILS LEUR ARGENT ?

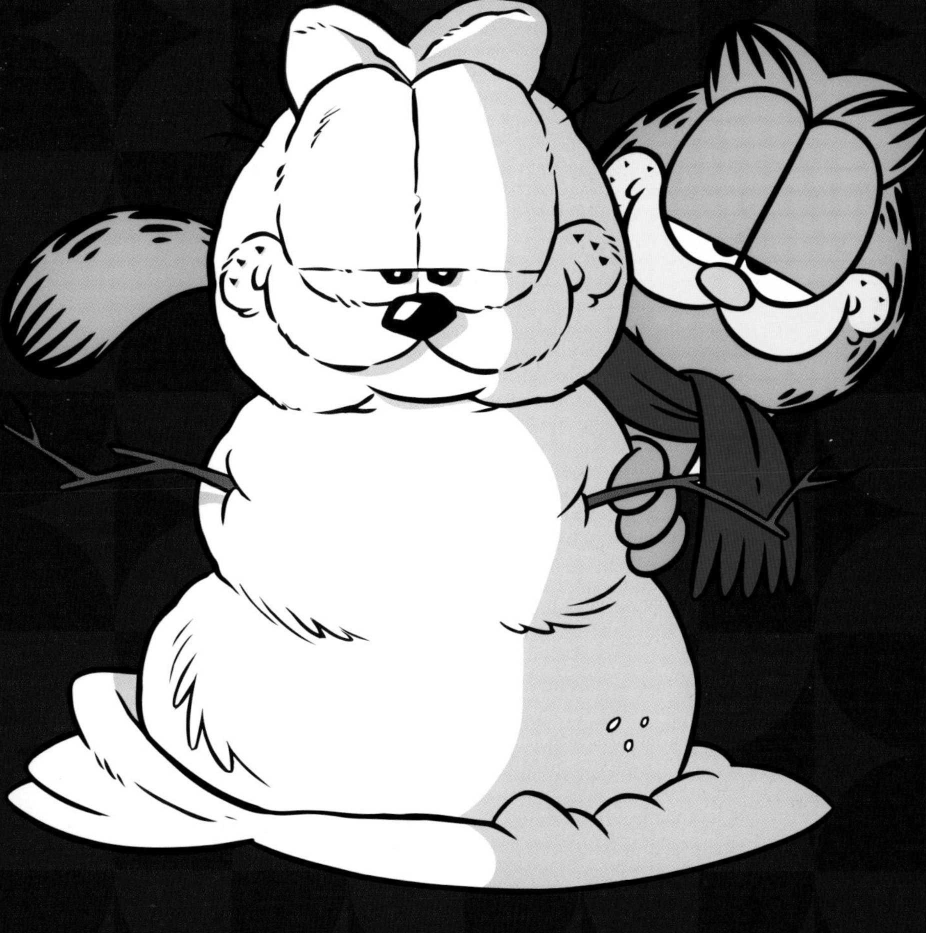

À LA BANQUISE.

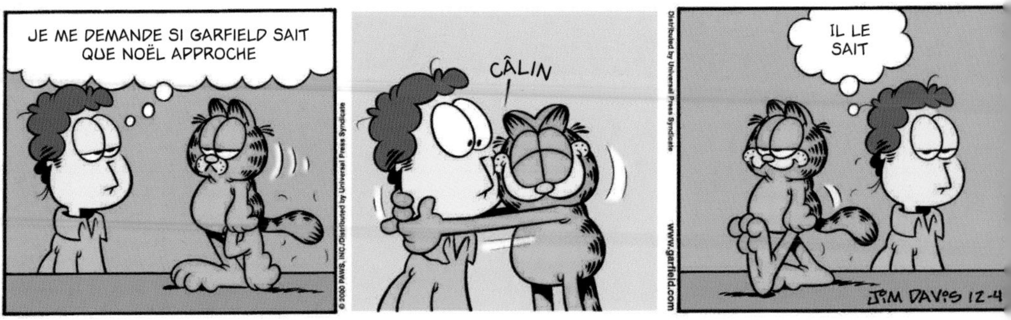
JE ME DEMANDE SI GARFIELD SAIT QUE NOËL APPROCHE
CÂLIN
IL LE SAIT
© 2000 PAWS, INC./Distributed by Universal Press Syndicate
Distributed by Universal Press Syndicate
www.garfield.com
JIM DAVIS 12-4

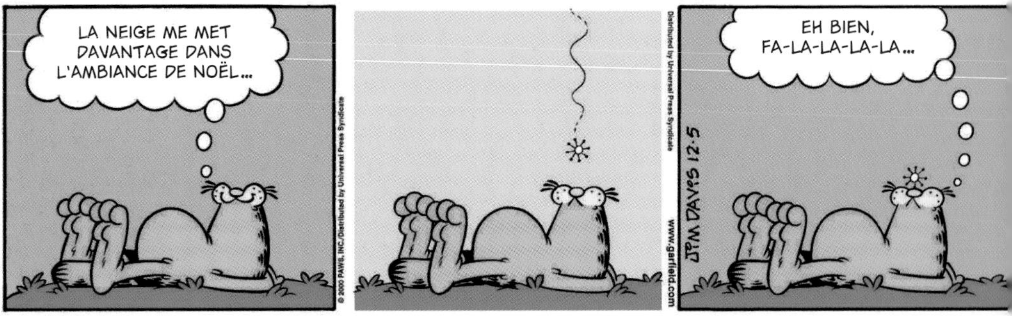
LA NEIGE ME MET DAVANTAGE DANS L'AMBIANCE DE NOËL...
EH BIEN, FA-LA-LA-LA-LA...
© 2000 PAWS, INC./Distributed by Universal Press Syndicate
Distributed by Universal Press Syndicate
JIM DAVIS 12-5
www.garfield.com

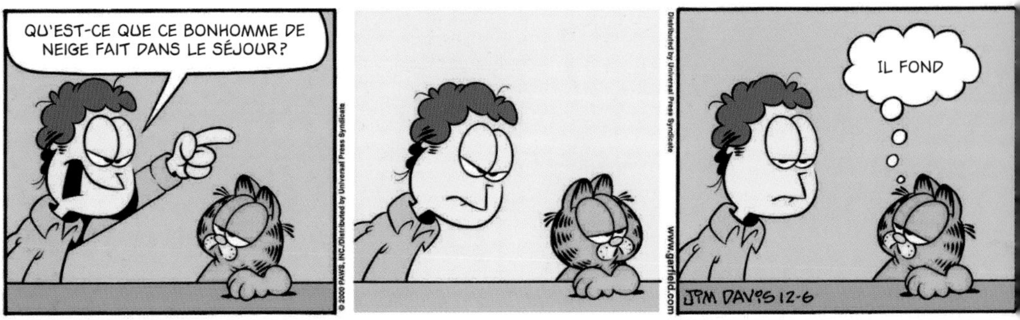
QU'EST-CE QUE CE BONHOMME DE NEIGE FAIT DANS LE SÉJOUR?
IL FOND
© 2000 PAWS, INC./Distributed by Universal Press Syndicate
Distributed by Universal Press Syndicate
www.garfield.com
JIM DAVIS 12-6

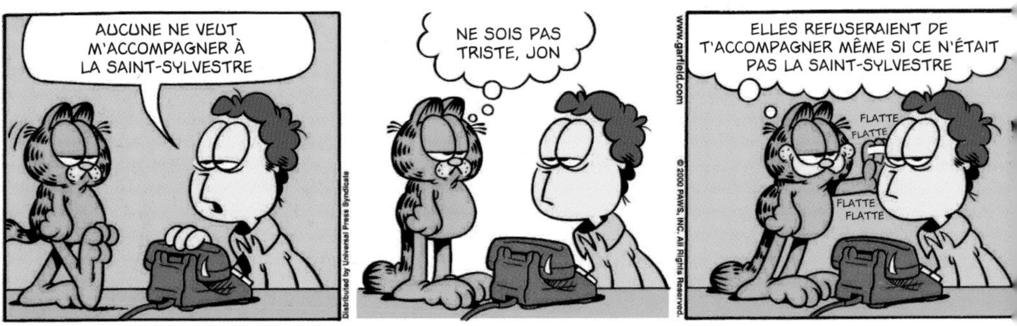
AUCUNE NE VEUT M'ACCOMPAGNER À LA SAINT-SYLVESTRE
NE SOIS PAS TRISTE, JON
ELLES REFUSERAIENT DE T'ACCOMPAGNER MÊME SI CE N'ÉTAIT PAS LA SAINT-SYLVESTRE
FLATTE FLATTE
FLATTE FLATTE
Distributed by Universal Press Syndicate
www.garfield.com
© 2000 PAWS, INC. All Rights Reserved.

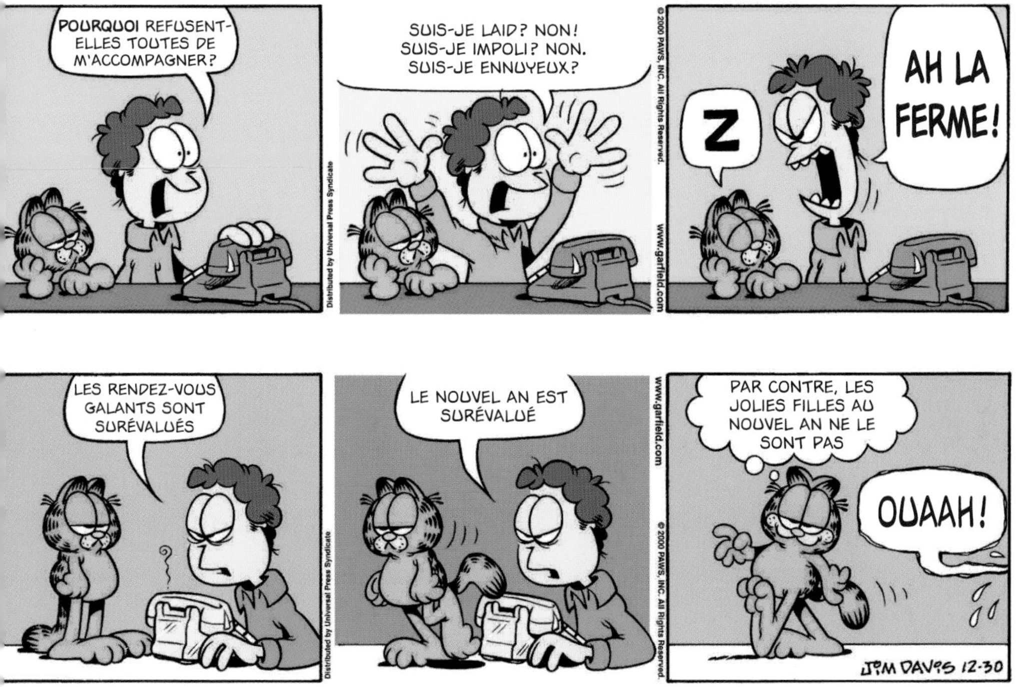
POURQUOI REFUSENT-ELLES TOUTES DE M'ACCOMPAGNER?
SUIS-JE LAID? NON! SUIS-JE IMPOLI? NON. SUIS-JE ENNUYEUX?
Z
AH LA FERME!
LES RENDEZ-VOUS GALANTS SONT SURÉVALUÉS
LE NOUVEL AN EST SURÉVALUÉ
PAR CONTRE, LES JOLIES FILLES AU NOUVEL AN NE LE SONT PAS
OUAAH!
JIM DAVIS 12-30
© 2000 PAWS, INC. All Rights Reserved.
www.garfield.com
Distributed by Universal Press Syndicate

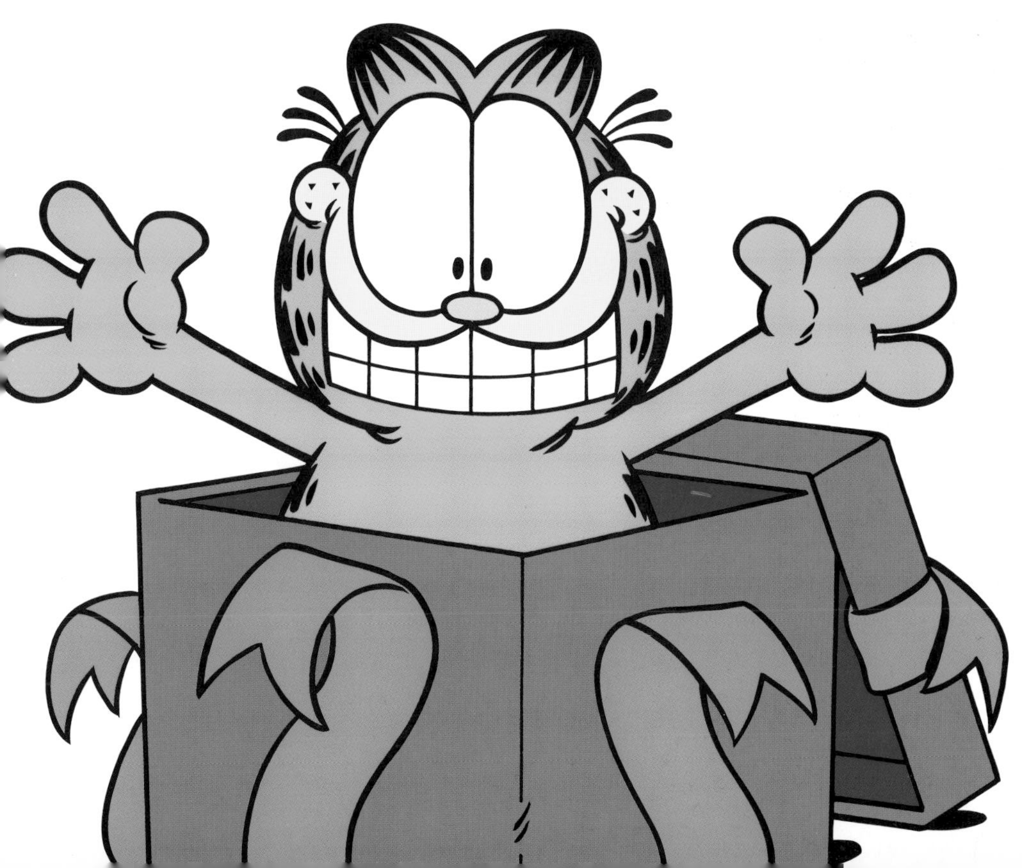

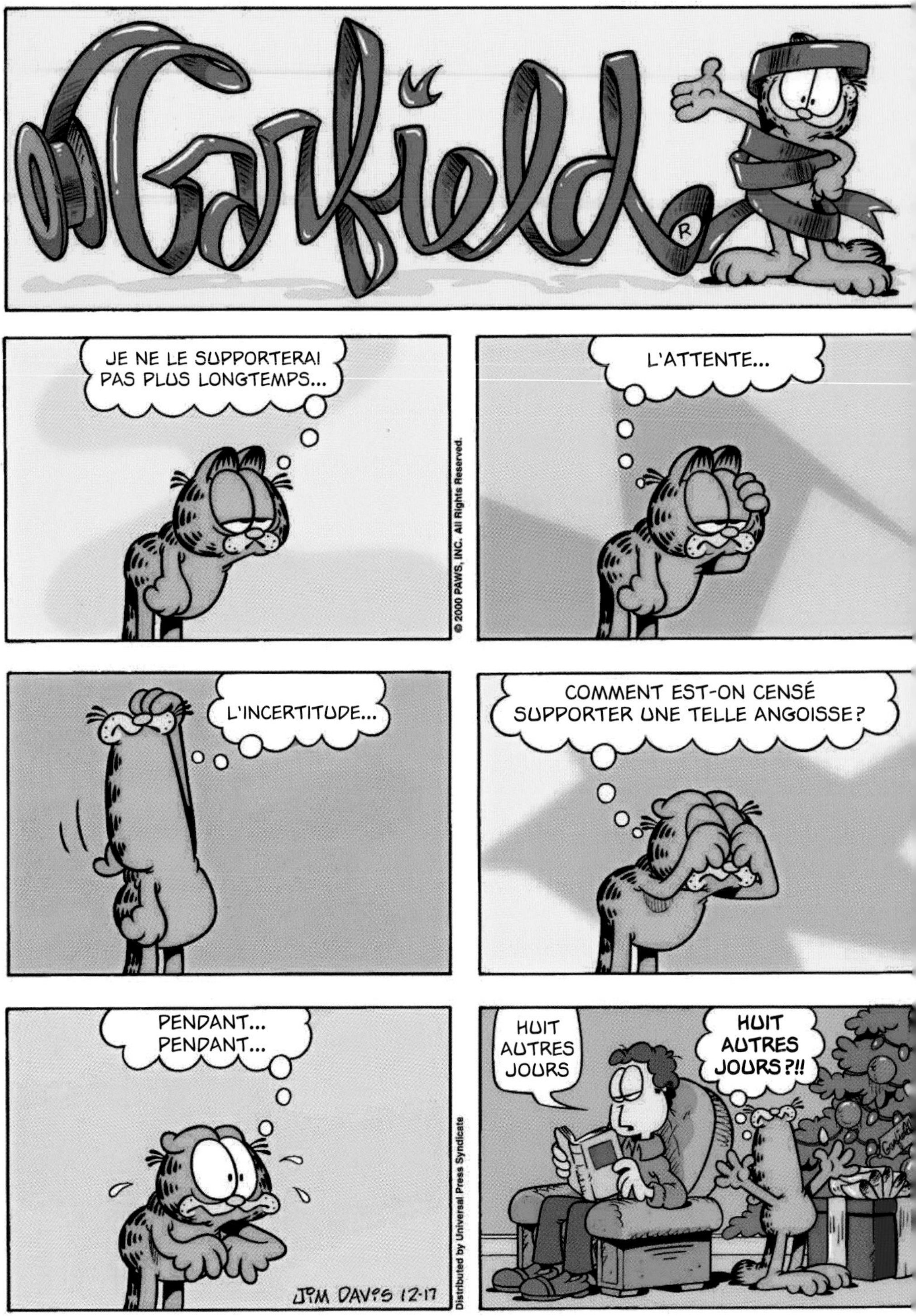

Garfield
JE NE LE SUPPORTERAI PAS PLUS LONGTEMPS...
© 2000 PAWS, INC. All Rights Reserved.
L'ATTENTE...
L'INCERTITUDE...
COMMENT EST-ON CENSÉ SUPPORTER UNE TELLE ANGOISSE?
PENDANT... PENDANT...
JIM DAVIS 12-17
Distributed by Universal Press Syndicate
HUIT AUTRES JOURS
HUIT AUTRES JOURS?!!

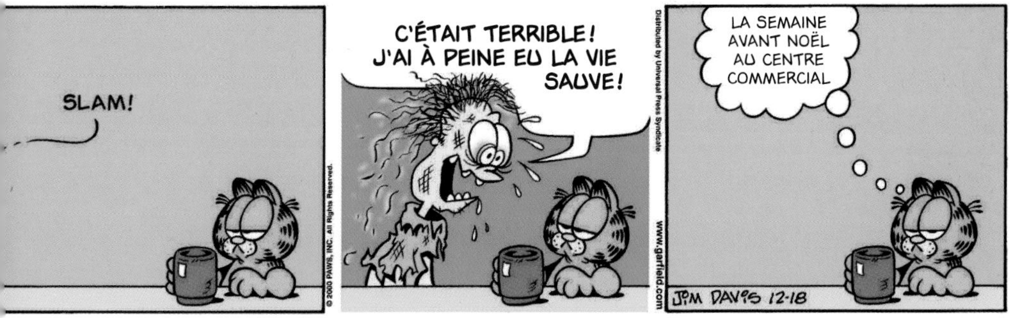
SLAM!
C'ÉTAIT TERRIBLE! J'AI À PEINE EU LA VIE SAUVE!
LA SEMAINE AVANT NOËL AU CENTRE COMMERCIAL
© 2000 PAWS, INC. All Rights Reserved.
Distributed by Universal Press Syndicate
www.garfield.com
JIM DAVIS 12-18

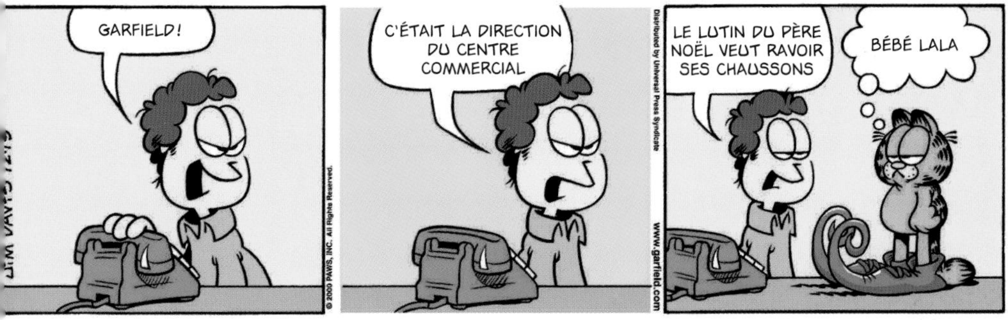
GARFIELD!
C'ÉTAIT LA DIRECTION DU CENTRE COMMERCIAL
LE LUTIN DU PÈRE NOËL VEUT RAVOIR SES CHAUSSONS
BÉBÉ LALA
© 2000 PAWS, INC. All Rights Reserved.
Distributed by Universal Press Syndicate
www.garfield.com

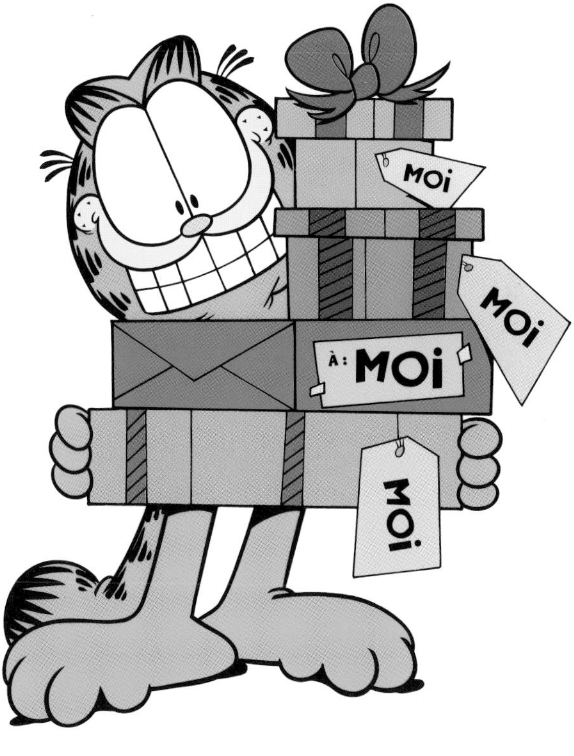
MOI
MOI
À : MOI
MOI

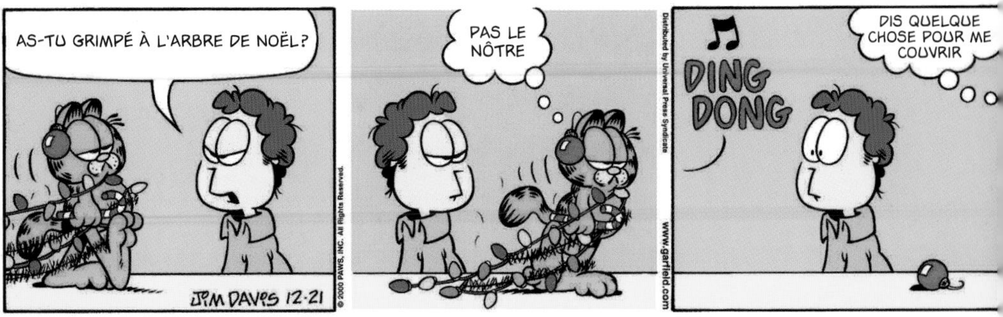
AS-TU GRIMPÉ À L'ARBRE DE NOËL?
JIM DAVIS 12·21
© 2000 PAWS, INC. All Rights Reserved.
PAS LE NÔTRE
Distributed by Universal Press Syndicate
www.garfield.com
DING DONG
DIS QUELQUE CHOSE POUR ME COUVRIR

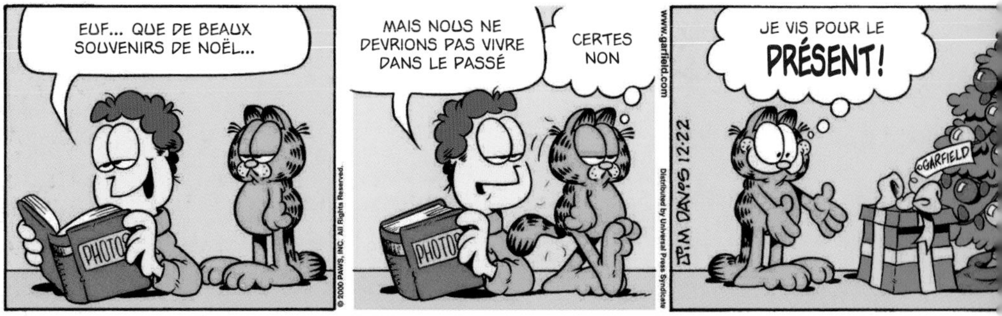
EUF... QUE DE BEAUX SOUVENIRS DE NOËL...
PHOTOS
© 2000 PAWS, INC. All Rights Reserved.
MAIS NOUS NE DEVRIONS PAS VIVRE DANS LE PASSÉ
CERTES NON
www.garfield.com
JIM DAVIS 12·22
Distributed by Universal Press Syndicate
JE VIS POUR LE
PRÉSENT!
GARFIELD

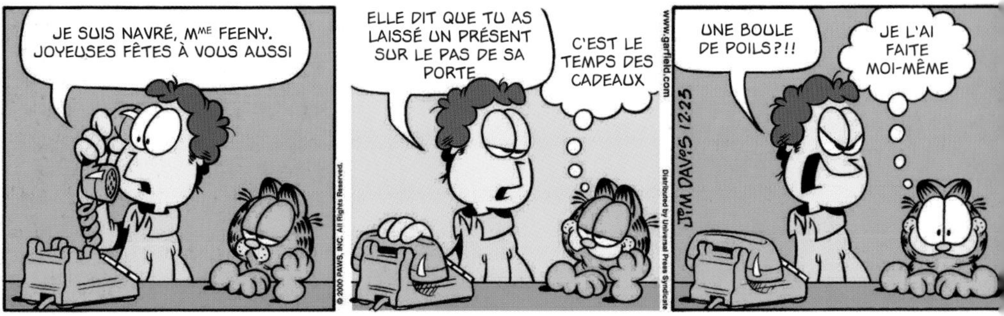
JE SUIS NAVRÉ, Mme FEENY. JOYEUSES FÊTES À VOUS AUSSI
© 2000 PAWS, INC. All Rights Reserved.
ELLE DIT QUE TU AS LAISSÉ UN PRÉSENT SUR LE PAS DE SA PORTE
C'EST LE TEMPS DES CADEAUX
www.garfield.com
JIM DAVIS 12·23
Distributed by Universal Press Syndicate
UNE BOULE DE POILS?!!
JE L'AI FAITE MOI-MÊME

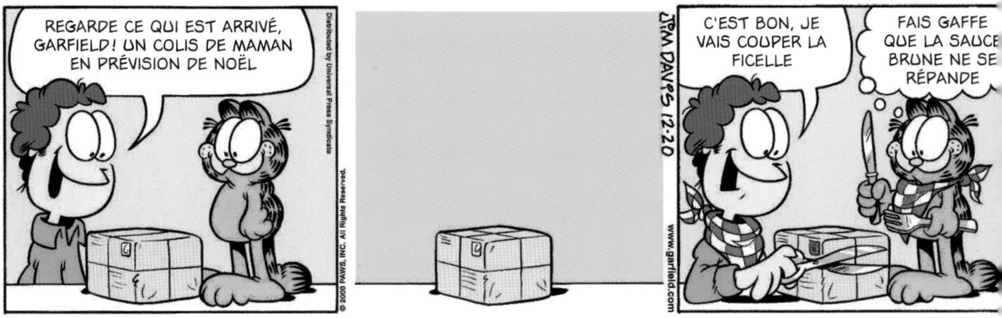
REGARDE CE QUI EST ARRIVÉ, GARFIELD! UN COLIS DE MAMAN EN PRÉVISION DE NOËL
Distributed by Universal Press Syndicate
© 2000 PAWS, INC. All Rights Reserved.
JIM DAVIS 12·20
www.garfield.com
C'EST BON, JE VAIS COUPER LA FICELLE
FAIS GAFFE QUE LA SAUCE BRUNE NE SE RÉPANDE

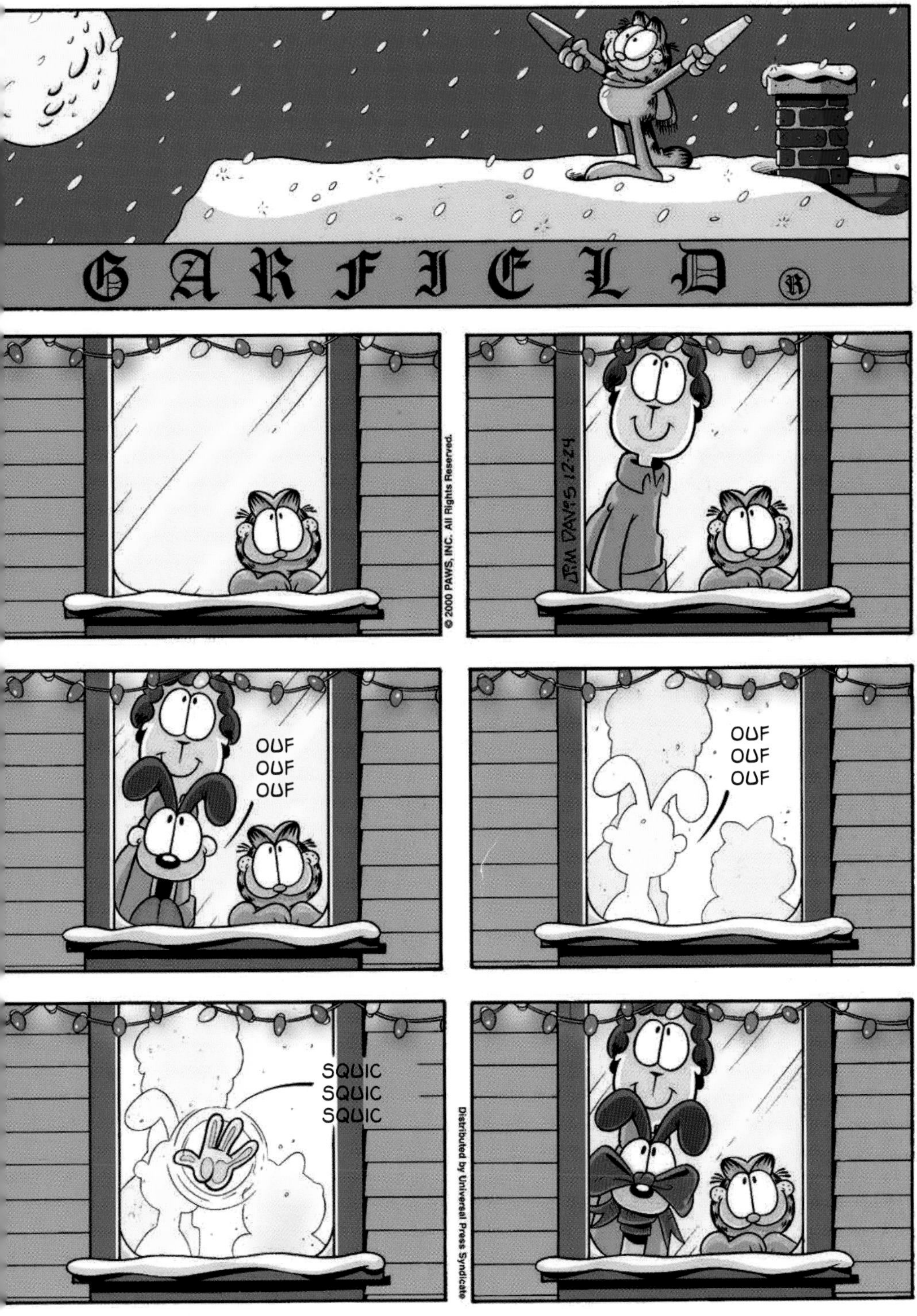
GARFIELD ®
JPM DAVIS 12·24
© 2000 PAWS, INC. All Rights Reserved.
OUF
OUF
OUF
OUF
OUF
OUF
SQUIC
SQUIC
SQUIC
Distributed by Universal Press Syndicate

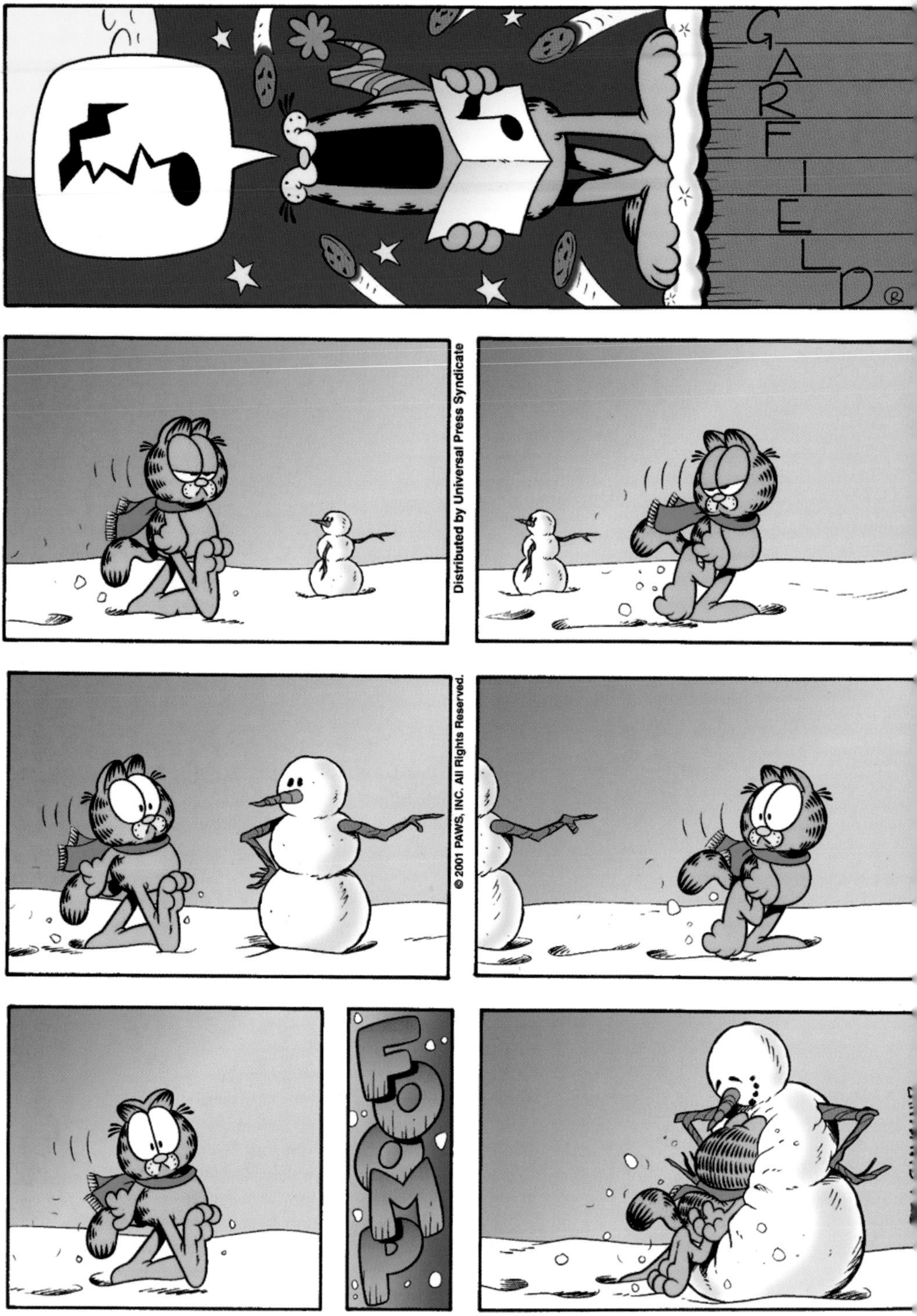
GARFIELD®
Distributed by Universal Press Syndicate
© 2001 PAWS, INC. All Rights Reserved.
FOOMP

LA SURPRISE DE NOËL

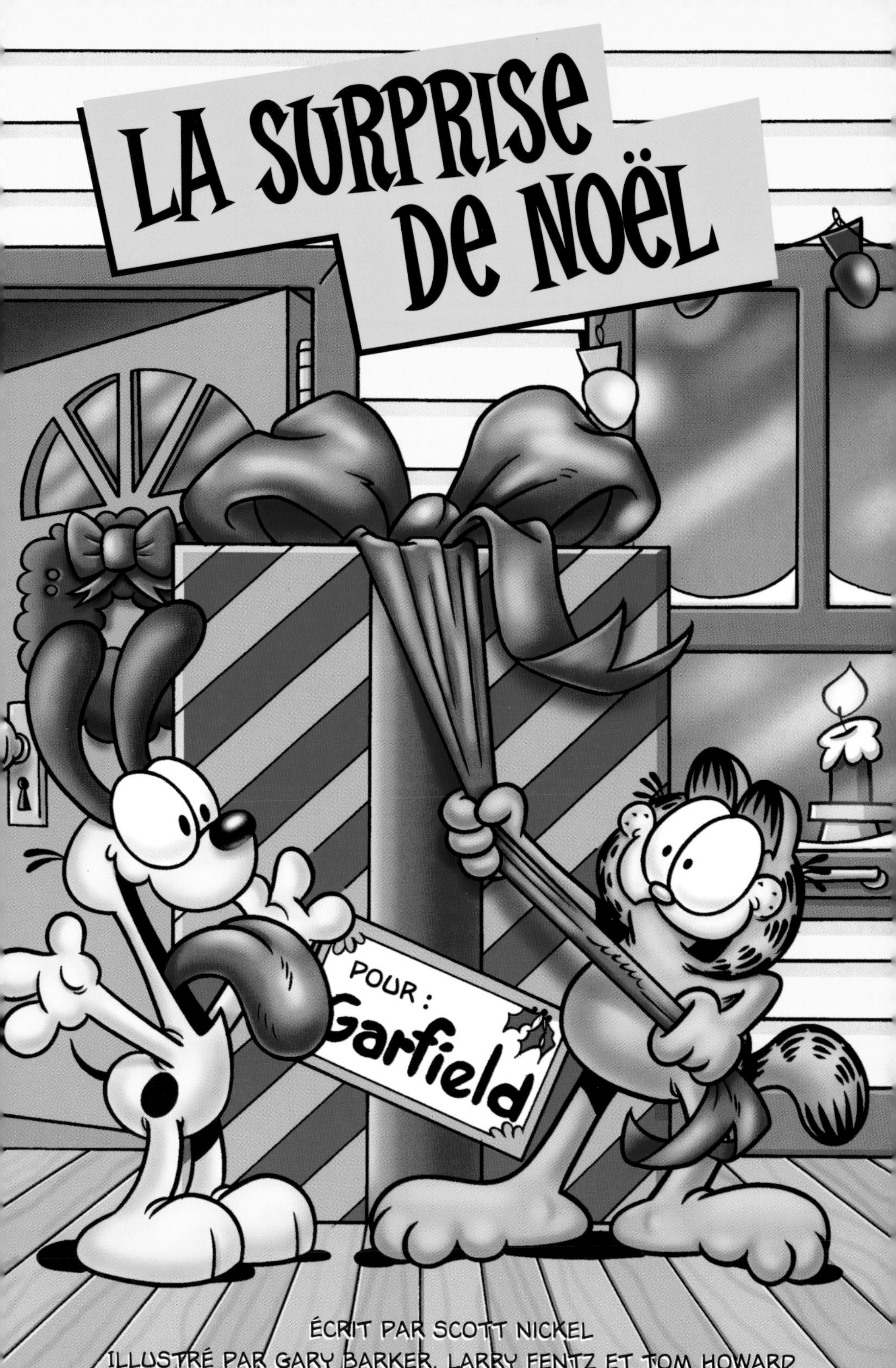
POUR :
Garfield

ÉCRIT PAR SCOTT NICKEL
ILLUSTRÉ PAR GARY BARKER, LARRY FENTZ ET TOM HOWARD
PRÉSENTÉ PAR KENNY GŒTZINGER ET BRAD HILL

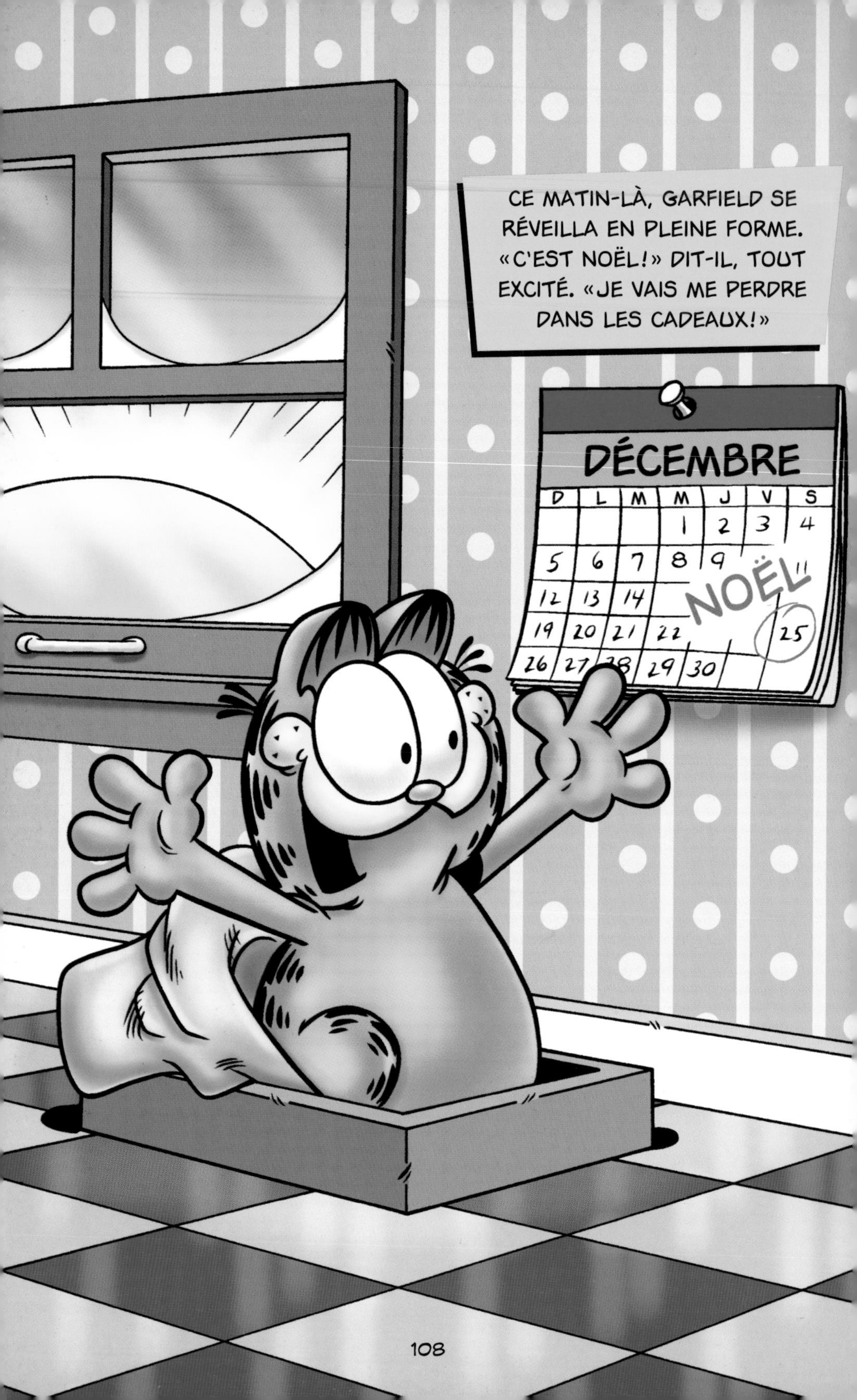
CE MATIN-LÀ, GARFIELD SE RÉVEILLA EN PLEINE FORME. «C'EST NOËL!» DIT-IL, TOUT EXCITÉ. «JE VAIS ME PERDRE DANS LES CADEAUX!»
DÉCEMBRE
D L M M J V S
NOËL

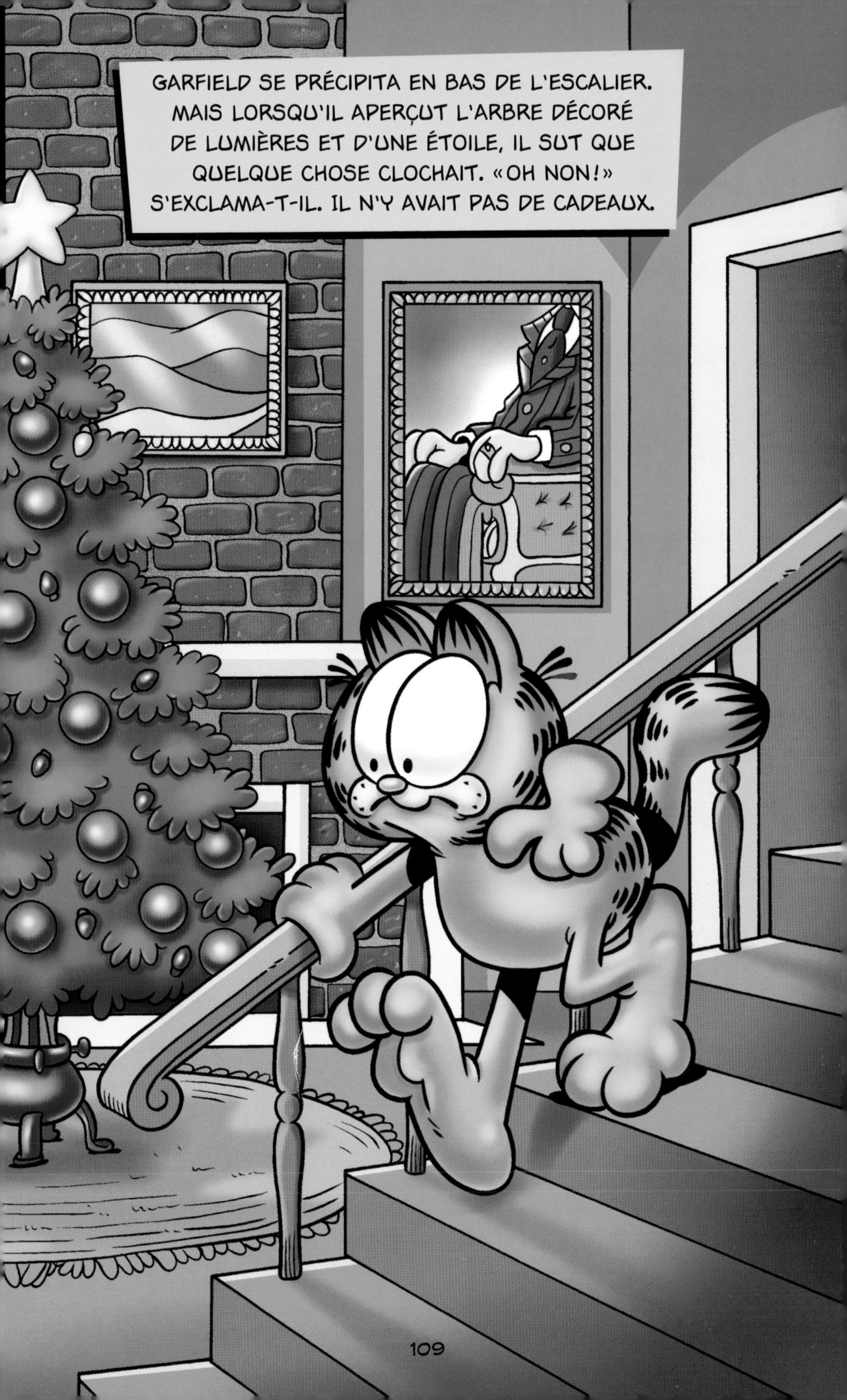
GARFIELD SE PRÉCIPITA EN BAS DE L'ESCALIER. MAIS LORSQU'IL APERÇUT L'ARBRE DÉCORÉ DE LUMIÈRES ET D'UNE ÉTOILE, IL SUT QUE QUELQUE CHOSE CLOCHAIT. «OH NON!» S'EXCLAMA-T-IL. IL N'Y AVAIT PAS DE CADEAUX.

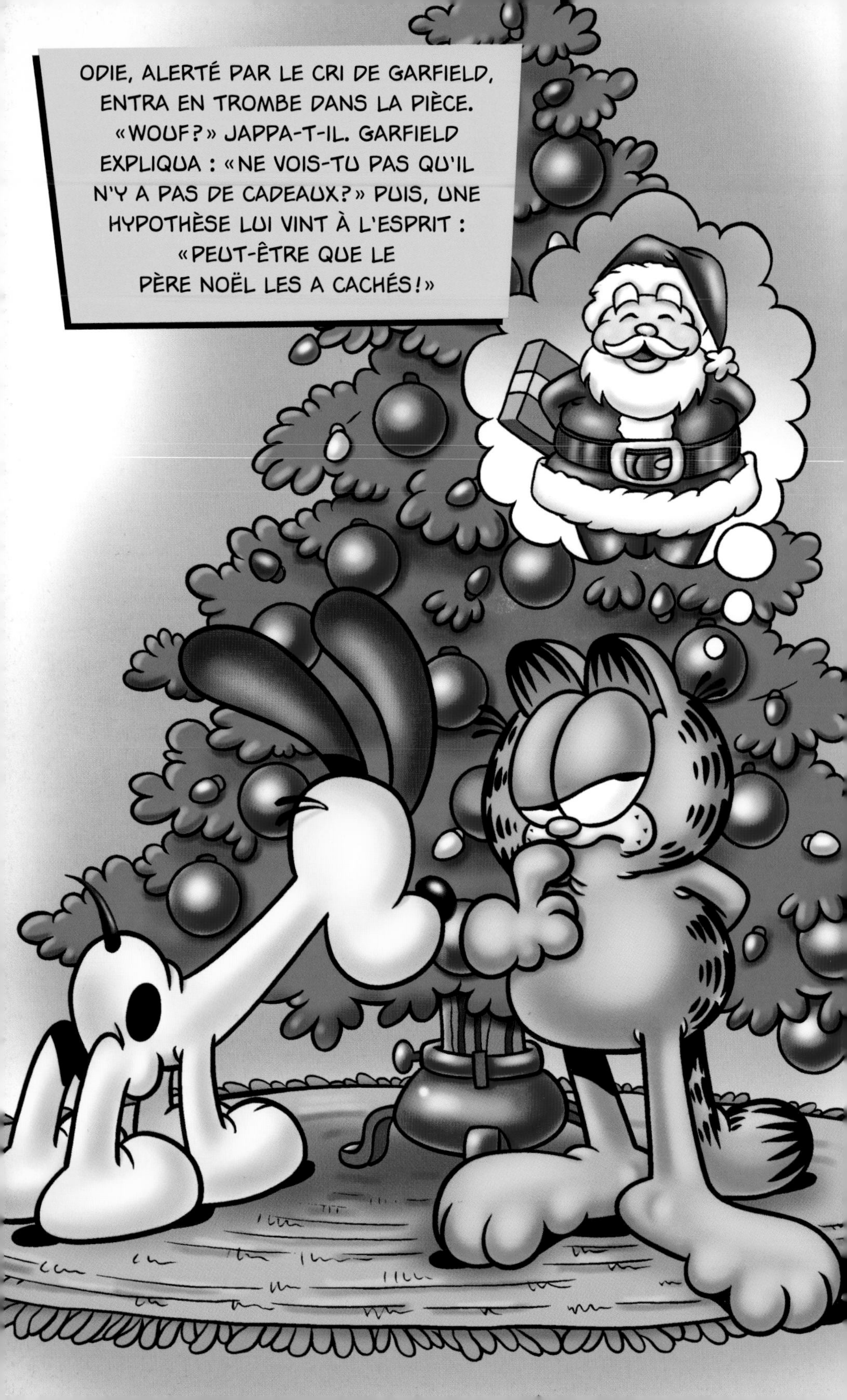
ODIE, ALERTÉ PAR LE CRI DE GARFIELD, ENTRA EN TROMBE DANS LA PIÈCE. «WOUF?» JAPPA-T-IL. GARFIELD EXPLIQUA : «NE VOIS-TU PAS QU'IL N'Y A PAS DE CADEAUX?» PUIS, UNE HYPOTHÈSE LUI VINT À L'ESPRIT : «PEUT-ÊTRE QUE LE PÈRE NOËL LES A CACHÉS!»

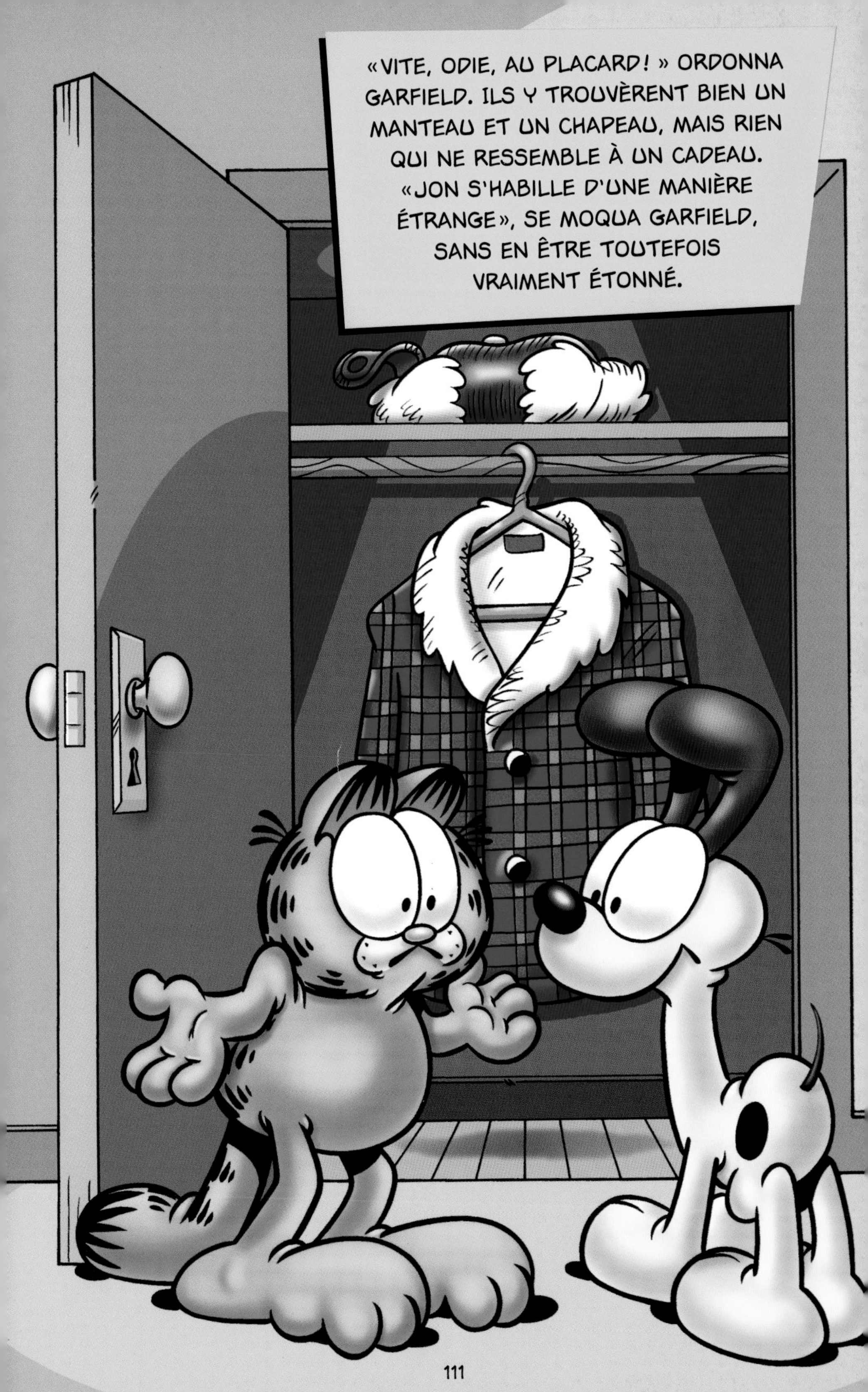
«VITE, ODIE, AU PLACARD! » ORDONNA GARFIELD. ILS Y TROUVÈRENT BIEN UN MANTEAU ET UN CHAPEAU, MAIS RIEN QUI NE RESSEMBLE À UN CADEAU. «JON S'HABILLE D'UNE MANIÈRE ÉTRANGE», SE MOQUA GARFIELD, SANS EN ÊTRE TOUTEFOIS VRAIMENT ÉTONNÉ.

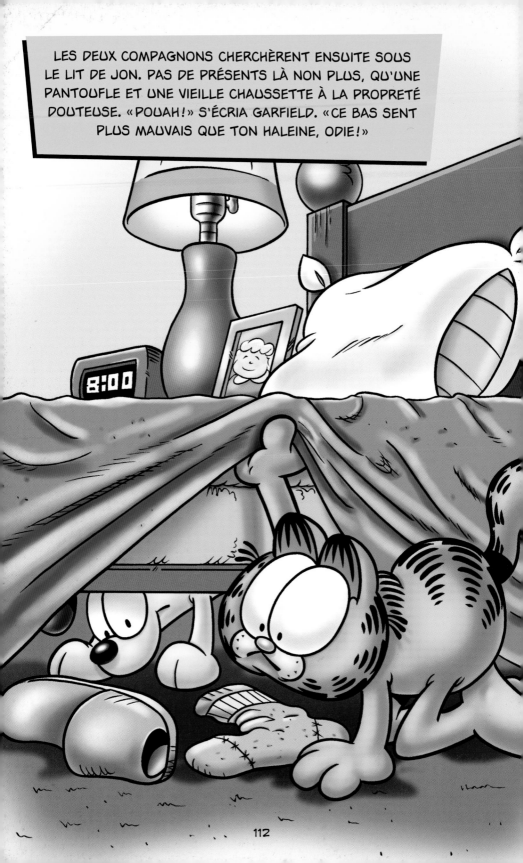

LES DEUX COMPAGNONS CHERCHÈRENT ENSUITE SOUS LE LIT DE JON. PAS DE PRÉSENTS LÀ NON PLUS, QU'UNE PANTOUFLE ET UNE VIEILLE CHAUSSETTE À LA PROPRETÉ DOUTEUSE. « POUAH! » S'ÉCRIA GARFIELD. « CE BAS SENT PLUS MAUVAIS QUE TON HALEINE, ODIE! »

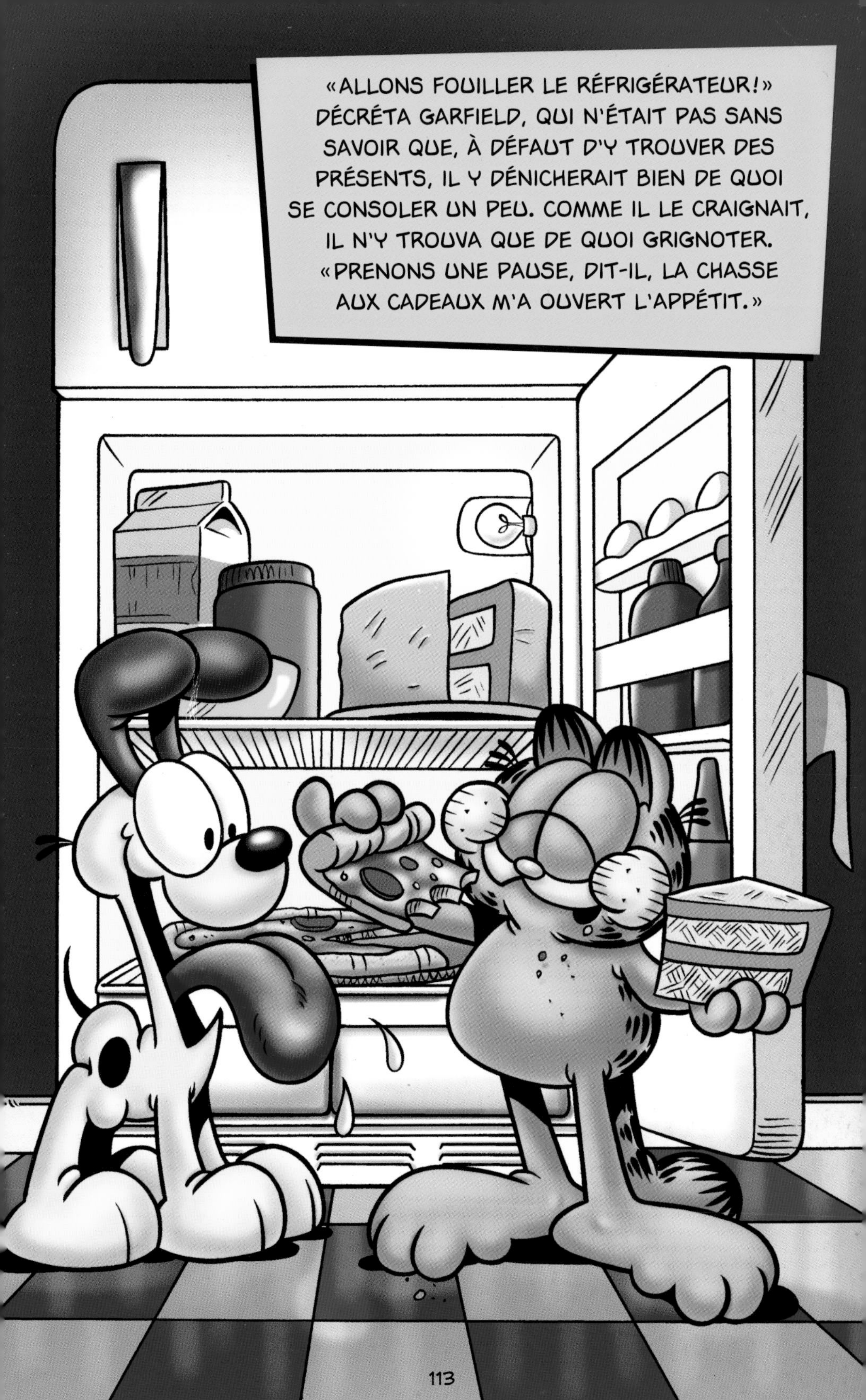
«ALLONS FOUILLER LE RÉFRIGÉRATEUR!» DÉCRÉTA GARFIELD, QUI N'ÉTAIT PAS SANS SAVOIR QUE, À DÉFAUT D'Y TROUVER DES PRÉSENTS, IL Y DÉNICHERAIT BIEN DE QUOI SE CONSOLER UN PEU. COMME IL LE CRAIGNAIT, IL N'Y TROUVA QUE DE QUOI GRIGNOTER. «PRENONS UNE PAUSE, DIT-IL, LA CHASSE AUX CADEAUX M'A OUVERT L'APPÉTIT.»

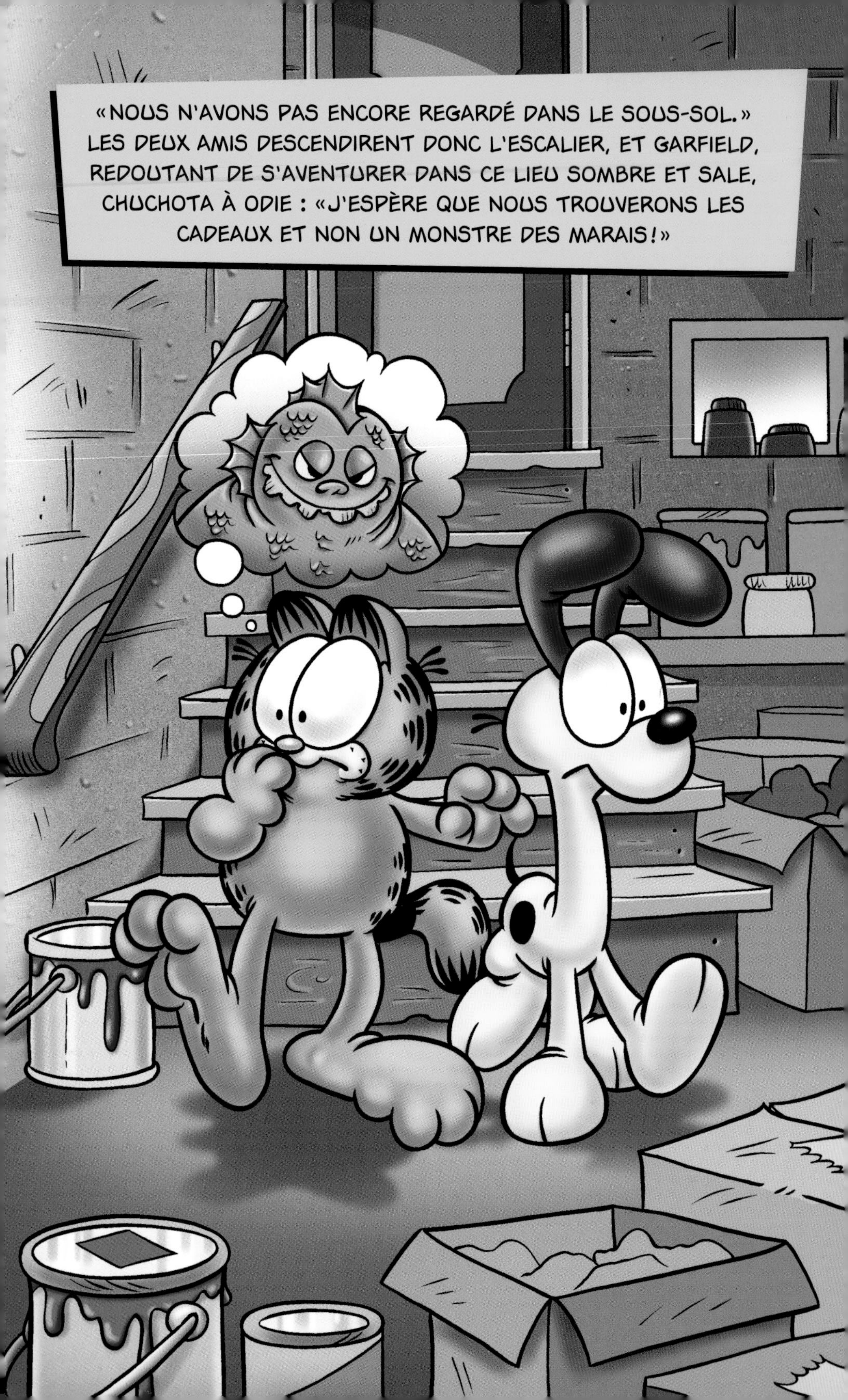
«NOUS N'AVONS PAS ENCORE REGARDÉ DANS LE SOUS-SOL.» LES DEUX AMIS DESCENDIRENT DONC L'ESCALIER, ET GARFIELD, REDOUTANT DE S'AVENTURER DANS CE LIEU SOMBRE ET SALE, CHUCHOTA À ODIE : «J'ESPÈRE QUE NOUS TROUVERONS LES CADEAUX ET NON UN MONSTRE DES MARAIS!»

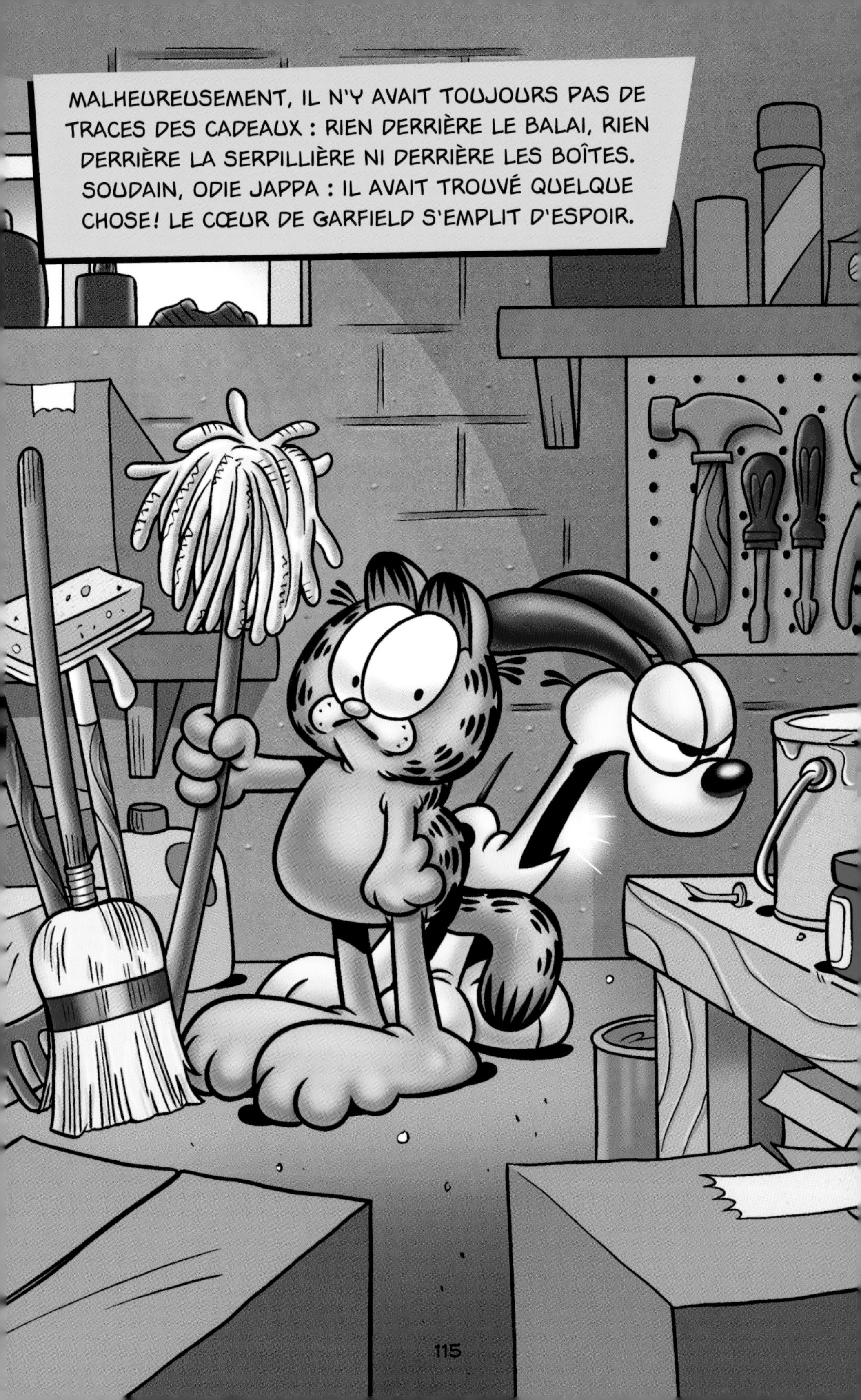
MALHEUREUSEMENT, IL N'Y AVAIT TOUJOURS PAS DE TRACES DES CADEAUX : RIEN DERRIÈRE LE BALAI, RIEN DERRIÈRE LA SERPILLIÈRE NI DERRIÈRE LES BOÎTES. SOUDAIN, ODIE JAPPA : IL AVAIT TROUVÉ QUELQUE CHOSE! LE CŒUR DE GARFIELD S'EMPLIT D'ESPOIR.

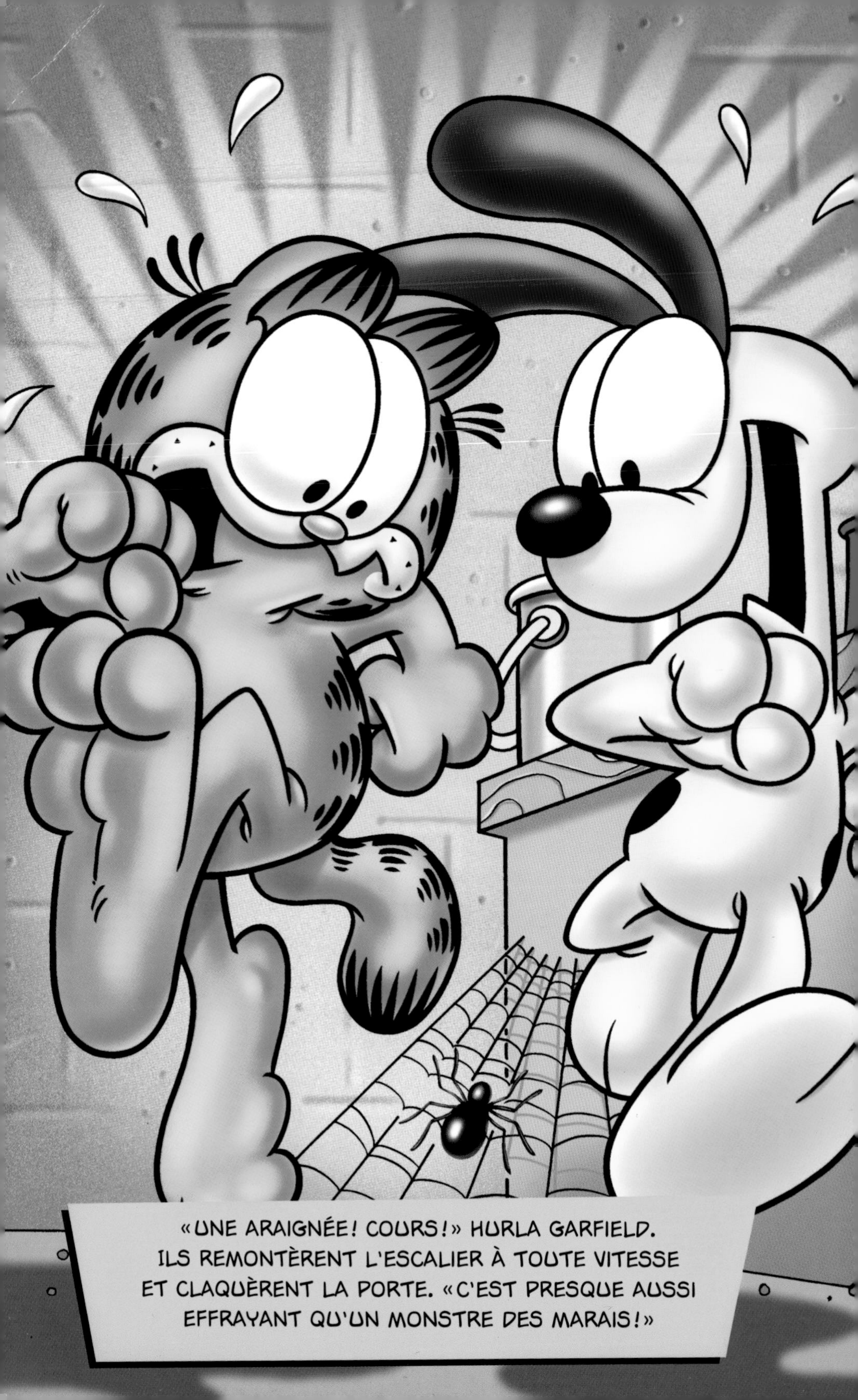
«UNE ARAIGNÉE! COURS!» HURLA GARFIELD.
ILS REMONTÈRENT L'ESCALIER À TOUTE VITESSE
ET CLAQUÈRENT LA PORTE. «C'EST PRESQUE AUSSI
EFFRAYANT QU'UN MONSTRE DES MARAIS!»

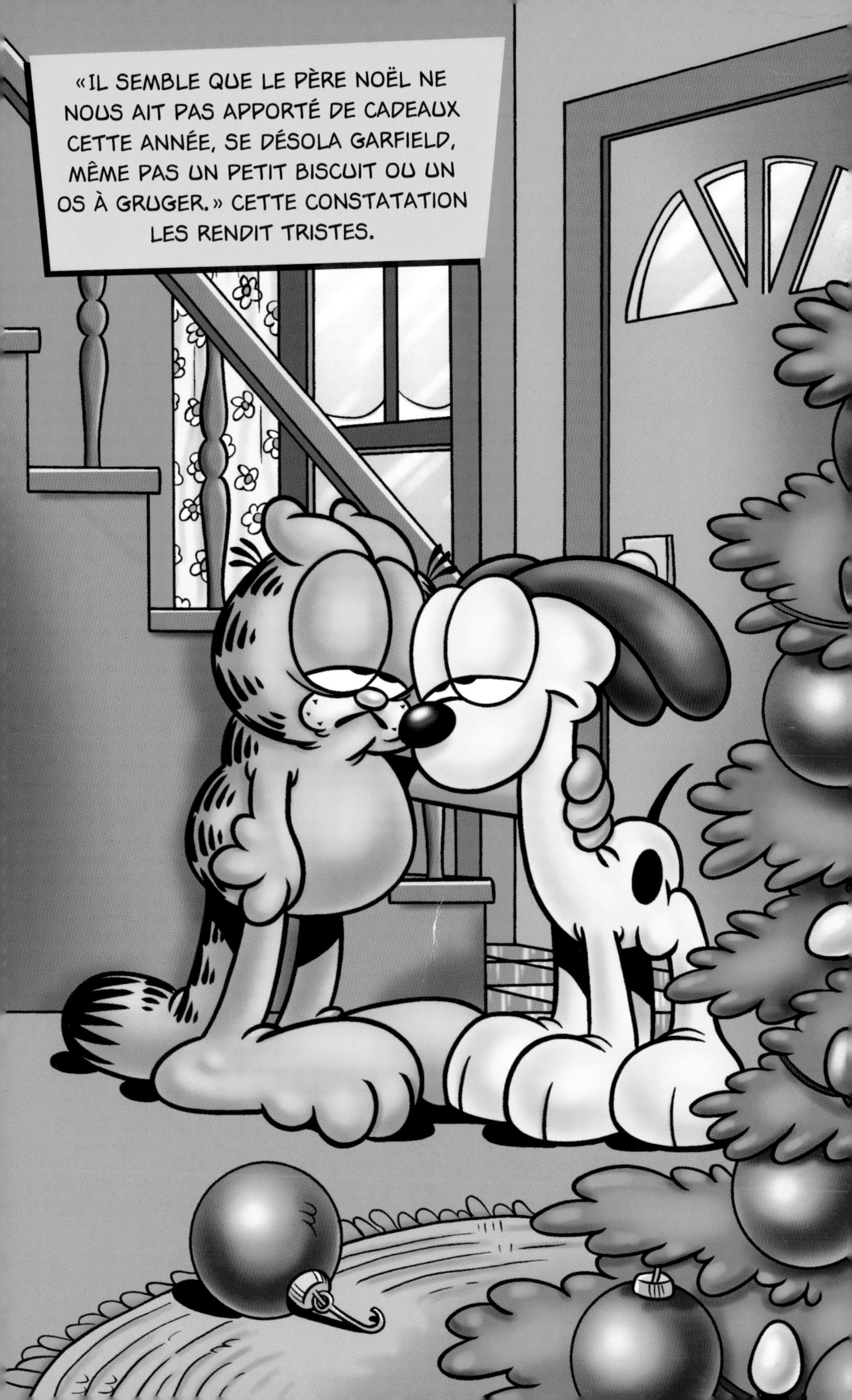
«IL SEMBLE QUE LE PÈRE NOËL NE NOUS AIT PAS APPORTÉ DE CADEAUX CETTE ANNÉE, SE DÉSOLA GARFIELD, MÊME PAS UN PETIT BISCUIT OU UN OS À GRUGER.» CETTE CONSTATATION LES RENDIT TRISTES.

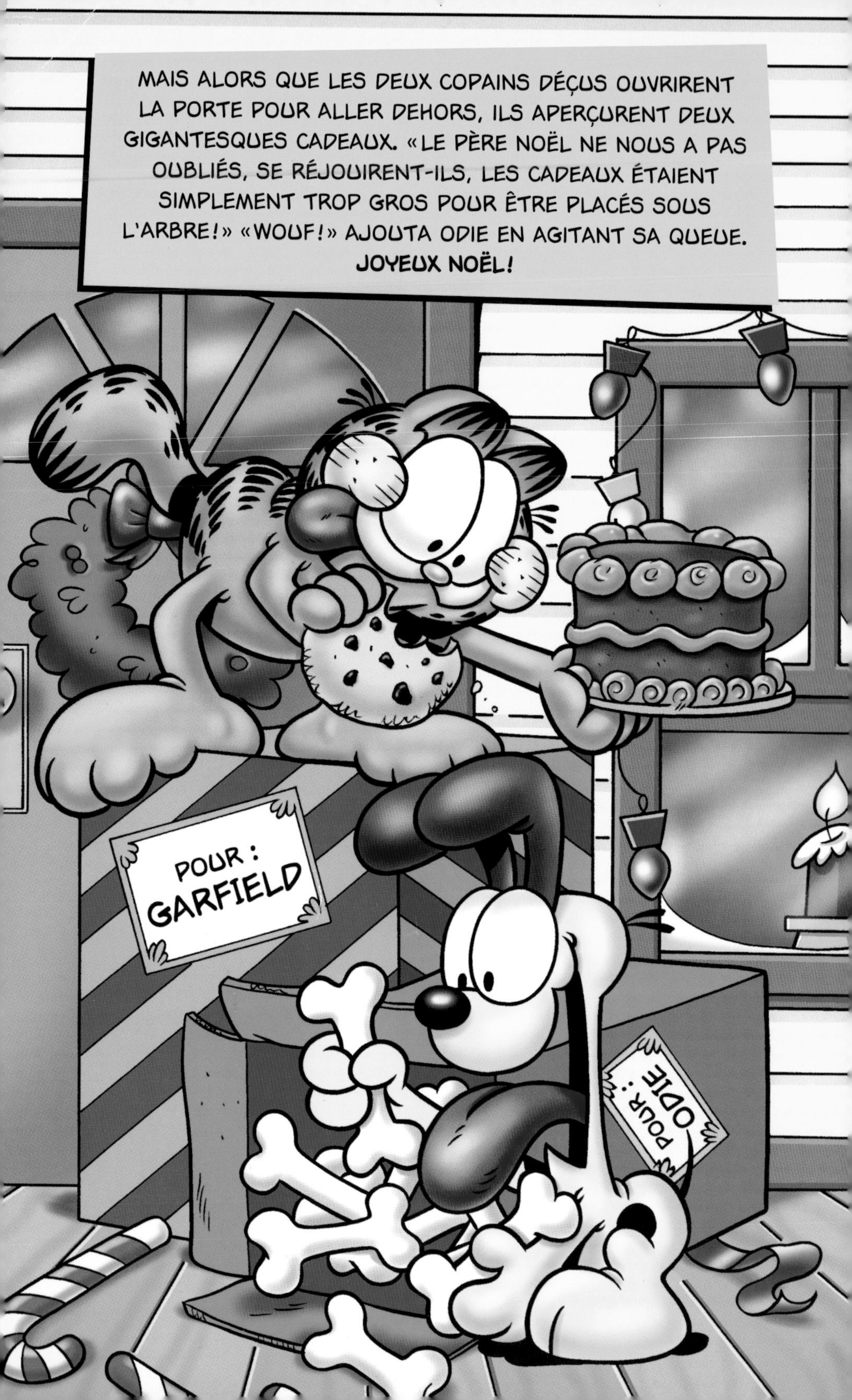
MAIS ALORS QUE LES DEUX COPAINS DÉÇUS OUVRIRENT LA PORTE POUR ALLER DEHORS, ILS APERÇURENT DEUX GIGANTESQUES CADEAUX. « LE PÈRE NOËL NE NOUS A PAS OUBLIÉS, SE RÉJOUIRENT-ILS, LES CADEAUX ÉTAIENT SIMPLEMENT TROP GROS POUR ÊTRE PLACÉS SOUS L'ARBRE! » « WOUF! » AJOUTA ODIE EN AGITANT SA QUEUE.
JOYEUX NOËL!
POUR : GARFIELD
POUR : ODIE

COLLECTIONNEZ-LES TOUS !

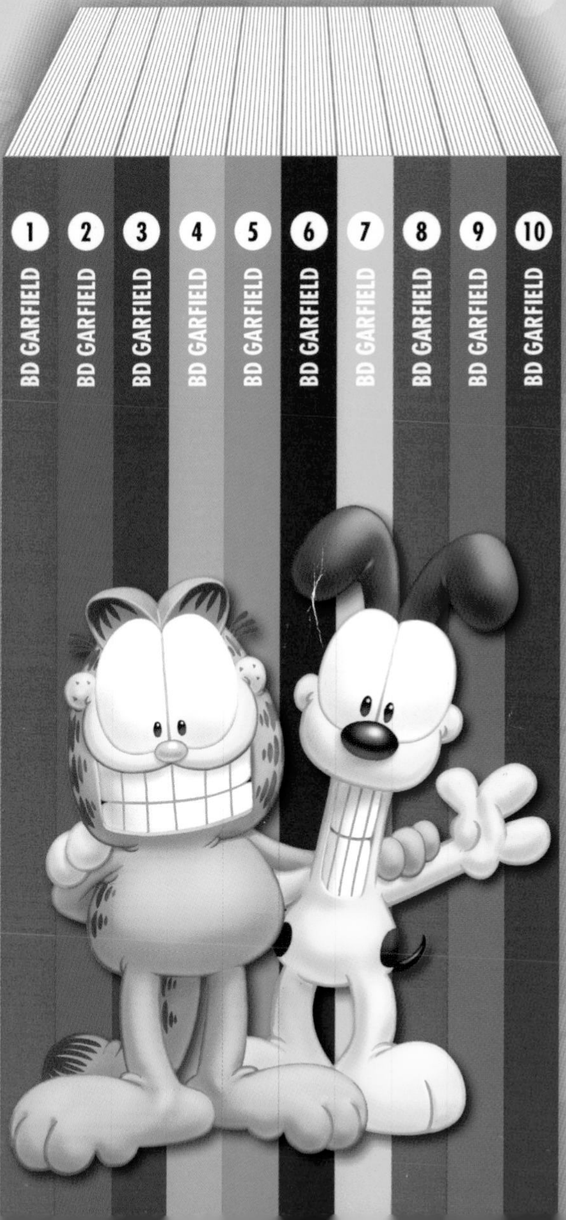
1
BD GARFIELD
2
BD GARFIELD
3
BD GARFIELD
4
BD GARFIELD
5
BD GARFIELD
6
BD GARFIELD
7
BD GARFIELD
8
BD GARFIELD
9
BD GARFIELD
10
BD GARFIELD

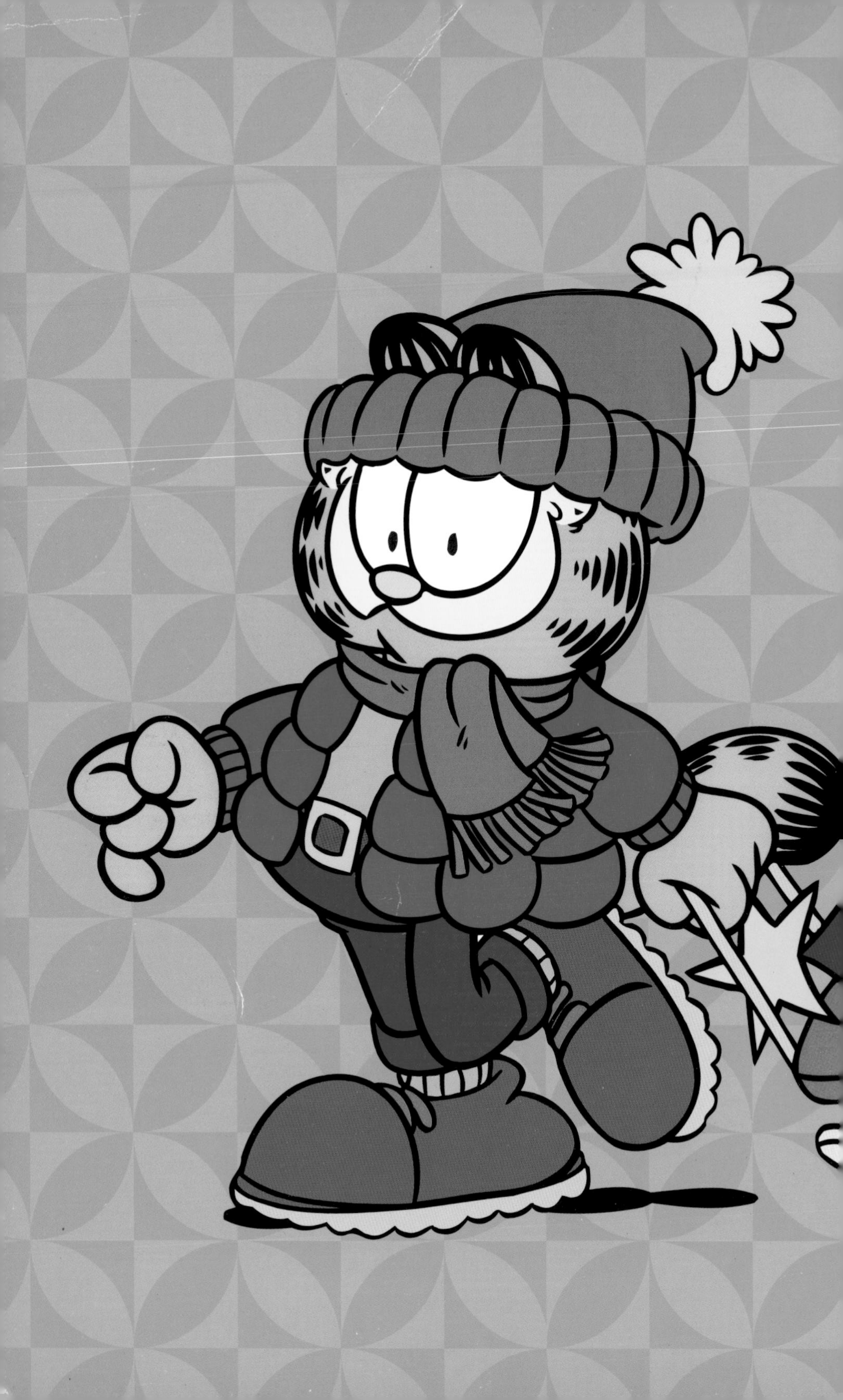